»Eines Tages – sollten wir so lange leben – werden wir unsere Liebesgeschichte einem Fremden erzählen … und wenn wir unsere Geschichten erzählen, werden wir wieder einmal oder vielleicht zum ersten Mal erkennen, was für ein großes Glück es war, überhaupt geliebt zu haben.«
Pennsylvania 1950. Peggy Snyder schenkt den Zwillingen Don und Dave das Leben. Zwei Wochen später stirbt Peggy im Wochenbett, und die Familie beschließt in ihrer Trauer, nie mehr ein Wort über sie zu sprechen. Fast fünfzig Jahre später begibt sich ihr Sohn Don auf die Suche nach den Spuren seiner Mutter. Er entdeckt die anrührende, stille Liebesgeschichte seiner Eltern und kommt hinter das Geheimnis seiner eigenen Existenz.
Eine einfühlsame und bewegende Erinnerung über eine Liebe, die stärker ist als der Tod.

»Eine bittersüße, ungewöhnliche und wahre Liebesgeschichte. Hautnah, in anrührenden Rückblicken erzählt.«
Journal für die Frau

Don J. Snyder lebt in Maine/USA. Er ist verheiratet und hat vier Kinder.

Unsere Adresse im Internet: www.fischer-tb.de

Don J. Snyder

Peggys Geheimnis

Die Geschichte einer Liebe

Aus dem Amerikanischen
von Marion Kappel und Astrid Becker

Fischer Taschenbuch Verlag

Veröffentlicht im Fischer Taschenbuch Verlag GmbH,
Frankfurt am Main, Dezember 2001

Lizenzausgabe mit Genehmigung des
Argon Verlags, Berlin
Die amerikanische Originalausgabe erschien 1999
unter dem Titel »Of Time and Memory. A Mother's Story«
im Verlag Alfred. A. Knopf, New York

Das Gedicht »Enthüllung« von Robert Frost wurde von
Alexander von Bernus übertragen und entstammt dem Band
Robert Frost: Gesammelte Gedichte, Mannheim, 1952
Druck und Bindung: Clausen & Bosse, Leck
Printed in Germany
ISBN 3-596-15171-6

Für Jack

Winter 1997

Mit allem so: Verstecken spielt
So auch das Kind mit Gott; und muß
Doch, wer sich zu verborgen hielt,
Uns sagen, wo er sei zum Schluß.

Robert Frost

ERSTES BUCH

Kapitel 1

Eines Tages – sollten wir so lange leben – werden wir unsere Liebesgeschichte einem Fremden vom anderen Ende des Flures erzählen und dabei alles erfinden, was das Vorübergehen der Zeit und die Ungewißheit unseres Ortes in dieser Welt erklären kann. Bis dahin werden wir vergessen haben, woran wir uns schon früher nicht erinnern wollten – das Zuknallen einer Tür, einen kalten Blick über den Raum hinweg, die schneidende Schärfe eines Satzes –, und wenn wir unsere Geschichten erzählen, werden wir erkennen, welch ein großes Glück es war, geliebt zu haben.

Aber wer wird die Geschichte unserer Liebe erzählen, wenn sie uns überlebt?

Oder wenn sie der Erinnerung entglitten ist?

Wer soll dich sehen, wie du im Licht der Sterne den Kopf an seine Schulter legst? Wer soll dich beobachten, wie du ein Kind an der Hand durch den Schnee führst oder die Füße eines neugeborenen Babys ins Meer tauchst?

Was, wenn wir unsere Liebe überleben?

Wer wird unsere alten Träume im Licht der Morgendämmerung besehen, wer wird dich an den Nachmittag erinnern, als du mit deiner Tochter in die Stadt gefahren bist, um ihre ersten Ballettschuhe zu kaufen?

Und wer wird uns vor der unendlich bestürzenden Einsamkeit des Lebens bewahren?

Wenn ich sehe, wie sie sich auf den Stock stützt, werde ich

sie daran erinnern, wie sie früher auf der Vordertreppe immer zwei Stufen auf einmal nahm, so schnell wollte sie im Schlafzimmer sein und sich auf ihre Seite neben ihn legen.

Finde den blonden Jungen, dem sein Vater zeigte, wie man einen Football wirft.

Treib den Freund auf, für den sie durch die Nacht fuhr, um sich zu ihm zu setzen und ihn davon zu überzeugen, daß er etwas gilt im Leben.

Und wenn der Baum, in dem der Autoreifen hing, nicht mehr da ist – selbst wenn sie dort, wo er stand, einen Geldautomaten aufgestellt haben –, bleib trotzdem einen Moment stehen und erinnere dich an den Tag, als sie dir gezeigt hat, wie man die Beine beim Schaukeln hoch- und runterschwingt und wie du über ihr durch die Luft geflogen bist.

Für jeden sollte es jemanden geben, der ihn eines Tages ins Leben zurückträumt. Zurück in die blaue Küche, wo du deinen Kuchenteig ausgerollt hast. Zurück ans Kaminfeuer, das du in der Dämmerung entfacht hast, um die herbstliche Kälte zu verbannen. Zurück zu den Dachpappen, die du mitten im Gewitter festnageln mußtest, während die Blitze über die Nägel jagten.

So habe ich meine Mutter zurückgeträumt; ich bin durch die zwischen uns liegenden Jahre gereist, ich habe die Geschichte ihrer Liebe mit den Fingerspitzen ertastet. Es ist eine Geschichte, die in der Augusthitze des Jahres 1950 in Pennsylvania mit ihr begraben wurde, sechzehn Tage, nachdem sie meinen Zwillingsbruder und mich zur Welt gebracht hatte. Sie war neunzehn Jahre alt, und bis vor kurzem wußte ich gar nichts über sie, nicht, wo sie begraben liegt oder wer ihre Freunde waren, nicht, wie sie starb oder wofür sie sich eingesetzt hatte.

Ich habe mich auf die Suche nach ihr gemacht, weil mein Vater, mit dem sie keine zehn Monate verheiratet war, heute ein alter Mann ist, der dem Tod entgegensieht. Ich muß dazusagen, daß ihn der Schmerz über ihren Verlust fünfzig Jahre lang davon abgehalten hat, sich an sie zu erinnern. Und nun, da er sich so gerne erinnern und mir von ihr erzählen würde, nun verhindert es der Tumor in seinem Gehirn.

Heute ist es mir ganz unverständlich, wie ich 47 Jahre nach dem Tod meiner Mutter gelebt habe, ohne irgend etwas von ihr zu wissen. Die Geschichte, die ich hier erzähle, die Geschichte ihrer Liebe zu meinem Vater, hätte jedoch niemand außer mir erzählen können, denn niemand erinnerte sich daran. Weil ihr Anfang so vollkommen war, das Ende so entsetzlich und die Zeit zwischen Anfang und Ende so kurz, mußte sie damals vergessen werden. Oder, um es genauer zu sagen, sie durfte nicht erinnert werden. So ist das also – eine vergessene Liebesgeschichte, jede Faser davon wahr, aufgehoben hinter der schweren Tür, die ihr unendlich trauriges Ende verschloß.

Ich erzähle die Geschichte jetzt für meinen Vater, einen alten Mann, der der Junge war, den sie liebte. Und für sie, das Mädchen, die meine Mutter war. Und für dich, wenn du verliebt bist oder wenn du dich gerade ent-liebt hast oder wenn du um die Liebe zu dem Menschen, an den du dich gebunden hast, kämpfst.

Hoffen wir, daß uns allen in dieser Welt eine Liebesgeschichte vorausgegangen ist. Sie liegt hinter uns wie ein Schatten und wartet nur darauf, daß wir uns umdrehen und ihr ins Auge sehen. Und wenn wir ihr ins Auge sehen, begegnen wir vielleicht auch uns selbst.

Ich habe mich nur langsam auf die Sache eingelassen. Es begann spät in einer Winternacht in Maine. Ich saß am Bett meines kranken Kindes, es fieberte und fragte immer wieder nach einer Puppe, die ich seit Jahren nicht gesehen hatte. So oft stehen die Wünsche unserer Kinder den unsrigen entgegen. Weil sie mich aus dem Tiefschlaf geweckt hatte und ich am nächsten Morgen früh aufstehen mußte, hätte ich diesen Mitternachtstanz gerne schnell hinter mich gebracht, aber in den glänzenden, weit geöffneten Augen meiner Tochter konnte ich sehen, daß ihr der Sinn nach einem langsamen Walzer stand.

Ich bemühte mich eine Weile, sie zu besänftigen – mit einem Glas Saft, einem Eis, das sie mit ins Bett nehmen durfte. Nichts half. Schließlich wickelte ich sie in eine Bettdecke und trug sie die Dachstiege hinauf. Als wir den Speicher durchstöberten, spürte ich die Hitze ihres fiebrigen Körpers durch die Decke hindurch. Die einzigen Puppen, die wir auftreiben konnten, waren entfernte Verwandte der so verzweifelt Vermißten. Schließlich begann sie zu weinen. Ein sanftes Weinen purer Enttäuschung.

»Bitte weck deine Geschwister nicht auf«, flüsterte ich ihr zu.

Auf dem Fußboden, neben dem Weihnachtsbaumständer, in dessen Halterung noch immer ein paar grüne Nadeln lagen, stand ein Paar schwarzer Lederstiefel, die zuerst von der ältesten Schwester, dann von der zweitältesten getragen worden waren und jetzt darauf warteten, daß dieses Kind sie anziehen würde. Überall Kisten. Als wir die erste öffneten, fiel ein Foto zu Boden. Ich richtete den Schein der Taschenlampe darauf: Es war ein altes Schwarzweißfoto von einem Hochzeitspaar im Fond seines geschmückten Wagens. Mein Vater hatte es mir zu Weihnachten in einem Paket voller Geschenke für die Kinder mitgeschickt. In diesem Jahr hatten uns die Sachen befremdet, so wenig paßten sie zu unseren Kindern: ein deutlich zu kurzer Golfschläger für Jack, ein Kleid, in das Erin vor zwei Jahren gepaßt hätte, als mein Vater sie zuletzt zu Gesicht bekommen hatte. Seine Einkäufe zeugten von der allzu großen Entfernung und den jahrelangen Abständen zwischen unseren Besuchen.

Plötzlich schienen sie fast greifbar zu sein: diese beunruhigende Entfernung und der Diebstahl der Zeit. Auf die Rückseite des Fotos hatte mein Vater in seiner neuen, krakeligen Kinderschrift, die so typisch für seine Briefe war, seit ein Gehirntumor ihm immer mehr Fähigkeiten raubte, geschrieben: November 1949, Peggy und ich.

Ich sah meiner Tochter zu, wie sie das Foto an sich nahm. Sie hörte auf zu weinen, als sie es in den Lichtkegel hielt.

Dann drückte sie es mir an die Wange. »Das ist Großvater«, sagte ich. »Das ist dein Großvater als ganz junger Mann.«

Eine Windböe fegte übers Dach.

Es gibt immer ein Kind, das uns mehr auf die Probe stellt als die anderen, aus dessen Mund Frage um Frage dringt, während es durch eine Welt gereizter Erwachsener stürmt.

Sie wollte wissen, wer das hübsche Mädchen in dem Hochzeitsauto sei.

»Meine Mama«, sagte ich.

Wieder sah sie sich das Foto an, und ich erzählte ihr, wie mich dieses Mädchen immer besuchen kam, als ich klein war. Ich wachte davon auf, daß jemand meinen Namen gerufen hatte. Jedesmal war es nur das leise Flüstern einer Stimme, die nach mir rief, die mich immer mit beiden Namen anredete, so wie mich sonst keiner nannte, und wenn ich die Augen aufschlug, erschien ihr freundlich lächelndes Gesicht mit den golden schimmernden Locken, das auf einer Säule aus weißem Licht durch mein Zimmer schwebte.

Es war ja nur ein altes Foto auf dem Dachboden, ein bescheidenes Zeugnis der Geschichte meiner Tochter, und wir hätten hinuntergehen und es dort oben zurücklassen können, aber Cara hielt es fest in der Hand. Ich dachte nicht mehr daran, bis es ein paar Tage später auf dem Küchentischchen wieder auftauchte, wo wir unbezahlte Rechnungen, Speisepläne der Schule und Telefonbücher aufbewahren. Ich sah gerade auf das Foto hinunter, als mich mein Bruder aus dem südlichen New Hampshire anrief. Er war von einem eintägigen Besuch bei meinem Vater in Pennsylvania nach Hause zurückgekommen, den er verwirrt und fast erblindet vorgefunden hatte. »Ich glaube nicht, daß er noch länger als ein Jahr zu leben hat«, sagte er.

Mein Bruder neigt nicht zu Übertreibungen, und so nahm ich mir seine Worte zu Herzen. Ich hatte schon aufgelegt, als ich mich dabei ertappte, wie ich das Foto umdrehte und wieder die handgeschriebenen Worte meines Vaters las:

November 1949, Peggy und ich.

Ich spürte die Verletzlichkeit, die uns überkommt, wenn unsere Eltern todkrank sind und uns dadurch unsere Unverwundbarkeit nehmen. Lange Zeit blieb ich am Tisch sitzen. Als mein Sohn Jack in die Küche kam, nahm ich ihn in den Arm. Ich wartete auf das Vorübergehen des Gefühls.

Das war, bevor ich irgend etwas über meine Mutter Peggy Lorraine Schwartz in Erfahrung gebracht hatte. Ich wußte nur, daß sie die Kriegsjahre damit verbracht hatte, Fahrrad fahren zu lernen und in hochhackigen Schuhen nicht zu eiern. Sie trug ihr Haar wie Ginger Rogers und verbrachte ganze Wochenenden damit, mit den anderen Mädchen aus der Sonntagsschulklasse Verbände für das Rote Kreuz zu nähen. Sie fuhr mit der Liberty-Bell-Straßenbahn nach Lansdale hinaus und stellte sich mit ihren Freundinnen vor der Einmusterungsstelle auf, um den Jungs Glück zu wünschen, bevor sie hineingingen. Manchmal nahmen die Jungen die Hüte ab, beugten sich runter und küßten die Mädchen unschuldig auf die Stirn. An Sonnabenden ging sie auf Tanzveranstaltungen, wo Geld für die Zivilbevölkerung gesammelt wurde. Einen Dime für einen Tanz. Sie war das hübscheste Mädchen der

Stadt und ließ keinen Tanz aus. Die Männer wirbelten sie über die Tanzfläche, und zum ersten Mal wurde sie sich ihrer Schönheit bewußt. 1944 fuhr sie mit ihren Freundinnen in einer heißen Sommernacht aufs Land, wo sie im Garten eines Mädchens namens Lorraine Pugles übernachteten. Sie breiteten die Schlafsäcke unter den Sternen aus. Um vier Uhr morgens wurden sie von Lorraines Vater geweckt, um Obst und Gemüse abzuholen, das er auf seinem Stand auf dem Markt von Souderton verkaufen wollte. Die Mädchen saßen alle hinten auf der Ladefläche, die bloßen Beine baumelnd, die Füße auf der Stoßstange. Mr. Pugles hupte vor jedem Schlagloch. Sie sangen dieses dumme Lied über den »Bugle boy in company B«. Sie lachten und lachten. Peggy mit ihrem tiefen, rollenden Lachen, an das sich die anderen noch heute erinnern können. Sie erzählten mir, daß Peggy ein stilles Mädchen gewesen sei, immer für sich und in Gedanken versunken, aber lachen, das konnte sie, wenn ihr danach war. Es sei ein tiefes und kräftiges, gar nicht damenhaftes Lachen gewesen, und sie wußten noch genau, wie sie gelacht hatte, als sie in dieser Nacht auf der Ladefläche von Mr. Pugles Lastwagen gestanden hatte, um mit einem imaginären Soldaten den Jitterbug zu tanzen. Schlaglöcher hin, Schlaglöcher her, sie tanzte, bis sie sich alle vor lachen auf dem Boden wälzten. Noch in der Nacht, bevor sie losgefahren waren, als die Dunkelheit sie ganz umschloß, hatte Lorraine Peggy von einem Jungen erzählt, der in den Krieg gezogen war. Er sei der einzige gewesen, der ihr an den Tagen, nachdem sie zusammen ausgegangen waren, Briefe geschrieben habe, in denen er sich bedankte und ihr versicherte, wie schön der Abend für ihn gewesen sei. Lorraine nannte seinen Namen, Dick Snyder. Peggy war vierzehn in diesem Sommer. Bis zu dieser Nacht waren die Kriegsjahre in ihrer Erinnerung wie ein Lied. Eine Zeit, in der sich die Leute um die Radios versammelten und die Frauen

Hosen zur Arbeit trugen. Und ihr Vater draußen im Garten stand und den Nachthimmel nach feindlichen Flugzeugen absuchte. Jetzt kam der Name eines Soldaten dazu, der seinem Mädchen nach jeder Verabredung Briefe schrieb.

Dies ist der Junge, für den sie sich eines Tages entscheiden sollte, für diesen einen, den keine außer ihr bekommen sollte. Der Junge, den sie heiraten und dann zurücklassen würde. Er sollte niemals wirklich wissen, wer sie war und wie sie ihn liebte. Bis ich sie für ihn gefunden habe. Peggy Lorraine, das Mädchen, das er nach ihrem Tod so unendlich vermißte. Tagelang blieb er nach ihrer Beerdigung im Bett liegen und versuchte, mit Gott zu handeln. Er dachte an die zahllosen Menschen, denen sie in ihren neunzehn Lebensjahren begegnet war. Menschen, die er niemals kennenlernen würde. Einer, mit dem sie in der Schlange im Lebensmittelladen vier Worte gewechselt hatte. Und ein anderer, der an der Kreuzung neben ihr auf grünes Licht gewartet hatte. All diese Menschen – die für ihn Fremde waren –, er wollte die Zeit, die sie mit ihr verbracht hatten. Er wollte all diese Menschen versammeln und die Summe der Momente ihrer Gegenwart für sich verbuchen. Wenn er diese Momente zusammenzählte, käme er vielleicht auf einen Nachmittag, den er mit ihr verbringen könnte. Um sie in den Arm zu nehmen. Er gab Gott ein Versprechen: Wenn er ihm dieses bißchen Zeit mit ihr schenken würde, bäte er nie wieder um irgend etwas.

Es gibt noch ein anderes Foto. Eines, das mein Großvater von meinem Vater aufgenommen hat, vor dem Weihnachtsbaum im Dezember 1950, vier Monate nach Peggys Tod. Jemand hat gerade gesagt, daß er lächeln soll. »Lächeln, Dick! Wir müssen versuchen, glücklich zu sein, denk an die Babys. Lächeln!« Es kann nur meine Großmutter, meine Nana, gewesen sein, die ihn zum Lächeln aufforderte. Auch wenn ich das nur rate oder mir ausdenke. Aber bestimmt hat Pop-Pop die Kamera gehalten und sich so sehr darauf konzentriert, nicht zu wackeln und sein Motiv im Sucher zu zentrieren, daß er nichts zu meinem Vater sagen konnte. Mein Zwillingsbruder und ich sitzen auf dem Schoß unseres Vaters. Er wirkt wie betäubt, als hätte er gerade von hinten einen Schlag auf den Kopf bekommen. Oder als sei eine Falltür unter ihm aufgesprungen. Ich sitze auf seinem rechten Knie, Dave auf dem linken. Wir sind mittlerweile vier Monate, gerade alt genug, um aufrecht sitzen zu können. Wir sind die Babys, die Peggy Lorraine ihm im zehnten Monat ihrer Ehe geschenkt und dann hinterlassen hat, auf daß er sich allein um sie kümmere.

Ich war sieben oder acht, als ich langsam zu ahnen begann, daß es zwischen meinem Vater und der Frau, die mich nachts in meinem Zimmer auf der Säule aus weißem Licht besuchte, eine Verbindung gab. In jenem Sommer waren wir drei in den Ferien nach Cooperstown, New York, gefahren, wo wir die Baseball Hall of Fame besichtigen wollten. Wir wohnten in einem kleinen Motel an der Straße, dem Wagon Wheel Motel. Gleich am ersten Abend entdeckten mein Bruder und ich begeistert, daß man von der Veranda eine gute Sicht auf die Leinwand eines Autokinos hatte. Es lag auf der anderen Talseite an einem sanft abfallenden Hügel.

Es war nicht am ersten, sondern vielleicht am zweiten oder dritten Abend, als ich mir mit meinem Vater einen Film ansah, in dem eine üppige schwarzhaarige Frau auf einen Mann zuging, der sie zärtlich in die Arme nahm. Daraufhin umschlang sie ihn mit solch einem heftigen Begehren, daß mein Vater mich von der Veranda bugsierte. Ich spüre noch heute die Hand auf meinem Hinterkopf, die mich sanft ins Zimmer zu meinem Bett schob. Lange lag ich wach. Ich tat zwar so, als schliefe ich, aber in Wirklichkeit paßte ich auf, ob er wieder nach draußen gehen würde. Meine Stiefmutter wusch Anziehsachen im Waschbecken, das weiß ich noch. Mein Vater ging am Fußende meines Bettes auf und ab. Als er schließlich verkündete, er wolle draußen eine Zigarette rauchen, fing mein Herz an zu rasen. Die Tür stand offen, und sobald er draußen war und ich mich vergewissert hatte, daß er mir den Rücken zuwandte, setzte ich mich auf und beobachtete ihn. Was ich sehen wollte, weiß ich nicht. Ich sah seine schlanke Silhouette, deren Schatten vom Verandalicht auf den Teppichboden geworfen wurde. Draußen, jenseits der Rasenflächen, hinter dem winzigen Swimmingpool und den rissigen Zementbahnen des Shuffleboardspiels, hinter dem Highway, dem Baumgrüppchen und dem ausgedehnten Meer sanftgewellter Hügelkuppen, sagte die Frau auf der Autokinoleinwand, eine drohend über der schmalen Gestalt meines Vaters aufragende Riesin, etwas zu dem Schauspieler in ihren Armen, während mein Vater und ich insgeheim versuchten, ihr die Worte von den Lippen abzulesen. In diesem Augenblick spürte ich, daß wir dieses Erlebnis teilten. Die Frau auf der Leinwand war es, nach der wir beide uns sehnten, sie war diejenige, ohne deren Berührung unser eigener Wert für immer in Frage stand. Es war ein Moment äußerster Befriedigung. Ich fühlte mich meinem Vater so nahe. Diese Nähe hatte ich nur als kleiner Junge empfunden, wenn er irgendwo ganz allein dastand und – so stellte ich es mir vor – von meiner Mutter träumte, die für ihn verloren war, wenn er darüber nachsann – wie ich es mir vorstellte –, welches Pfand er Gott hinterlassen könne, damit er ihm seine schöne Braut zurückgäbe. In diesen Tagen waren wir Verschwörer gewesen. Er träumte von ihr, und ich wartete im Schlaf darauf, daß sie zurückkehren und mich mit meinen beiden Namen anrufen würde.

Kapitel 2

Eine Woche geht vorbei, vielleicht auch zwei. Ich habe das Hochzeitsfoto in die sonnendurchflutete Küche gebracht. Ich möchte Jack zeigen, wieviel Chrom früher an den Autos war, und Cara, daß sich manche ihrer Gesichtszüge im Gesicht meines Vaters widerspiegeln. Erin möchte ich zeigen, wie Peggy sich das Haar zurechtmachte. Doch an Wochenenden geht es in einer sechsköpfigen Familie immer hoch her, und so verlieren sich meine Absichten in den üblichen Beschäftigungen eines glücklichen Samstagmorgens. Der neunjährige Jack läßt sein Papierflugzeug durchs Zimmer segeln. Während ich durchs Zimmer laufe, erwischt es mich am Nasenrücken, ein jäher Schmerz durchzuckt mich, und ich verschütte den Kaffee über meiner Hose. Ich will gerade losschimpfen, doch als ich das Flugzeug aufhebe, entdecke ich, daß er auf einen Flügel geschrieben hat: »Ich hab' dich so lieb, Papa. Wollen wir heute Football spielen? Kreuz ja oder nein an.«

Erin, unsere Zwölfjährige, steht am Telefon und macht Pläne für einen Ausflug mit ihrer Freundin aus der sechsten Klasse. Sie spricht mit ihr und verhandelt mit mir, ob ich ihr fürs Mittagessen Geld mitgebe, während ich den Kaffee vom Boden aufwische. Warum sieben Dollar fürs Mittagessen, frage ich.

Dreißig Jahre lang hab' ich zum Mittagessen nichts als Erdnußbutterbrote mit Marmelade gegessen, warum soll ich dir nicht eins machen?

Jetzt stürmt Nell, zehn Jahre alt, durch die Küche, dicht gefolgt von Cara. Sie zieht ihre Stofftiere auf einem provisorischen Schlitten hinter sich her und kippt damit prompt den Wassernapf des Hundes um.

Ich stecke das Foto in meine Hemdtasche und gebe es auf. An die Arbeitsfläche gelehnt, lasse ich die Stimmen über mich hinwegrauschen. Ich sehe all das Durcheinander um mich herum, aber das Foto meiner Eltern zieht mich fort. Ich bin auf den eigentümlichen Grund einer Stille gefallen, einer Stille wie vor einem Schneesturm.

Als nächstes erscheint Colleen, die Wangen rosig vom Schlaf. Ich schaue ihr von weitem dabei zu, wie sie seelenruhig schmutzige Wäsche einsammelt und sich bei jedem einzelnen ihrer Kinder sanft danach erkundigt, ob es ihre Sonnenbrille gesehen habe. Als sie an mir vorbeigeht, leuchtet ihr Haar rot im schrägen Sonnenlicht. Im nächsten Moment kniet sie nieder und bindet Cara die Schuhe zu. »Ich mag mein Gesicht nicht mehr«, verkündet Cara.

»Du hast ein schönes, ein wunderschönes Gesicht«, versichert ihr Colleen.

Es wird still in der Küche. Die anderen Kinder haben sich umgedreht und schauen ihre Mutter an.

Dieses Gefühl, wenn unser Leben plötzlich um uns kreist wie ein köstlicher Traum und wir uns wünschen, alles einzufrieren, wie es ist – um diesen einen vollkommenen Moment vor der dahinrasenden Verschleierung der Zeit zu retten. Das Gefühl entsteht im plötzlichen Erkennen unserer Begünstigung. Welch ein Glück habe ich gehabt, bitte, so soll es bleiben, laß diese Gunst nie vorübergehen!

Daß ich dieses Gefühl heute so stark empfinde, liegt an dem Foto. Da gab es eine andere Frau, so jung und schön, und einen Mann, der sie liebte und nie gedacht hätte, daß sie bald sterben würde.

In dieser Stille gelobe ich, von nun an achtsamer mit meinem Leben umzugehen. Ich werde mich mehr bemühen, mich daran zu erinnern, wann ich zum ersten Mal den roten Schimmer in Colleens Haaren bemerkt habe. Ich will sie wieder heraufbeschwören, so wie sie mir zum ersten Mal begegnete und ich mich in sie verliebte. Ich will mich daran erinnern, welches unserer Kinder mit weit aufgerissenen Augen zur Welt kam. Und welche Tochter unserem Hund den Namen gab. In welchem Sommer wir unserem Sohn das Schwimmen beigebracht haben. Ich will bedächtiger leben, damit ich mich an solche Dinge erinnern kann. Und wenn wir auch nicht genau Rechenschaft darüber ablegen können, warum so viel Zeit vergangen ist, und wir nicht erklären können, wie wir zu der Familie, die wir heute sind, geworden sind, werde ich alle näher an mich heranziehen und sie lang genug dort festhalten, um unsere Nähe mit in die atemberaubend hektische Zukunft hinüberzuretten, die vor uns liegt, in der die Geschwindigkeit unseres Lebens uns in alle Himmelsrichtungen verstreuen wird und ein jeder von uns sich mit Riesenschritten fortbewegt und kaum einen Blick zurückwirft, sich kaum erinnert.

Hier stehen wir, so viele von uns, in unseren mittleren Jahren und tun unser Bestes, um unseren Kindern eine Liebesgeschichte zu schenken, der sie folgen können. *Unsere* Liebesgeschichte, die wichtiger ist als der tägliche Kampf um Zeit und Geld.

Ich beobachte Colleen und denke mir, daß ich niemals mehr von ihrer Seite weichen werde, daß ich Stunde um Stunde, Tag für Tag mit ihr verbringen will, damit ich dies habe, falls sie jemals krank werden und sterben sollte. Ich weiß noch, wieviel Angst ich bei jedem Kind hatte, ich befürchtete, im Krankenhaus könnte etwas schiefgehen und ich würde sie verlieren. Das sind seltsame Gedanken an so einem schönen Samstagmorgen. Ich lächle meine Frau an, als sie durch den Raum auf mich zukommt. Sie nimmt mir das Foto aus der Hand und hält es vor sich. »Was weißt du noch von damals?« fragt sie.

Seit Tagen habe ich darüber nachgedacht, habe versucht, mich an alles zu erinnern. Zu Weihnachten fuhr mein Vater mit uns immer nach Hatfield zu Oma und Opa Schwartz. Für mich waren es einfach nur alte Leute. Wir saßen in ihrem winzigen Wohnzimmer und packten unsere Geschenke aus, und mir war nie ganz klar, wen ich vor mir hatte. Irgendwie dachte ich, daß mein Vater mein älterer Bruder sei und diese Leute seine Eltern. Ihre Tochter Audrey lebte noch bei ihnen, und überall waren Fotos von ihr. Aber auf dem obersten Regal neben dem Kamin standen silbergerahmte Fotos von zwei Mädchen. Daran kann ich mich ganz genau erinnern. Die silbernen Rahmen standen neben einem weißen Porzellanpferd mit einem Goldkettchen als Zügel.

»Daran erinnerst du dich?« fragte Colleen.

»Als Kind habe ich mir Bilder sehr aufmerksam angesehen, weil ich die Frau finden wollte, die mich nachts in meinem Zimmer besuchen kam.«

Kurz nach unserer ersten Begegnung hatte ich Colleen davon erzählt, wie mein Vater eines Tages mit meinem Bruder und mir nach Atlantic City gefahren war. Wir wollten den Tag am Strand verbringen. Ich war noch klein, vielleicht fünf. Es gab einen starken Sog, das weiß ich noch. Wir tranken Orangenlimonade aus dicken Glasflaschen. Zum ersten Mal kam mir Wasser in Nase und Ohren. Mein Vater zeigte mir, wie man den Kopf zur Seite legt und auf einem Bein auf und ab hüpft. Als es Zeit war zu gehen, liefen wir auf den Bohlen der Strandpromenade entlang. An der Dusche blieben wir stehen, das war nur ein Gartenschlauch, der über einem Nagel in einem kleinen, nach oben offenen Holzkabuff hing. Den Sand abzuduschen kostete einen Nickel. Als ich fertig war, zog mein Vater das Hemd aus, um sich unter den Schlauch zu stellen, und da rutschte ihm das Portemonnaie aus der Tasche, und ein Foto fiel zu Boden. Es war eine Schwarzweißaufnahme von der Frau, die mich besuchen kam. Da war sie, am offenen Fenster eines großen schwarzen Autos mit ausladend geschwungenen Kotflügeln und Radkappen, die aus hellen Lichtovalen bestanden.

Ich blickte meinem Vater in die Augen und fragte, wer sie sei. Ich glaube, schon während ich die Frage stellte, war ich von mir selbst enttäuscht, mein Geheimnis verraten zu haben, und bekam Angst, daß sie mich jetzt, wo es heraus war, nicht mehr besuchen würde. Aber es war genau dasselbe Gesicht, das immer auf einer Säule aus weißem Licht zum Fenster hereinschwebte. Ich erzählte meinem Vater, daß ich die Frau schon einmal gesehen hatte. Er sah mich erstaunt an, sagte aber weiter nichts. Er nahm nur den Schlauch und spülte mir den Sand von den Füßen. Er wartete noch ein paar Jahre, bis ich acht oder neun war, bevor er mir erzählte, daß sie meine Mutter gewesen sei.

»Mir geht etwas im Kopf herum«, sagte ich zu Colleen.

»Was hältst du davon, wenn ich nach Pennsylvania fahren würde, um alles über Peggy herauszufinden. Weißt du, dann könnte ich meinem Vater seine eigene Liebesgeschichte erzählen, jetzt, wo er sich nicht mehr erinnern kann. Dieses Geschenk könnte ich ihm machen, solange noch dafür Zeit ist. Ich glaube, das bin ich ihm schuldig.«

Colleen gab mir das Foto zurück. »Du bist es auch dir schuldig«, sagte sie.

Das fand ich eigentlich nicht. Jedenfalls damals nicht.

Kapitel 3

In diesem Winter war ich viel unterwegs. Ich fuhr jede Woche hundert Meilen zu einem kleinen College, an dem ich unterrichtete. Montags machte ich mich früh auf den Weg, übernachtete zweimal in einem Motel, und Mittwoch abends fuhr ich zurück. Es war ein Motel direkt an der Straße, eins von denen, wo man draußen vor seinem Zimmer in einem kleinen Plastikstuhl sitzen kann, die Füße auf der Stoßstange des eigenen Autos, und zuschaut, wie der Verkehr vorüberzieht. An so einem Ort erscheint einem das eigene Leben oft flüchtig und kaum komplizierter als die drei oder vier Utensilien, die man auf der Konsole über dem Waschbecken aufgereiht hat. Oder was man sich auf den Nachttisch stellt.

Dort lehnte ich jetzt immer das Foto an die Keramiklampe. Es war mittlerweile in meinem Leben wirklicher geworden als das, was mich jede Woche hier ins Motel brachte. An einem Wochenende hatte Cara sich das Foto auf ihr Nachttischchen gestellt. Ich war am Montag morgen schon aufgebrochen und tankte gerade in der Stadt, da fiel es mir wieder ein. Ich fuhr den ganzen Weg nach Hause zurück und nahm es von Caras Tisch.

Ich fühlte mich nicht wohl dabei und war froh, daß es mir gelungen war, das Foto abzuholen und das Haus zu verlassen, ohne gesehen zu werden. In dieser Nacht im Motel dachte ich darüber nach, wie ich diese Sache erklären könnte, welche logischen Gründe mir einfallen würden, um das Ganze nicht wie eine beginnende Obsession erscheinen zu lassen. Ich lag im Bett und schaute den dicken Schneeflocken zu, die auf mein Autodach fielen, als das Telefon klingelte. Jack war dran und erzählte mir, daß er an diesem Abend beim Eishockey ein Tor geschossen hatte. Ich ließ ihn das Spiel in Zeitlupe beschreiben, so daß ich mir genau vorstellen konnte, wie er mit dem Puck über die blaue Linie vorstieß. Er steuert hart nach rechts, weiße Eisfontänen spritzen von seinen Kufen, er dreht sich zum Tor, zielt auf den Torwart und läßt ihn zappeln, und dann, genau in der Sekunde, als der Torwart zu Boden geht, um den Puck zu fangen, schießt er ihn mit einer winzigen Drehung des Handgelenks in die obere Ecke.

»Ich wünschte, du wärst dabeigewesen«, sagte er.

»Ich werde ab jetzt kein Spiel mehr verpassen«, antwortete ich. Das war das, was ich sagen mußte, eher für mich als für ihn. Ich bin ein vielbeschäftigter Mann mit vier Kindern, an deren Leben ich teilnehmen will. Ich sollte nicht in der Vergangenheit herumwühlen, nein, ich sollte in der Gegenwart leben, im Hier und Jetzt, wo meine Kinder leben, damit sie nicht eines Tages ihre Vergangenheit durchforsten müssen, um herauszufinden, wer zur Hölle *ich* war.

Auf diese Weise konnte ich die Dinge einigermaßen im Gleichgewicht halten, bis mein Blick irgendwann wieder auf das Foto fiel. Als ich das Licht löschte, wälzte ich mich schlaflos hin und her, und die Warnung meines Bruders hämmerte mir im Kopf.

Es ist eben einfach nicht leicht, gewisse Dinge zu akzeptieren. Wir sagen uns, was offensichtlich wahr ist – *daß wir nicht ewig leben* –, aber bevor wir diesen Gedanken nicht zutiefst fühlen, machen wir mit unserem geschäftigen Leben weiter und kümmern uns nicht um die Wahrheit, sondern sorgen uns um unseren Kontostand.

Ich spürte das ganz deutlich, als ich am nächsten Abend auf

einer kleinen Landstraße im nördlichen Maine nach Hause fuhr. Ich sehnte mich danach, eine Entscheidung zu treffen und sie Colleen vorzusetzen; ich wollte das Gefühl in Worte fassen, damit es wahr wurde, bevor es sich wieder verflüchtigen konnte. Ich träumte mich schon nach Hause, an ihre Seite, als ich weit vor mir in der Ferne helle Lichter wie einen Heiligenschein gegen den dunklen Nachthimmel geworfen sah. Die Einsamkeit der Straße setzte mir zu, und der Gedanke, daß die Lichter vielleicht zu der Stadt gehörten, in der ich ins College gegangen war, munterte mich auf. Ich fuhr schneller und freute mich schon darauf, dieses freundliche Städtchen wiederzusehen. Aber bald wurden die Lichter zu hell für die kleine Stadt, und mein Hochgefühl legte sich wieder. Dann war ich auch schon da – es war ein Supermarkt hoch oben auf einem Hügel, umgeben von den gleißenden Bogenlampen, die man mit Gefängnissen verbindet. Ich hielt am Straßenrand, starrte auf dieses monströse Gebilde aus Schlackenstein und konnte mir nicht erklären, warum ich mich bei diesem Anblick plötzlich so leer fühlte. Ich weiß, es ist verrückt, aber ich begann mich zu fragen, ob uns die Zeit, in der wir leben, eine Zeit, in der uns Supermärkte überall im Land auf Hügel locken, nicht etwas ganz Entscheidendes gestohlen hat. Ob unsere Mütter und Väter etwas Wertvolles besessen haben, das wir verloren haben? Diese jungen Menschen auf den alten Schwarzweißfotos – haben sie versucht, uns vor etwas zu warnen? Wollten sie uns sagen, wenn wir nicht achtgeben, könnten wir eines Tages die Entdeckung machen, daß vieles von dem, was wir immer geschätzt haben, uns einfach entglitten ist? Irgendwann, ohne daß wir es gemerkt oder uns bewußt entschieden hätten. Und wir plötzlich ein Volk von Vertriebenen geworden sind, fortgejagt oder besser *fortgelockt* aus unserem eigenen Leben in diese neue Landschaft hinein, in der uns einzig und allein diese schlichten, ewig gleichen Geschäfte, Motels und Restaurants am Straßenrand noch vertraut sind.

Ich dachte noch einmal an Colleen zu Hause und an die Landschaft unseres Lebens. Konnte ich sie möglicherweise verlieren? Stand mir eine Zeit bevor, in der ich sie verlieren und draußen im Dunkeln niemals wiederfinden würde, so wie mein Vater meine Mutter verloren hatte? Hier waren sie auf ihrem Hochzeitsfoto, so gesund und schön und so blind für das Ende, das auf sie zuraste.

In diesen Augenblicken am Straßenrand vor dem flammenden Supermarkt hatte ich das Gefühl, etwas Wesentliches zu begreifen.

Ich fuhr sehr schnell durch die schwarze Nacht, alle anspruchsvollen Ziele meines Lebens, alle falschen Anfänge und mühevollen Umwege kristallisiert in die einfache Handlung, nach Hause zu kommen. Ich trat das Gaspedal weit durch, aber aus irgendeinem Grund war es mir unmöglich, die Entfernung zu verringern. Die Meilen schienen sich zu teilen und zu multiplizieren, während ich auf einer Straße festgefroren war, die sich immer weiter öffnete, aus sich selbst heraus weiter und weiter in die Ferne ergoß.

In dieser langen Abfolge dunkler, leerer Meilen konnte ich allmählich meines Vaters Verlust nachvollziehen. Den Verlust von Hoffnung und Liebe und Jugend und Versprechen. Den Verlust einer Immunität. In der Auffahrt bremste ich abrupt und eilte die Verandastufen hinauf.

Zu Hause.

Der Hund begrüßt mich an der Tür und führt mich durch die dunklen Zimmer in die Küche. Colleen hat das Licht über dem Herd brennen lassen und mir einen Teller mit Essen in den Kühlschrank gestellt. Ich esse im Stehen an der Spüle, und schon geht etwas von meiner Entschlossenheit auf der dunklen Landstraße verloren. Hier sind wir nun einmal. Ist es nicht genug, einfach dazusein und zu spüren, wie begünstigt wir sind? Wer hätte es denn jemals im Verlauf der Geschichte besser gehabt als wir? Wie schön ist unser Leben, wie bewegt und schnell, und natürlich gibt es vieles, um das wir uns Sorgen machen, und vielleicht verfluchen wir die Oberflächlichkeit dieser Zeit und die Supermärkte, die wie Kreuzschiffe am Horizont entlangziehen, aber verdammt noch mal, ist es nicht großartig? Ich fühle mich jedem anderen Paar verbunden, das die Augen offenhält, das zusammen über die besten Absichten und größten Mißerfolge hinweg den schweigenden Grenzen der Zeit entgegensieht. Wir brauchen uns nur zu lieben, so gut wir können. Zu sehen, wie unsere Verbundenheit die Kinder fröhlich macht.

Ich gehe ins Wohnzimmer und bleibe am Fuß der Treppe stehen. Wenn das Haus so still ist, kann ich meine Kinder im Schlaf atmen hören. Wie passend und wesentlich dieses Geräusch ist, das den Rhythmus einer langsamen, bedeutungsvollen Reise vorzugeben scheint, einen Rhythmus, der das ganze Haus erzittern läßt.

Andächtig gehe ich mit dem Hund von Bett zu Bett und gebe jedem Kind einen Kuß auf die Stirn, bis ich schließlich in der Gegenwart der schlichten Schönheit meiner Frau stehe, ihr Kopf auf dem Kissen, die Zeitschrift, die sie gelesen hat, auf dem Boden, das Nachtlicht an. Der Hund legt sich auf seinen Platz unter meinen Schreibtisch. Ich ziehe mein Hemd aus und hänge es über einen Stuhl. Der Mond scheint auf den Fußboden, und als ich in sein Licht trete, umgibt mich plötzlich wieder jene wunderliche Stille. Es ist, als habe sich alles im Raum nach einem Windstoß neu geordnet, der alles mit sich genommen hat, was zwischen mir und dem Verständnis dessen gestanden hat, was ich in dieser Welt als nächstes zu tun habe: Der wunderschönen Frau von der Autokinoleinwand jenseits des Tales auf dem sanft abfallenden Hügel, der Frau, deren Stimme ich vor 40 Jahren so gerne gehört hätte, bin ich hierher gefolgt zu dieser Frau, die noch halb im Traum vor sich hin murmelt, als ich mich ganz eng neben sie lege. Ich höre, wie sie den Atem anhält, als ich ihr Nachthemd hochstreife, meine Handflächen an der weichen Haut ihrer Schenkel. Lange bewegen wir uns nicht. Ich spüre, wie beides uns einholt: der langsame Schatten der Geschichte und die plötzliche Wendung des Schicksals.

Kapitel 4

Nach dieser Nacht gab ich mich der Sache hin. Ich habe Tagebücher für alle Kinder geführt, die mit einer Schilderung ihrer Geburt begannen und weitergingen, bis sie sechs oder sieben waren und alle Seiten beschrieben. In Caras Tagebuch schrieb ich, daß ich mich auf die Suche nach ihrer Großmutter machen würde. Über diesen Abschnitt für Cara klebte ich das Hochzeitsfoto. Ich stand auf, um das Buch in ihr Regal zu legen, und als ich noch einmal einen Blick auf das Foto warf, war mir, als sehe ich es zum ersten Mal. Es ist quadratisch, zehn mal zehn Zentimeter und wird von dem Auto in der Mitte des Vordergrunds beherrscht, das etwa fünf mal fünf Zentimeter mißt. Der Wagen parkt an der rechten Straßenseite, direkt an der Bordsteinkante, man sieht ihn von hinten. Auf der linken Straßenseite stehen zwei große Holzhäuser mit überdachten Veranden zur Straße hin und breiten Holztreppen, die auf den Bürgersteig führen.

Im Hintergrund des Fotos, gegen Ende des Bürgersteigs, der vom Betrachter wegführt, in vielleicht fünfzehn Meter tatsächlicher Entfernung vom Hochzeitsauto, steht ein Junge. Er war mir vorher nie aufgefallen, weil sein dunkler zweireihiger Mantel sich von dem gleichfalls dunklen Hintergrund nicht abhebt. Der Kragen ist hochgeschlagen und verdeckt sein Kinn fast. Er hat die Hände in die Taschen seines Mantels gesteckt. Die Hosenaufschläge fallen über die Schuhe. Sein helles Haar trägt er quer über die Stirn nach rechts gestrichen.

Ein Mann, vielleicht sein Vater, geht direkt vor ihm her, aber der Junge ist stehengeblieben, hat sich ganz umgedreht und sieht zurück auf das Hochzeitsauto. Es fällt gerade genug Licht auf sein Gesicht, daß man es erkennen kann. Er wird acht oder neun sein und sieht mir eindeutig ähnlich. Auf allen Fotos, die mir von damals je untergekommen sind, sehe ich genauso aus wie er.

Ich schließe die Augen und gucke noch mal hin. Dann noch mal. Und jedesmal sieht es so aus, als trete der Junge wieder ins Foto hinein, als sei er aus der Dunkelheit hinter ihm gerade ins Bild gelaufen.

Am nächsten Abend ging ich zu meinen Kindern, kniete mich mit dem Foto in der Hand vor ihre Betten und fragte sie, wer der Junge sei. Alle sagten, das sei ich, nur Erin, meine Älteste, hinterfragte die Chronologie.

»Du warst doch vor der Hochzeit noch gar nicht auf der Welt«, sagte sie. »Ich versteh' das nicht.«

»Du hast recht, ich kann es gar nicht sein«, antwortete ich.

»Aber du bist es«, sagte sie.

»Ich weiß.«

Am selben Abend rief ich meinen Vater an. Wir unterhielten uns eine Weile über die College-Football-Teams, die für die Bowlspiele ausgewählt worden waren. Er war Anhänger von Penn State und berichtete mir, daß er auf keinen Fall das Spiel am Neujahrstag verpassen wollte.

»Vielleicht seh' ich's mir mit dir an«, warf ich ein.

Er hörte gar nicht, was ich sagte. Statt dessen erzählte er mir, auf wie vielen Beerdigungen er in der letzten Zeit gewesen sei, allesamt alte Kumpels aus seinem 1944er Highschool-Footballteam. »Erst letzte Woche ist mir auf Ed Slaters Beerdigung Ozzie Newcomb in die Arme gelaufen. Ich weiß nicht, wie lange Ozzie noch zu leben hat. Ich versteh' nicht, wie all die großen kräftigen Kerls aus dem Footballteam einfach so wegsterben können.«

Er sagte, er wünsche sich noch immer, er wäre groß genug gewesen, um als Junge Football spielen zu können. Statt dessen war er der Wasserträger der Mannschaft geworden.

Ich fragte ihn, ob es ihm recht sei, wenn ich ihn besuchen käme. »Wir können uns das Penn-State-Spiel zusammen anschauen«, wiederholte ich.

»Du hast ziemlich weit zu fahren.«

»So weit ist es gar nicht. Acht oder neun Stunden.«

»Wohl mehr, denke ich.«

»Es ist in Ordnung, Papa. Ich hatte gehofft, wir könnten uns ein bißchen über Peggy unterhalten. Ich dachte, wir reden vielleicht ein bißchen über sie.«

»Deine Mutter hat bei einer Telefongesellschaft gearbeitet, als ich sie kennengelernt habe. Sie war Telefonistin.«

Eine Telefonistin?

Einen Moment nahm ich nichts mehr wahr. Am anderen Ende redete mein Vater weiter, aber ich war ganz weit weg. Als ich zu seiner Stimme zurückfand, geschah es in dem Bewußtsein, daß ich 47 Jahre alt war und dies die erste greifbare Tatsache aus ihrem Leben war, die mein Vater je an mich weitergereicht hatte. Ich war nie an ihrem Grab gewesen, ich hatte keine Ahnung, wie viele Tage sie nach meiner Geburt noch gelebt hatte, wie alt sie war, als sie starb, und woran sie gestorben war. Ich war bei meinem Vater aufgewachsen und hatte schon früh begriffen, daß es zu schmerzlich für ihn war, über meine tote Mutter zu sprechen. Sie war gestorben, als ihre Liebe jung und die beiden noch leidenschaftlich ineinander verliebt waren, deswegen hatte ihr Tod eine tiefe Wunde gerissen. Er ist nie wieder wie früher gewesen, und er konnte nie über sie sprechen. Es ist richtig, unser Leben hat einen Anfang, eine Mitte und ein Ende, aber nicht unbedingt in dieser Reihenfolge.

Selbst als Junge wußte ich intuitiv, daß mein Vater vor der Zeit, in der ich ihn kannte, Anfang und Ende seines Lebens bereits hinter sich hatte und jetzt die langen mittleren Jahre durchlebte, wobei er sich darum bemühte, nicht daran zu denken, was ihm schon widerfahren war.

Aber nun erzählte er mir, daß sie als Telefonistin gearbeitet hatte. Ich konnte mir vorstellen, wie das Mädchen von dem Hochzeitsfoto jeden Tag zur Arbeit ging und wahrscheinlich mit vielen anderen jungen Frauen, die alle Kopfhörer trugen, in einem großen Raum zusammensaß. Diese schlichte Mitteilung meines Vaters und das Bild, das mir sofort vor Augen stand – meine Mutter *lebend* in einem Leben vor meiner Zeit statt tot in der Zeit, nachdem ich geboren war –, veränderte alles.

Am Neujahrstag warf ich ein paar Sachen ins Auto und machte mich auf den Weg nach Collegeville in Pennsylvania, wo mein Vater mit meiner Stiefmutter wohnt. Sie waren vor neun Jahren hergezogen, nachdem sich mein Vater, der Pfarrer gewesen war, in den Ruhestand zurückgezogen hatte, aber ich hatte sie nie dort besucht und mußte meinen Bruder anrufen, damit er mir den Weg beschrieb.

Ich fuhr los, das Foto lag neben mir auf dem Beifahrersitz. Seit ich den Jungen auf dem Bild entdeckt hatte, erwartete ich jedesmal, neue Einzelheiten zu entdecken. Das Auto ist auf Hochglanz poliert, eine Spiegelung des Kirchturms ist quer über das breite Dach gehaucht. Girlanden aus Kreppapier winden sich von der Stoßstange übers Dach bis zum Kotflügel, der vom Blitz der Kamera hellsilber leuchtet. Unter der ovalen Heckscheibe, die ihre Gesichter einrahmt, klebt ein rechteckiges Stück Millimeterpapier, auf dem oben das Wort JUST steht und darunter MARRIED. Die Worte sind von Hand geschrieben, ordentlich, aber ohne künstlerischen Anspruch. Über dem verchromten Griff des Kofferraums sieht man das Nummernschild: 5AJ87. Und in kleineren Buchstaben darüber: 1949 PENNA. Irgendeine Plakette mit dem Logo der Lehigh-Universität wurde mit zwei Schrauben oben am Nummernschild befestigt. Ich fragte mich, wem das Auto wohl gehörte, wer damals auf die Lehigh ging und das Hochzeitspaar fuhr.

Auf dem Bürgersteig steht Wasser in einer Pfütze, im Rinnstein hat sich Dreck gesammelt. Auf dem Telefonmast hinter dem Auto wurde mit weißer Farbe 8/30 schabloniert. Die kahlen Äste eines Baums und ein einstöckiges Haus spiegeln sich in der polierten Chromstoßstange. Es ist ein richtiger Gangsterwagen, ein großer Schlitten, mit seinen ausladend geschwungenen Kotflügeln und den Chromeinfassungen der Fenster. Man kann sich zwar kaum vorstellen, in diesem Auto schnell zu fahren, aber schon, wie geborgen man sich darin fühlt.

Genau das spiegelt sich im Gesicht meines Vaters: Er wirkt so selbstsicher, so voller Vertrauen, daß ihnen nie etwas Schlimmes widerfahren kann. Sein breites Lächeln entblößt gerade weiße Zähne, seine Augen scheinen im Licht hinter den Gläsern der runden Nickelbrille zu tanzen. Alles in allem legt er die Ausgelassenheit eines 23jährigen Mannes an den Tag, der den Alptraum eines langen Krieges überlebt hat und heil nach Hause zurückgekehrt ist, um das hübscheste Mädchen der Stadt zur Frau zu nehmen.

Ganz anders Peggy. Sie sieht nicht in die Kamera wie er. Ihr Blick ist nach links abgeschweift. Ihr Mund wird vom unteren Rahmen der Heckscheibe verdeckt, aber wenn sie lächeln sollte, ist in ihren Augen keine Spur davon, eher Unruhe, als habe sie gerade etwas Unangenehmes gesehen. Es ist ein Ausdruck, der gar nicht zu dem hellen Blumenkranz in ihrem Haar paßt.

Ich möchte zu gern wissen, was sie an diesem Novembermorgen gesehen hat. Sie hat gerade geheiratet und wird die ganze Nacht durchtanzen, und es gibt keinen Grund, *nicht* zu lächeln, außer wenn sie etwas sieht, das hinter diesem Moment liegt, außer wenn sie nach vorn blickt und nicht zurück wie ihr junger Ehemann, einem anderen Krieg entgegen, der ausbrechen soll, bevor zehn Monate vergangen sind, und in dem wieder so viele Männer sterben werden. Vielleicht sogar ihr junger Ehemann.

Ist es möglich, daß sie über die Zukunft nachdenkt, über die verrückten Zeiten, die vor ihnen liegen, in denen die Zeitungen von Artikeln über die kommunistische Unterwanderung voll sind und zwei junge Eheleute in New York als Spione verhaftet und ihren beiden kleinen Kindern entrissen werden, um im elektrischen Stuhl exekutiert zu werden?

Oder vielleicht hat sie im letzten Krieg einen Freund verloren und denkt an ihn, als der Auslöser klickt, vielleicht wünscht sie sich, er könne jetzt hier sein und sie in ihrem Hochzeitsauto sehen.

Irgend etwas *hat* sie abgelenkt.

Ich hätte gern eine Ungeduld in ihren Augen gesehen, eine Ungeduld, endlich mit diesen Hochzeitsfotos fertig zu werden, damit sie mit meinem Vater allein sein kann. Ungeduldig, ihn anzufassen und von ihm angefaßt zu werden.

Es ist der abwesende Ausdruck in ihren Augen, der mich wünschen läßt, ich könnte etwas tun, um ihr zu helfen.

An diesem Neujahrstag fuhr ich die ganze Strecke nach Pennsylvania und wünschte mir, ich könnte etwas für die Menschen auf dem Foto neben mir tun. Die beiden, Flüchtlinge vor einem Schicksal, das sie schon niederschlug, als dieses Foto gemacht wurde. Ein Schicksal, das sie töten sollte und den Lebenszweck aus seiner Jugend riß, so daß sich sein Leben nur noch um die Frage drehte – *wie konnte er überhaupt weiterleben?*

Da standen sie, noch ganz am Anfang ihrer Liebesgeschichte, und rasten doch schon auf ihr Ende zu, und ich konnte nichts für sie tun. Ich konnte sie nicht davor bewahren, einen weiteren Schritt auf das Ende zuzugehen.

Kapitel 5

Unsere Väter, die ihr alt seid, wie sollen wir euch begegnen, wenn ihr in einer Schlafanzughose aus ausgewaschenem blauen Flanell vor uns steht, die zu weit hochgezogen ist, weit über die Taille, fast bis zu den Achseln, so wie unsere Kinder sie hochzerrten, als sie ihre ersten Anziehversuche machten?

»Ach, das war ein trauriges Spiel«, sagt er zu mir.

»Die Autobahn in New Jersey war ziemlich dicht, aber ich hab' das Spiel im Radio gehört. Tut mir leid, daß sie verloren haben.«

»Du hast bestimmt Hunger.«

»Nein, nein, ich möchte nichts, Dad, wirklich nicht.«

»Ich mache uns einen Kaffee.«

Als er aufsteht, nehme ich ihn in den Arm, und er sagt in die Leere des Zimmers hinein: »Donnie ist da. Mein Junge ist da.«

»Ich bin da.«

»Ich freu' mich, daß du hier bist.«

Die Möbel, die an den Wänden dieser vier winzigen, notdürftig zusammengenagelten Zimmer aufgereiht sind, hätten in ein ganzes Haus gepaßt. Ein avocadogrünes Sofa, an das ich mich erinnere. Ein bestickter Stuhl, den ich nie gesehen habe. Der alte Tisch aus dem Eßzimmer, den ich vergessen hatte. »Ich muß Ma ein paar neue Stühle besorgen«, erzählt er mir. »Die hier fallen schon auseinander.«

Dankbar, etwas zu tun zu haben, gehe ich auf die Knie, um mir die Verstrebungen anzuschauen. »Sie könnten ein bißchen

Leim gebrauchen, aber sie sind toll, Dad. Solche kannst du heute nicht mehr finden.«

Er marschiert aus der Küche. Ich sehe ihm nach, wie er um die Ecke verschwindet und vor sich hin murmelt: »Weihnachtsplätzchen, Weihnachtsplätzchen.«

Unter dem Tisch bin ich wieder sein kleiner Junge, der seine Soldaten aufstellt, Nordstaatler gegen Südstaatler, die Kanonen in Position bringt, die Pferde an den Tischbeinen festbindet. Mein Fort war einfach eine Decke über dem Tisch, die an den Seiten hinabhing. Dort wartete ich darauf, daß Dad von der Nachtschicht nach Hause kam.

Am schönsten war es immer, wenn ich mucksmäuschenstill unterm Tisch saß und zusah, wie seine Schuhe erst durchs Zimmer auf mich zukamen und dann seitlich an mir vorbeiliefen. Er tat immer so, als sehe er mich nicht, und ließ mich zappeln. Und dann, als sei es die vernünftigste Sache der Welt und gleichzeitig das, was er jetzt am allerliebsten tun würde, kam er mit seiner Tasse Kaffee unter den Tisch gekrochen, und der Duft von Tabak und Old-Spice-Rasierwasser breitete sich in meinem Fort aus. »Bin ich heute dein Kumpel?« fragte ich ihn dann.

Jetzt höre ich, wie er nebenan im Zimmer etwas zuknallt. Als ich zu ihm komme, sehe ich im Licht, wie der Tumor seine rechte Gesichtshälfte schon herabgezogen hat. Das eine Auge ist fast zu.

»Was ist denn los, Dad?«

Wieder ist er wie mein eigener kleiner Sohn Jack bei mir zu Hause, der seine Sachen in eine Schublade stopfen will, obwohl die Kommode längst voll ist. Er erzählt mir, daß das ganze Footballteam wegstirbt – hier, dieses Hemd hat einem Läufer gehört, und diese Pullover dem großen Jungen aus Polen, der so klasse spielte. »Ihre Frauen vermachen mir die Sachen«, erzählt er. »Sieh dir mal diese schönen Sachen an, die sie mir vermacht haben.«

Ich habe eine andere Kommode vor Augen. Die im Keller, wo er seine Armeesachen aufbewahrt hatte, als ich noch klein war. Den zusammenklappbaren Spaten mit Holzgriff zum Ausheben von Schützengräben. Den langen grünen Mantel, der so schwer war, daß ich ihn nicht vom Fleck bekam, den Umhang aus Segeltuch, das Kochgeschirr und die ledergebundene Bibel, die alle GIs ausgehändigt bekamen. Die Bibeln paßten genau in die Brusttasche, und mein Vater wußte Geschichten zu erzählen, wie sie Kugeln abgehalten hatten. Sechs oder sieben Jahre lang spielte ich Krieg mit diesen Dingen, bis sie irgendwann in der Nachbarschaft verlorengegangen waren.

Wir legten die Sachen aufs Bett und falteten sie sorgfältig zusammen. »Du brauchst einen, der dir eine größere Kommode vermacht«, sage ich zu ihm.

Wie ein Jugendlicher schläft er bis in die späten Morgenstunden. Ich trinke schon seit Stunden Kaffee, als ich ihn endlich sagen höre: »Heute ist unser großer Tag, Donnie.«

»Ja, genau. Bist du dir sicher?«

»Sicher?«

»Es könnte ein langer Tag werden.«

»Ich bin bereit«, sagt er. »Heute ist unser Tag.«

Nach fast 50 Jahren wird er mir heute die alten Orte zeigen. Gestern abend haben wir eine Liste gemacht, bevor wir ins Bett gegangen sind. Das Tanzlokal, in das er mit Peggy gegangen ist, die Kirche, in der sie geheiratet haben, die Wohnung, in der sie nach den Flitterwochen wohnten, die Druckerei, in der er arbeitete, der Parkplatz, auf dem er ihr das Autofahren beibrachte, die Telefongesellschaft, für die sie arbeitete, das Krankenhaus, in dem ich geboren wurde, der Friedhof. Die

Eckpfeiler ihres Lebens stehen alle in einem Umkreis von acht Meilen.

Nach zwei Meilen Fahrt auf der Hauptstraße sinkt sein Kopf aufs Kinn, und die Augen fallen ihm zu. Das liegt an dem Medikament, das er präventiv gegen Schlaganfälle nimmt. Er schläft bei jeder Gelegenheit ein. Apfelsinen, hat man mir erzählt, werden ihn wach halten. Ich folge den Schildern nach Hatfield und schäle eine Apfelsine in meinem Schoß.

Die Straße windet sich durch Felder, an alten Scheunen und Steinmauern vorbei. Ich biege um eine Kurve, und plötzlich ist der Himmel vor uns eine bunte Farbpalette. Zwei Regenbögen, perfekte Spektren, erheben sich am Horizont und wölben sich hoch über den Himmel. Es gibt weder Regen noch Sonne, nur einen blaßgrauen Himmel, und doch leuchten die Regenbögen in allen Farben. Als ich meinen Vater wecke, damit er sich das ansieht, reißt er seine Augen ganz weit auf, als sei er im Himmel erwacht.

Wir fahren von der Straße runter auf eine Tankstelle, wo die Mechaniker aus ihren Werkstattkojen gekommen sind und nach oben sehen. Sie wischen sich die Wagenschmiere von den Händen. »Ich kann keinen Regen sehen«, sagt einer von ihnen.

Während alle nach einer Erklärung suchen für das, was sich am Himmel über ihren Köpfen abspielt, sagt mein Vater: »Ich kann mich nicht erinnern, wo ich war, als ich Peggy zum ersten Mal gesehen habe.«

Das war meine letzte Frage am Vorabend gewesen. Er weiß noch, daß er in Lauchmans Druckerei einmal ein Foto von ihr gesehen hatte. Ihr Vater, der neben ihm an einer anderen Linotype-Maschine arbeitete, hatte es eines Morgens bei der Kaffeepause aus seinem Portemonnaie gezogen und ihm gezeigt.

»Es muß dir nicht sofort einfallen«, sage ich zu ihm.

Er ist wütend auf sich. »Es soll mir aber einfallen«, sagt er. »Ich möchte dir alles erzählen.«

»Bist du dir sicher?«

»O ja. Fahr hier links.«

Zwanzig Minuten später haben wir uns verirrt und fahren in die falsche Richtung. Die Regenbögen sind jetzt zu unserer Linken und verschmelzen allmählich mit dem blassen Winterhimmel.

Mein Vater senkt den Kopf und murmelt: »Dämlich. Zu dämlich.«

Er tut mir leid, und ich versuche, ihn aufzumuntern. »Weißt du noch, was du immer zu mir gesagt hast, als ich klein war? Hat das Ab-die-Post die Post geholt?«

Er lächelt vor sich hin. »Kennst du das noch: ›Wenn du dich nicht benehmen kannst, schick' ich dich in die Bergbauschule nach Colorado.‹«

Das bringt ihn zum Lachen. Ich sitze am Steuer, schäle noch eine Apfelsine für ihn und denke: Ich verbringe wertvolle Zeit mit meinem Vater ... ich habe ihn zum Lachen gebracht.

Als wir nach Hatfield kommen, setzt er sich plötzlich auf und sieht sich nachdenklich um, als habe jemand seinen Namen gerufen.

Er zeigt mir, wo früher der Bahnhof gestanden hat. Und das Holz- und Kohlelager, wo er mit Peggys Vater das Baumaterial für sein Haus auf der School Street besorgt hat. Das alte Army-Navy-Einmusterungsbüro stand hier an der Ecke. Und die Hatfield Consolidated School, in der Peggy alle zwölf Klassen besucht hat.

»Wann hat sie ihren Abschluß gemacht?«

Er rechnet nach. »1949 hat sie bei der Telefongesellschaft gearbeitet. In dem Jahr haben wir geheiratet. Also muß sie 1948 mit der Schule fertig gewesen sein. Ja, 1948.«

Nur ein paar Häuserblocks hinter der Schule steht eine Kirche, und wir biegen links in die Market Street ab. »Da«, sagt er. Ich bleibe vor einem Doppelhaus stehen, das blaßrosa gestrichen ist. An der Seitenwand neben dem Eingang sind fünf Stromzähler angebracht. Wohnungen.

»Als deine Mutter und ich hier wohnten, war es ein Zweifamilienhaus.«

»Wann?«

»Bevor du geboren wurdest. Es war das Haus deiner Großeltern. Als Peggy so krank wurde und sich nicht mehr allein versorgen konnte, haben wir unsere Wohnung in Lansdale aufgegeben und sind hier zu ihren Eltern gezogen. Ihre Großeltern wohnten in der einen Haushälfte, zusammen mit einer Tante. Und wir wohnten mit ihrer Mutter und ihrem Vater in der anderen. Und natürlich mit deinem Onkel Jack, der damals noch klein war, und seiner Schwester Audrey, die nur ein paar Monate vor euch beiden zur Welt kam.«

Ich sehe ihn genau an, um herauszufinden, ob ihm dies hier nicht zu anstrengend wird.

Er erzählt mir, daß Peggy richtig schwer wurde und viel Wasser einlagerte. Wenn man sie anfaßte, war es, als sei sie mit nassem Sand gefüllt, die Berührung hinterließ eine Delle in ihrer Haut.

»Das Krankenhaus, in dem sie gestorben ist, und der Friedhof, wo sie begraben liegt, sind die hier in der Nähe?«

Vielleicht hat er meine Frage nicht gehört. »Ich werde dir die Kirche zeigen«, sagt er.

Hatfield ist eine Stadt, deren Straßen man schon nach dem ersten Durchfahren auswendig kennt. Ein paar Läden in der Innenstadt. Das alte Bankgebäude aus Granit an der Ampel. Winzige Häuser mit kleinen Vorder- und Hintergärtchen säumen die Straßen, Reihenhäuser aus Backstein, die man damals schnell hochgezogen hat, um für die Soldaten Platz zu schaffen, die aus dem Krieg heimkehrten. Unglaublich viele Babys, eine große neue Generation wurde in den kleinen Zimmern empfangen.

»Man muß ja überall schwangere Frauen getroffen haben«, sage ich vor mich hin.

»Deine Großmutter hatte gerade Audrey bekommen, als wir einzogen«, erzählt er mir.

Das wußte ich eigentlich schon, aber jetzt, mit dem Bild des winzigen Häuschens im Kopf, wird mir klar, wie beengt sie gelebt haben – mein Vater und seine kranke schwangere Frau, ihre Eltern, dazu deren neugeborenes Baby und der kleine Junge. Die Großeltern und eine alte Tante. Alle zusammengepfercht in dem Haus auf der Market Street im Sommer 1950. Und nach dem 11. August auch noch mein Zwillingsbruder und ich.

»Der Lärmpegel muß beachtlich gewesen sein«, sage ich.

»Deine Mutter hatte furchtbare Kopfschmerzen. Ich weiß noch, daß ich ihr immer nasse Waschlappen auf die Stirn gelegt habe.«

Ich stelle den Wagen am Straßenrand vor der Backsteinkirche ab, während er mir erzählt, wie oft Peggy senkrecht im Bett gesessen hat und sich verzweifelt die Ohren zuhielt.

Es ist der Telefonmast vor unserem Parkplatz, weswegen ich das Foto mit dem Hochzeitsauto heraushole. Der Mast, auf dem dieselben Ziffern, 8/30, mit weißer Farbe schabloniert sind. Der Zufall wollte es, daß wir genau an der Stelle geparkt haben, an dem das Hochzeitsauto auf dem Foto stand. Ich will es gerade meinem Vater erzählen, da sagt er: »Hier hat der Leichenwagen gestanden. Daran erinnere ich mich.«

Sie überkommt ihn wieder, diese gewaltige Abwesenheit, diese Müdigkeit in seinen Augen, die ich aus meiner Kindheit so gut kenne.

Ich will die Erinnerung an den Leichenwagen verscheuchen. »Hier«, versuche ich ihn abzulenken und halte ihm das Hochzeitsfoto vor die Augen. »Das Bild, das du mir geschickt hast, Dad. Schau. Siehst du die beiden Häuser drüben auf der anderen Straßenseite? Da? Und den Telefonmast? Es ist genau derselbe. Es hat sich nichts verändert. Zähl mal die Stufen von der Verandatreppe. Siehst du?«

Plötzlich läßt er den Kopf nach hinten fallen. Die Helligkeit des Himmels spiegelt sich in seinen Brillengläsern, so daß ich seine Augen nicht mehr sehen kann. Er fragt mich, wie spät es ist. »Wir wollen nicht zu spät zum Abendessen kommen«, sagt er.

Ich sage ihm, daß wir noch ganz viel Zeit haben. Aber ich sehe schon, daß wir nicht mehr zum Krankenhaus kommen werden, in dem Peggy gestorben ist, und auch nicht zum Friedhof. Ich erkenne, daß die Vergangenheit in Wahrheit nichts mit Zeit zu tun hat. Die Vergangenheit ist ein Ort. Genau hier, wo der Leichenwagen stand. *Hier* ist die Vergangenheit.

»Vielleicht sollten wir wirklich zurückfahren«, sage ich.

Als ich den Motor anlasse, legt er seine Hand auf meinen Arm und dankt mir. »Ich kann mich nicht erinnern, wo wir immer hingegangen sind, wenn wir uns getroffen haben. Du hast mich gestern abend danach gefragt, und ich weiß es nicht mehr. Ich kann mich auch nicht daran erinnern, wo ich deine Mutter zum ersten Mal gesehen habe. Früher wußte ich die Antworten auf all diese Fragen, aber jetzt kann ich mich nicht mehr erinnern.«

»Ist schon gut«, sage ich.

»Woran ich mich noch sehr gut erinnere, ist, daß deine Mutter und ich in der letzten Nacht ihres Lebens nicht zusammen waren. Sie wollte im Bett ihrer Mutter schlafen. Sie hat deinen Großvater gebeten, sie ins Bett ihrer Mutter zu tragen, daran erinnere ich mich. Und bei der Beerdigung, als wir zum Friedhof fuhren, mußte ich die ganze Zeit daran denken.«

Ich sehe die Tränen in seinen Augen. Ich fahre los, schäle noch eine Apfelsine für ihn und wünsche mir nur, ich könnte etwas zu ihm sagen, das seine Tränen trocknen läßt. Ich möchte ihm sagen, daß alles gut wird, daß sich für uns trotz all des Kummers und der schrecklichen Erinnerungen alles zum Guten wenden wird.

Wir unterhalten uns über Football an diesem Abend. Näher können wir der Wirklichkeit heute nicht kommen. Er hat immer davon geträumt, eines Tages Football zu spielen, schon mit fünf Jahren. Erst in der High School und dann im College. Aber er war zu dünn. Als die Wirtschaftskrise kam, war seine Familie gezwungen, umzuziehen, aber für ihn war es eine glückliche Wendung des Schicksals, denn sie zogen in ein Doppelhaus, und wer wohnte gleich nebenan – Jack Graham, Kapitän des Lansdale Highschool Footballteams. Jack nahm den schmächtigen Kerl unter seine Fittiche, stellte ihn allen wichtigen Kindern vor, den hübschen Mädchen und dem Footballtrainer, der ihm den Job als Wasserträger gab. Er fand es so aufregend, einfach nur unten auf dem Feld zu sein, wenn die Spiele liefen. Einfach nur so nah dran zu sein.

Mein Vater macht Frühstück für mich, bevor ich am Morgen wieder abfahre. Jemand aus der Kirche hat ihm Pampelmusen und Apfelsinen aus Florida geschickt, und er besteht darauf, sie für mich kleinzuschneiden. Eine Schale mit Obst. Ich sehe ihm dabei zu, wie er sich darauf konzentriert, alles richtig zu machen, die passende Schüssel, das Messer, ein Geschirrhandtuch, um die Arbeitsfläche trockenzuwischen. Und noch mal von vorn. Diesmal fängt er mit der Apfelsine an. Wohin mit den Kernen? Es dauert fast eine Stunde.

An der Tür geben wir uns die Hand. Er spricht ein Gebet, daß Gott mich auf dem Heimweg beschützen möge. Vom Parkplatz aus schaue ich noch einmal zurück und sehe ihn vor der Tür des Apartmenthauses stehen. Es erinnert mich daran, wie ich selbst früher in der Clearspring Road draußen vor der Tür stand und darauf wartete, daß er von der Arbeit nach

Hause kam und einmal hupte, was er immer tat, sobald er mich entdeckte. Wenn ich daran denke – wieviel mir das bedeutet hat, der Klang der Hupe und ihn von der Arbeit nach Hause kommen zu sehen! Ich möchte ihn mitnehmen nach Maine. Ich möchte ihn im Wohnzimmer in den Schaukelstuhl vor dem Kamin setzen und alle Kinder um ihn versammelt sehen. Ihn einfach in der Nähe haben.

Kapitel 6

Ein Monat vergeht, bevor ich dieselben Straßen hinunterfahren kann. Ich habe mit einer Tante meiner Mutter telefoniert, die ihr sehr nahe stand. Und mit zwei Klassenkameradinnen aus der High School. Teile aus dem Leben meiner Mutter fallen in mein Leben.

Dieses Mal fahre ich nicht gleich zu meinem Vater, sondern zuerst nach Hatfield, zurück an die Stelle am Straßenrand, wo das Hochzeitsauto und der Leichenwagen gestanden haben. Es ist ein Sonntagmorgen, und auf dem kleinen Rasenflecken vor der Lutherischen Kirche ist ein junger Mann in einem förmlichen blauen Anzug gerade dabei, die Buchstaben in dem Glaskasten auszutauschen, die die Anfangszeiten der Sonntagsschule und den Titel der wöchentlichen Predigt ankündigen. Er setzt den Titel der Predigt der kommenden Woche mit einem schwarzen Magnetbuchstaben nach dem anderen und beobachtet mich dabei aus den Augenwinkeln. »Das Geschenk der Gnade« lautet der Titel. Er verschließt den Kasten mit einem Vorhängeschloß, wirft mir noch einen Blick zu und schaut dann prüfend auf die Buchstaben.

Ein paar Sekunden vergehen, dann kommt eine junge Frau die Kirchentreppen herab. Sie bleibt stehen und stellt sich neben den Mann in dem blauen Anzug. Er sagt etwas zu ihr, und beide schauen zu mir herüber. Er sieht mich mißtrauisch an. Er überprüft noch einmal das Vorhängeschloß. Wir leben in verrückten Zeiten, es kann schon sein, daß jemand den Glaskasten aufbricht und mit den Buchstaben der Sonntagspredigt irgendeine Obszönität schreibt. Die junge Frau an seiner Seite sieht hinreißend aus. Sie ist ohne Mantel herausgekommen, und ihr Kleid hat etwas Interessantes. Es ist blaßrosa, gerüscht mit kurzen Puffärmeln und einer großen Schleife hinten. Ein Kleid, das kleine Mädchen zu Ostern anziehen, und sie quillt überall daraus hervor.

Sie kommt über den zementierten Weg aufs Auto zu. Sie hat das Gesicht einer Filmdiva, mit Rouge auf den betonten Wangenknochen, weit auseinanderstehenden Augen, einer Menge Locken. Ich kurbele das Fenster hinunter. Sie möchte wissen, ob sie mir helfen kann. Sie lehnt sich ein wenig ins Fenster, ihre Brüste liegen auf dem Fensterrand. Ich denke mir gerade etwas aus, was ich sagen kann, wenn sie mich überreden will, in ihre Kirche einzutreten. Ich stelle mir vor, daß ihre umwerfende Schönheit sie früher vom rechten Wege abgebracht hat, aber seit sie gerettet ist, sucht sie nach anderen verirrten Schäfchen.

Ich sage ihr schnell, warum ich hier bin. Daß meine Mutter 1949 in ihrem Hochzeitsauto vor dieser Kirche fotografiert wurde und daß sie ein paar Tage, nachdem mein Zwillingsbruder und ich zur Welt kamen, in einem Leichenwagen lag, der hier geparkt war. Ich zeige ihr das Foto. Sie sieht sich das Bild genau an, ihre Augen werden dabei ganz groß.

»Warten Sie mal«, sagt sie. »Wie hieß Ihre Mutter?«

Als ich es ihr sage, fällt ihr etwas ein. »Ja«, sagt sie, »die junge Mutter mit den Zwillingsjungen. Jemand legt jedes Jahr Blumen für sie auf den Altar, immer am gleichen Sonntag im August.«

»Sie ist im August gestorben«, erzähle ich ihr. Sie hört mir mit einer gelassenen wohlwollenden Miene zu. Ich sehe ihr in die Augen, als der Mann mit dem förmlichen blauen Anzug nachkommt. Er bleibt auf dem zementierten Weg stehen und ruft nach ihr. Sie lächelt und wünscht mir Glück. Als sie weggeht, erfüllt mich der Gedanke, daß ich sie nie wiedersehen werde, mit einer unvernünftigen Traurigkeit.

»Die Blumen«, rufe ich ihr nach. »Wer bringt jedes Jahr Blumen für den Altar?«

Sie dreht sich um, um mir zu sagen, daß sie es nicht weiß.

Die Fahrt nach Sellersville, die Stadt, in die der Krankenwagen meine Mutter in den letzten Stunden ihres Lebens gebracht hat, dauert 20 Minuten. Doch als ich zum Grandview-Krankenhaus komme, ist das Gebäude viel zu neu und modern, es kann nicht das richtige sein.

Die Glastüren gleiten zur Seite, und ich trete in ein Foyer mit großen Fenstern, die vom Boden bis zur Decke reichen. Ein makellos sauberer Raum, bestückt mit bequemen Stühlen und Sofas, der menschenleer ist, der Auskunftsschalter ist nicht besetzt, und die gläsernen Büros dahinter sind verlassen. Die Politur, mit der der Boden in der Herrentoilette gebohnert worden ist, riecht leicht süßlich und irgendwie vertraut, und ich bleibe dort stehen, bis mir einfällt, daß die Toiletten in meiner Grundschule genauso gerochen haben.

Draußen im Flur durchbricht das Klappern einer Schreibmaschine die Stille. Es stammt von einer freundlichen Frau mit einem spontanen Lächeln. »Ich halte hier die Stellung«, sagt sie. »Neujahrswochenende.«

Das hatte ich vergessen. Als ich mich bei ihr nach dem alten Grandview-Krankenhaus erkundige, geht sie zum Fenster und deutet auf ein quadratisches dreistöckiges Gebäude auf der anderen Seite eines Parkplatzes. »Es ist jetzt eine Schwesternschule«, sagt sie.

Als ich auf das Haus zugehe, denke ich an die Schwesternschülerinnen, die heute in diesen Räumen wohnen. Eine, die spät in der Nacht noch für eine Prüfung büffelt. Eine andere, die weit entfernt von ihrer Familie aus demselben Fenster sieht, aus dem einmal meine Mutter gesehen hat.

Wegen der Feiertage ist das Haus natürlich leer, und die Türen sind verschlossen.

Ich klopfe trotzdem und trete einen Schritt zurück, um mir das Haus anzusehen. Drei Stufen führen zu den zurückgesetzten Türen in einer rechteckigen Nische aus roséfarbenem Granit. Die Risse im Mauerwerk sind mit hellem Zement gefüllt. Auch die Fenster haben Rahmen aus Granit. Über den mittleren Fenstern im zweiten Stock ist das Wort SCHWESTERNHEIM in großen verschnörkelten Buchstaben in den Stein gemeißelt. Über dem dritten Stock kann man ein flaches Dach erkennen.

An der Rückseite des Hauses steht ein Picknicktisch vor einer der Hintertüren, unter dem Zigarettenstummel liegen. Ich spähe durch die Glastüren ins Innere und entdecke einen Mann im Korridor, der einen Besen vor sich herschiebt. Es dauert eine Weile, bevor er mich hört, und als er zur Tür kommt, erklärt er mir durch die Glasscheibe hindurch, daß das Heim bis Montag früh geschlossen ist.

»Meine Mutter ist hier vor fast 50 Jahren gestorben, und ich bin extra den ganzen Weg aus Maine hergefahren«, lasse ich ihn wissen. Meine Stimme ist heiser, aber laut, so als würde ich in einen dunklen Tunnel hineinrufen.

Für den Bruchteil einer Sekunde sehe ich Zweifel und Angst auf seinem Gesicht, die heutzutage alle zufälligen Begegnungen mit Fremden begleiten. Aber dann läßt er mich herein. Als ich ihm das Foto zeige und meine Geschichte erzähle, hebt er einen Finger und sagt, ich solle ihm folgen.

Er sucht ein altes Foto in einer Schreibtischschublade in einem der Büros im ersten Stock. Wir nehmen es heraus, und er hält es hoch, damit wir die Perspektive vergleichen können. Ich spüre, wie mich ein Schauder durchläuft. Die Zedern vor uns sind dieselben, die meine Mutter gesehen hat, als man sie hineintrug. Ihr letzter Blick auf die Welt da draußen.

»Warten Sie einen Augenblick«, sagt der Mann aufgeräumt. »Ich kann noch etwas für Sie tun.«

Er telefoniert vom Büro aus. Danach ruft er noch einmal eine Frau an, die früher hier Schwester war. Ich höre, wie er der Frau erklärt, warum er anruft. »... Er sagt, seine Mutter ist hier 1950 gestorben.«

»Im August«, berichte ich ihm. »Meine Mutter hatte gerade Zwillinge zur Welt gebracht.«

Er gibt es weiter, dann zögert er plötzlich. Er dreht sich zu mir um, schaut mich über den Rand seiner Brille hinweg an und fragt: »Zwillingsjungen?«

Die Zwillinge, deren Mutter gestorben ist. Die Schwester erinnert sich sofort.

Aber wir sind im falschen Gebäude. Das Schwesternheim ist nie ein Krankenhaus gewesen.

Zurück in Hatfield, halte ich an einem 7-Eleven-Laden, um mich nach dem Weg zum Friedhof zu erkundigen. Ein Teenager mit einem Nasenring und Pferdeschwanz fragt mich: »Der Lutherische Friedhof?«

Es überrascht mich, daß sich ein junger Mann so genau auskennt, zu welcher Kirche ein Friedhof gehört. »Gibt es denn mehr als einen Friedhof hier?« frage ich.

»Da hinten«, sagt er. »Fahren Sie an der Penn Street rechts.«

Als ich darauf zufahre, sehe ich schon die Grabmale in der Ferne. Ich lasse den Wagen am Eingang stehen und laufe ein Stück hinein. Hier gibt es viele Soldatengräber. Junge Männer, die irgendwo in der Fremde gestorben sind. Ihre Gräber erkennt man an den winzigen amerikanischen Flaggen. Der junge Peterson könnte einmal den Namen meiner Mutter gelesen haben, eingeritzt in ein Schulpult. Der junge Schultz hat sie vielleicht einmal durch die Stadt laufen gesehen, bevor er nach Frankreich in den Krieg zog.

Was ich niemals erwartet hätte, ist, daß ich zuerst auf den Namen meines Vaters stoße. Auf einen Stein geschrieben, der flach im Boden verankert ist. Richard Snyder. Es muß sich um meinen Vater handeln, den Jungen, dessen Mutter ihren Kindern keinen zweiten Namen gab. Für mich ist es ein Schock zu sehen, daß sie sich einen Stein teilen. Das Grab ist so schmal, daß er über ihr begraben werden muß.

Sein Name steht auf der linken Seite des Steins, darunter sein Geburtsjahr, 1926, und eine leere Stelle für sein Sterbejahr. Rechts davon, auf demselben Stein: Peggy L. Snyder. 1931–1950.

Wildgänse ziehen am Himmel entlang. Die winzigen Flaggen erzittern in einer schwachen Brise.

Ich stelle mir meinen Vater am Tag der Beerdigung vor. Wie muß er sich gewünscht haben, diesen Ort nie wieder zu verlassen, neben ihr in die Erde zu kriechen. Von ganzem Herzen will er mit ihr gehen. Nur ein paar Straßen weiter warten mein Zwillingsbruder und ich darauf, daß er nach Hause zurückkehrt. So nah ist das Haus in der Market Street, er hätte uns während des Gottesdienstes schreien hören können. Ich sehe meinen Vater hier stehen, den Kopf gesenkt, die Augen auf den Erdhaufen geheftet, mit dem sie ihren Körper bedecken werden.

Ich knie nieder auf das braune Gras und die Pinienzapfen. Ich bin mein Leben lang hierher zurückgekehrt. Ich bin zurückgekehrt an einen Ort, an dem ich nie gewesen bin. Ich bin wiedergekommen an einen Ort, den ich nie verlassen habe. Es ist ein Ort, vor dem ich mein Leben lang weggelaufen bin, eine Erinnerung in meinem Knochenmark, eine Geschichte, in meine Zellkerne gewebt, ein Wissen unter den

Sohlen meiner Füße, ein Duft in meinen Handflächen, eine Warnung vor meinen Schienbeinen.

Die Erde ist weich. Ich starre die Daten auf dem Grabstein an. Die Zahlen drehen sich in meinem Kopf, 1931–1950, bis mir schließlich auffällt, daß sie erst neunzehn Jahre alt war. Neunzehn. Ein Mädchen.

Es ist mir peinlich, laut zu sprechen, aber ich sage: »Ich weiß nicht, wer du bist, Peggy.«

Kapitel 7

In dem Pflegeheim gehen die Zimmer von langen, mit Teppichen ausgelegten Fluren ab. Die Bewohner haben ihre Zimmertüren mit Fotos von zurückgelassenen Haustieren geschmückt und von Enkelkindern, die weit entfernt in der lauten chaotischen Welt leben, die das vollkommene Gegenteil der Welt hier drinnen ist.

Mein Großvater hat weißes welliges Haar und ständig Besuch von Frauen, die nach dem Rechten sehen. Er ist 93 Jahre alt und kommt kaum aus dem Stuhl, aber ansonsten scheint ihm das Alter nichts genommen zu haben. Sein Sohn, mein Onkel Jack, hat ihm erzählt, daß ich kommen würde, und von dem Augenblick an, in dem ich zur Tür hereingekommen bin, fließen die Erinnerungen nur so aus ihm heraus. Er hat Fotos für mich, die ich behalten darf, und auf jedem Tisch und jeder Fensterbank und der Kommode an seinem Bett stehen gerahmte Bilder von ihr. »Ich staube sie alle selbst ab«, erzählt er mir. So wie meine Mutter absichtlich ganz aus seinem Haus verbannt wurde, als ich ihn und meine Großmutter als kleiner Junge besuchen kam, so hat er die beiden kleinen Zimmer, in denen er heute wohnt, in eine Galerie für Peggys Gesicht verwandelt. Ich frage mich, ob er sich jetzt, da sein eigener Tod näher rückt, mit dem Gesicht seiner Tochter vertraut machen will, einem Gesicht, von dem er glaubt, ihm im Himmel zu begegnen.

Hier sitzen wir nun in ihrer Gegenwart. Mir kommt der

Gedanke, wie merkwürdig wir beide ihr vorkommen würden, ihr hartgesottener Vater, der jetzt vor sich hin schluchzt wie ein kleines Kind, und ihr neugeborener Sohn, der auf dem Kopf schon kahl ist. Ich betrachte ihren Vater und dann ihr Gesicht, das immer jung bleiben wird, und versuche, mir vorzustellen, wie sie heute mit 66 Jahren wohl aussehen würde.

»Ich habe deine Mutter auf die Welt geholt, und ich war der letzte, der bei ihr war, bevor sie entschlief«, erzählt er mir. »Sie hat ihre Hände vom Krankenhausbett genommen und sie an den Kopf gelegt, so, und laut geschrien: ›Mein Kopf! Mein Kopf!‹«

Er legt das Gesicht in die Hände und fängt an, leise zu weinen. Ich habe ihn seit der Beerdigung meiner Großmutter vor neun Jahren nicht mehr gesehen, und die Bilder meiner Erinnerung sind, wie er in der Garagenwerkstatt steht, mit all den Werkzeugen um ihn herum und einem funkelnagelneuen Auto, auf das er unheimlich stolz war.

»Wir haben nie über Peggy gesprochen«, sage ich zu ihm.

Er schüttelt den Kopf. »Es war schlimm«, sagt er.

Als er erst angefangen hat zu sprechen, redet er immer weiter. Er erzählt mir von dem Tag, als Peggy ihm das Leben rettete. Er erinnert sich daran, daß ihre Füße in den letzten Tagen der Schwangerschaft so geschwollen waren, daß selbst seine Pantoffeln ihr nicht mehr paßten. Und ihre Näherei, er weiß noch, wie sie die ganze Nacht aufgeblieben ist, um die Babysachen zu nähen. Und wie sie zu ihm sagte, als er sie nach Daves und meiner Geburt zum ersten Mal sah, sie hätte beschlossen, sie wolle sechs Jungen bekommen.

»Sie wußte nicht, wie krank sie war«, sagt er und fängt wieder an zu weinen. Diesmal kämpft er sich durch den Kummer, bis ihm eine neue Geschichte für mich einfällt, die ihm helfen soll, seine Stimme wiederzufinden. »Weißt du, daß Dick mir in diesem Sommer geholfen hat, das Haus auf der School Street zu bauen? Wir sind jeden Nachmittag nach der Arbeit von der Druckerei gleich in die School Street gefahren. An einem Nachmittag mußten wir uns beeilen, die Dachpappen festzunageln, bevor der Regen kam. Ein schweres Gewitter nahte. Wir saßen noch oben auf dem Dach und schauten zu, wie die Blitze über die Nägel jagten ... Jeden Nachmittag sind wir rübergefahren und haben dafür gebetet, daß es Peggy besserging und sie vielleicht zu Hause auf deinen Vater und mich warten würde. Jeden Nachmittag haben wir dafür gebetet.«

Als ich aufbrechen will, hält er mich noch eine geschlagene Stunde an der Tür auf. Er will sich nicht von mir verabschieden, bevor ich ihm sage, wann ich zurückkomme.

Ich bin nicht am nächsten Tag zurückgekehrt, wie ich es meinem Großvater versprochen hatte. Und ich blieb auch nicht lange genug in Pennsylvania, um meinen Vater zu besuchen. Das Schreckliche war, daß alles so verdammt traurig war. Ich meine nicht für mich, sondern für sie, für den Vater, der dafür betete, daß seine Tochter gesund würde, und für den über 90jährigen Mann, der ihr Vater heute war, für den jungen Ehemann, der jeden Nachmittag nach Hause kam und seine Frau immer noch zu krank vorfand, um das Bett verlassen zu können, und für den 73jährigen Mann, zu dem ihr Ehemann geworden war. In der ersten Nacht auf dem Dachboden mit meiner kleinen Tochter hatte ich mir gesagt, daß ich versuchen wollte, die Geschichte ihrer Liebe herauszufinden, um sie dann meinem Vater zu erzählen, ein Geschenk für ihn am Ende seines Lebens. Das war mir so lange richtig vorgekommen, bis ich die Trauer in seinen Augen sah, als wir vor der Kirche parkten. Er erinnerte sich ja nicht an die Hochzeit, als wir dort saßen, er erinnerte sich an die Beerdigung. Wie konnte ich übersehen, daß es für meinen Vater so sein würde, daß es für ihn immer so sein würde, weil sie sich nie so weit erholte, um ihn nachmittags begrüßen zu können, nachdem er ihrem Vater beim Bau ihres kleinen Hauses auf der School Street geholfen hatte, das Haus, in das mein Bruder und ich jedes Jahr zu Weihnachten gebracht wurden, obwohl uns niemand sagte, warum. Natürlich hatte sich die Trauer über Peggys Tod dunkel über ihre Liebesgeschichte gelegt, und das würde in seiner Erinnerung auch immer so bleiben.

Und meinen Großvater weinen zu sehen, seine bebenden Schultern, als wir in seinem Zimmer in dem Pflegeheim zusammensaßen, umgeben von Bildern seiner verlorenen Tochter – es war einfach so verdammt traurig.

Als ich nach Maine zurückfuhr, acht Stunden Richtung Norden, war das Gefühl zurückzukehren, das ich an Peggys Grab gehabt hatte, wieder da. Vielleicht kehren wir immer zurück, und den Schritt, den wir gehen, haben wir schon vor langer Zeit getan. Ich konnte dies noch spüren, als ich auf die Veranda meines Hauses trat, die im Mondlicht dalag. Es war Mitternacht. Die nackten Äste der Bäume schlugen im Wind von der Küste her gegeneinander. Es war deutlich unter Null, und die Verandatreppen klangen, als würden sie unter meinen Füßen splittern. Über mir hoben sich weiße Sterne gegen den schwarzen Nachthimmel ab, nah genug, um ihre scharfen Zacken zu zeigen. Dieselben Sterne aus der letzten Nacht im Leben meiner Mutter, als sie im Bett ihrer Mutter lag und nicht schlafen konnte. Vielleicht spürte sie den Blutsturz, der ihr bevorstand. Ihr Mann in einem anderen Zimmer, in seinem Kummer verloren.

Verloren. So lange verloren. Immer verloren für mich. Und vielleicht besser, wenn sie immer verloren bliebe.

Vielleicht wäre es besser gewesen. Oder wenn schon nicht besser, dann bestimmt einfacher. Ein Besuch an Peggys Grab, ein paar gesellige Tage mit meinem Vater.

Ich war überrascht, daß Colleen noch wach war, als ich nach oben kam. Sie saß im Bett, und ihre Leselampe brannte. »Ich hatte gerade so einen wunderschönen Traum«, sagte sie zu mir. »Ich habe geträumt, daß du Peggy gefunden hast. Du bist diese traumhaft schöne Straße auf dem Land entlanggegangen, nicht allein, sondern die Kinder und ich waren bei dir. Wir riefen ihren Namen. Ich konnte Cara mit ihrer hellen Stimme Peggy rufen hören. Und dann sahen wir vor uns jemanden am Straßenrand stehen. Und sie war es. Sie sah genauso aus wie früher, sie war nicht gealtert, und sie sagte, sie warte darauf, daß wir sie mit nach Hause nehmen würden. Sie hat Erin an die Hand genommen, und wir sind alle auf der Straße umgekehrt und heim nach Maine gegangen.«

Ich setzte mich aufs Bett und fragte sie, ob mein Vater oder mein Großvater auch in dem Traum waren. Waren sie nicht, sagte sie.

Ich erzählte ihr, daß ich Angst hätte, sie zu verletzen, und mich entschlossen hätte, die Sache einfach aufzugeben.

»Audrey hat angerufen, als du weg warst«, sagte Colleen.

Die Schwester meiner Mutter, die nur sieben Monate vor meinem Zwillingsbruder und mir geboren wurde. Sieben Monate bevor Peggy starb. Audrey hatte mich mein Lebtag nicht angerufen, aber der Grund ihres Anrufs war mir sofort klar. »Es ist wegen Großvater, stimmt's? Sie hat mitbekommen, daß ich im Pflegeheim war.«

Ich hatte recht. Aber es war mehr als das. »Großvater hat ihr erzählt, daß er sich Sorgen um dich macht.«

»Sorgen um *mich*? Ich mache mir Sorgen um *ihn*.«

»Du bist nicht noch mal zu ihm zurückgegangen«, fuhr Colleen fort. »Er hat für dich eine Liste von sechs Personen zusammengestellt, mit denen du dich in Verbindung setzen kannst. Aber er hat Audrey erzählt, daß er sich Sorgen macht, es könnte für dich zu traurig sein.«

Ich sagte ihr, daß es für mich nicht traurig sei. »Ich stand an ihrem Grab und war nicht traurig.«

»Was hast du dann gefühlt?«

»Ich weiß nicht. Ich hab mich ihr nah gefühlt, glaube ich. Ich hatte das Gefühl, endlich dort zu sein, wo ich hingehöre. Genau da, bei ihr.«

»Du hast viele Jahre dafür gebraucht«, sagte sie. »Seit ich dich kennengelernt habe und du mir von deiner Mutter erzählt hast, habe ich mich gefragt, warum du nicht versuchst, etwas über sie herauszufinden oder zumindest ihr Grab zu suchen. Wenn mir etwas zustoßen sollte, möchte ich nicht, daß unsere Kinder mich einfach vergessen, nur weil die Erinnerungen zu traurig sind. Und es geht hier nicht nur um die Liebe deiner Mutter zu deinem Vater. Es geht um deine Liebe zu ihr. Die Liebesgeschichte, die so lange verschollen war. Ich finde, du hast die Pflicht, ihre Geschichte zu finden. Selbst wenn es *alle* auf der Welt traurig macht. Sie hat nie die Chance gehabt, jemandem ihre Geschichte zu erzählen.«

Ein paar Tage später habe ich mit einem guten Freund darüber gesprochen. Pflicht sei das richtige Wort, stimmte er zu. »Ich würde sagen, es ist eine ernstzunehmende Verpflichtung«, sagte er zu mir.

Kapitel 8

Es war kalt, und draußen blies ein scharfer Wind. Die Menschen, die auf der Main Street von Hatfield unterwegs waren, hielten die Köpfe gesenkt. Ich stand an einem Münztelefon und sah alle, die an mir vorbeikamen, genau an. Ich versuchte herauszufinden, ob sie alt genug waren, um auf der Welt gewesen zu sein, als meine Mutter auf diesen Straßen gelaufen war. Als ich sie so beobachtete, stieg in mir der Wunsch auf, jedem einzelnen im Vorbeigehen den Namen meiner Mutter zuzuflüstern und zu warten, wer von ihnen stehenbleiben und sich umdrehen würde.

Ich wählte die Nummer die im Telefonbuch neben Muriel Schwartz' Namen stand. Muriel war Peggys Tante und wohnte damals nur ein paar Straßen von dem kleinen Zweifamilienhaus entfernt, das Peggys Eltern auf der Market Street in Hatfield gemietet hatten. Man hatte mir erzählt, daß sie und Peggy oft zusammengewesen waren.

Am Telefon sagte sie: »In den Tagen nach eurer Geburt bin ich jeden Morgen vorbeigekommen, um dich und deinen Bruder zu baden.«

Ich fragte, ob ich vorbeikommen dürfte.

Sie lebte allein in einem modernen Gebäude mit kleinen Apartments. Als ich eintrat, fröstelte sie. Das kalte Wetter machte ihr zu schaffen, und sie erzählte mir, daß sie nur selten ausginge. Neben einem Fenster entdeckte ich ein gerahmtes Foto von Howard, und ich erzählte ihr, wie sehr ich ihn gemocht hatte. Als wir damals in der Weihnachtszeit immer zu meinen Großeltern in die School Street fuhren, waren Howard und Muriel meistens auch da. Howard hatte im Krieg an der Front gekämpft. Er war ein hartgesottener Bursche, der auf kleine Jungs sofort Eindruck macht, weil er Geschichten von Soldaten erzählte, seine Arme muskulös und tätowiert waren und er meinem Bruder und mir immer heimlich Colaflaschen zusteckte, wobei er mit einem verschwörerischen Grinsen zu uns sagte: »Laßt bloß keinen wissen, von wem ihr die bekommen habt, Jungs.« Er war vor mehr als zehn Jahren gestorben.

»Kommst du so allein zurecht?« fragte ich Muriel.

»Ach, mir geht's gut«, sagte sie munter. »Natürlich bin ich einsam. Es bereitet einen ja niemand darauf vor, wie einsam das Leben im Alter wird. Aber laß uns über Peggy sprechen. Weißt du denn überhaupt was über deine Mutter, Donald?«

»Nein«, sagte ich.

Sie lächelte mir zu. »Dann wird es aber Zeit, daß du sie kennenlernst. Ich werde dir erzählen, wer sie war.«

Ich verbrachte einen wunderschönen Morgen in ihrem Wohnzimmer. Muriel sprach in leisen, wohlüberlegten Sätzen über die Kindheit meiner Mutter und ihre Jahre in der High School, in denen sie zu einer jungen Frau heranwuchs. In jenen Jahren hatte Muriel drei kleine Jungen großgezogen, und Peggy war damals ihre Babysitterin. Sie half Muriel, sich um die Jungen zu kümmern, und als Howard während des Krieges drei Jahre fort war, leistete sie ihr Gesellschaft.

»Deine Mutter war mir eine enge Freundin«, erzählte sie mir.

Während ich Muriels Worten lauschte, formte sich in meinem Kopf langsam ein Bild von meiner Mutter. Das erste klare

Bild, das ich je hatte. Ich fühlte mich ihr sehr nahe. Als es Zeit war zu gehen und Muriel über die letzten Stunden in Peggys Leben sprach, spürte ich zum ersten Mal den Verlust meiner Mutter.

Es war an einem Sonntag morgen, und Muriel war wie üblich herübergekommen, um Dave und mich zu baden. Es war der 27. August, sechzehn Tage nach unserer Geburt, der fünfte Tag nach Peggys Entlassung aus dem Krankenhaus.

»Das Haus war leer«, erinnerte sich Muriel. »Es war ein Sonntag, und alle waren zur Kirche gegangen. Seit deine Mutter nach der Entbindung aus dem Krankenhaus gekommen war, wurde sie mit jedem Tag schwächer. Ich habe sie euch nie im Arm halten sehen, nicht ein einziges Mal. Sie hatte einfach nicht die Kraft dazu. An diesem Morgen überkam mich ein richtig gruseliges Gefühl, als ich die Haustür öffnete. Ich kann es gar nicht beschreiben, aber es war unheimlich, ich weiß es noch wie heute. Das Haus war totenstill. Ich schaute zum Bett rüber, aber dort lag Peggy nicht. Das Bett im Wohnzimmer, in dem deine Mutter und dein Vater schliefen, war leer. Und ich wußte, wo sie auch sein mochte, man hatte sie aus dem Bett tragen müssen, denn sie war ja viel zu schwach zum Laufen.

Ich fand sie oben im Schlafzimmer ihrer Mutter. Sie lag zusammengerollt in einer Ecke des Betts. Ihre Haut war grau, ich werde das nie vergessen. Schrecklich ... Sie hustete ganz leicht. Ich bin zu ihr gegangen und habe gesagt: ›Ach Peggy, dir geht es furchtbar schlecht, stimmt's?‹ Sie hat mir in die Augen gesehen mit solch einem ... ich weiß nicht, es war, als würde sie mir zurufen, ihr bitte zu helfen.

Ich habe Dr. Paul Moyer angerufen, den Hausarzt der Familie, nicht den Arzt, der sie in der Schwangerschaft betreut hat. Dr. Moyer kam schnell. Er warf nur einen Blick auf Peggy, dann rief er: ›Das ist nicht das Mädchen, das ich kenne.‹ Er hat den Krankenwagen gerufen, und ich bin solange bei Peggy geblieben. Ihr Gesicht ... Es sah aus wie die Menschen auf den Fotos von den Konzentrationslagern der Nazis, die wir alle kannten.

Ich bin dann auch ins Krankenhaus gefahren. Der enge Freund deines Vaters, Bill soundso ... ich weiß seinen Nachnamen nicht mehr, er hat mich ins Krankenhaus gefahren.

Sie brachten sie nach oben. Ich blieb im Wartezimmer. Dein Vater und die Großeltern kamen kurze Zeit später. Dein Großvater ging mit deinem Vater nach oben zu Peggy. Sie ist kurz darauf gestorben. Nicht mehr als eine Stunde, nachdem wir hier alle zusammen waren.

Dein Vater ist ins Wartezimmer gekommen und hat es uns erzählt. Es war so seltsam. Er hatte diesen gräßlichen Blick in den Augen und dazu dieses ganz kleine Lächeln, als wollte er tapfer sein ... Er hielt Peggys Uhr in der rechten Hand über seinen Kopf. Er schlurfte mit winzigen steifen Schritten über den Boden. ›Zumindest habe ich ihre Uhr‹, hat er gesagt. ›Sie lassen mich ihre Uhr behalten.‹

Da wußte ich«, sagte Muriel zu mir, »daß dein Vater wohl nie wieder derselbe sein würde.«

Kapitel 9

Nach dem Treffen mit Muriel gab es Tage, an denen ich ein Notizbuch bei mir tragen mußte, wohin ich auch ging. Beim Autofahren, beim Essen mit Colleen und den Kindern, sogar wenn ich vor den Studenten im College stand und unterrichtete. Mein Gemüt wurde von Peggys Geschichte beherrscht, sie strömte aus mir heraus. Ich wachte jetzt immer um vier Uhr morgens vom Klang ihrer Stimme auf, und die Sätze, die ich niederschrieb, kamen nicht aus meinem Inneren, sondern von weit her. Die Sätze fielen mühelos auf die Seiten. Wenn ich spürte, daß Peggys Stimme leiser wurde, rief ich eine ihrer Freundinnen aus der High School an, deren Namen mein Vater mir aufgeschrieben hatte.

Jede neue Seite stimmte mich glücklich. Und dann war ich wieder überzeugt, daß ich die Seiten wegwerfen sollte, damit sie nie ans Tageslicht kämen.

Wegen meines Vaters. Wegen der Traurigkeit im Kern von Peggys Geschichte. Aus demselben Grund, aus dem mein Vater nie mit meinem Bruder und mir über meine Mutter gesprochen hatte, war ich jetzt überzeugt, dafür sorgen zu müssen, daß ihre Stimme stumm blieb. Weggeschlossen hinter der schweren Tür der Trauer, die mein Vater und meine Großeltern und alle anderen zugeschlagen hatten, als Peggy starb. Kurz danach kam mich Jack, der Bruder meiner Mutter, in Maine besuchen. Ich hatte ihn seit fünfzehn Jahren nicht mehr gesehen. Er war jetzt 60, und zu unserem Erstaunen sahen wir uns so ähnlich, daß wir Brüder sein könnten. An diesem Tag wanderten wir am Strand von Scarborough entlang. Wenn die Wellen ins Licht stiegen, in diesem kurzen Moment, bevor sie sich in Gischt auflösen, hatten sie ein wunderschönes Lichtgrün. Ich erzählte Jack, daß ich mit seinem Vater gesprochen hatte und mit Muriel und jetzt anfing, Seiten vollzuschreiben, aber daß ich mir nicht sicher sei, ob ich weitermachen solle.

»Warum nicht?« fragte er.

Ich gab ihm die Antwort, die ich mir in der letzten Zeit für solche Fragen zurechtgelegt hatte, und sagte ihm, daß ich sonst all die Trauer wieder zurückbringen würde. Die Traurigkeit, die mein Großvater und mein Vater ihr ganzes Leben lang hatten besiegen wollen.

»Hast du deinen Vater gefragt, wie er dazu steht?«

»Nicht direkt«, sagte ich. »Ich möchte ihm jetzt in diesem Lebensabschnitt nichts Trauriges erzählen.« Ich starrte auf das Meer hinaus, als ich diesen Satz zu Jack sagte. Es war zu dieser Zeit am späten Nachmittag, wenn sich für einen Moment Stille über die Küste legt, die Zeit, kurz bevor die letzten schrägen Sonnenstrahlen hinter den hohen Dünen verschwinden. In diesem Moment wurde mir etwas klar, aber ich kam nicht dazu, es in Worte zu fassen, denn Jack erzählte mir plötzlich von dem Tag, als Peggy starb.

»Ich bin auf der Straße bei Snyders Holz- und Kohlelager Fahrrad gefahren. Eine Nachbarin kam über die Straße und sagte: ›Deine Schwester ist heute morgen ins Krankenhaus gekommen.‹ Ich sagte: ›Weiß ich.‹ Du kennst das, Zwölfjährige würden ja nie zugeben, daß sie nicht über alles bestens Bescheid wissen. Dann sagte sie: ›Sie kommt nicht mehr nach Hause, sie ist tot.‹

Einfach so. *Sie kommt nicht mehr nach Hause, sie ist tot.* So habe ich erfahren, daß Peggy gestorben ist. Und jetzt bin ich 60 und habe immer noch keine Ahnung, wie meine Schwester gestorben ist. Niemand hat es mir je erzählt. Und als Dad mir dann berichtete, daß du nach Pennsylvania fahren würdest, um mit Leuten über Peggy zu sprechen, da dachte ich mir, ich sage Don, er soll zum Grandview-Krankenhaus fahren und nach Peggys Krankenakte fragen. Und nach ihrer Sterbeurkunde. Ich habe schon im Krankenhaus angerufen, aber mir wollen sie die Unterlagen nicht aushändigen. Aber du kannst sie bekommen.«

In den kommenden zwei Wochen erzählte ich Colleen mehr als einmal, was ich an jenem Tag mit Jack am Strand erkannt hatte: Ich war davon ausgegangen, daß ich herausfinden würde, wer meine Mutter in dieser Welt gewesen war. Aber jetzt wußte ich, daß ich auch meinen Vater entdecken würde. Muriel hatte recht: Von dem Moment an, in dem mein Vater Peggy verloren hatte, wurde er zu einem ganz neuen Menschen und sollte nie mehr derselbe sein, der er in den zehn Monaten mit meiner Mutter gewesen war. Ich wollte meinen Vater kennenlernen, so wie meine Mutter ihn kennengelernt hatte, als sie sich in ihn verliebte. Sie, das hübscheste Mädchen der Stadt, an die sich alle erinnern, und er, ein magerer armer Junge, der ohne fließendes Wasser aufwuchs und schon falsche Zähne hatte, als er ihr 1948 begegnete. Ich wollte wissen, was sie an ihm liebte und was sie in ihm sah, und es schien mir durchaus möglich, daß dies etwas war, was er durch ihren Tod verlor. Etwas, das sie mitgenommen hatte.

Unser Leben führt so lange in eine Richtung, und dann machen wir eine Drehung, und plötzlich liegt der ganze Sinn des Lebens vor uns. Ich glaube das jetzt. Ich glaube sogar, daß uns flüchtige Einblicke in unser Schicksal gewährt werden. Und an dem kalten Winternachmittag, als ich mit Peggys Tante Muriel zusammensaß, spürte ich zum ersten Mal, daß es mein Schicksal war, meine Mutter kennenzulernen. Die Ereignisse in Peggys Leben waren leicht aufzuspüren, zum Teil, weil ihr Leben so kurz war und es zu einer Zeit gelebt wurde, als die Dinge weniger kompliziert waren, als sie es heute sind. Oder wenn sie nicht weniger kompliziert waren, dann liefen sie zumindest weniger gehetzt ab. Zum Beispiel hatte das Mädchen, das mit Peggy in der Telefongesellschaft zusammenarbeitete, keine Probleme, sich daran zu erinnern, wie Peggy ihr erstes Rendezvous beschrieb, weil ein erstes Rendezvous 1948 nicht mehr war als ein Essen mit einem jungen Mann im Restaurant. Ein paar Stunden, in denen man sich unterhielt, und dann die Erinnerung an einen Abend, der keine Geheimnisse barg.

Ich schrieb die Ereignisse im Leben meiner Mutter an einer Zeitschiene nieder. Aber die Ereignisse in unserem Leben verraten nicht unbedingt, wer wir in dieser Welt sind, und wenn ich die Ereignisse so verknüpfen wollte, daß auch die ihnen zugrunde liegenden Motive erkennbar wurden, mußte ich die Gefühle dahinter kennen. Ich spreche hier von der einzig möglichen Art und Weise, jemand anders wirklich kennenzulernen. Man muß sich den Ängsten und den Wünschen der anderen Person ausliefern, den Dingen, die tief in uns verborgen sind und uns als Individuen ausmachen und bei denen wir uns die größte Mühe geben, sie zu verheimlichen.

Peggy war ein außerordentlich zurückhaltender Mensch, sie tat alles dafür, diese Dinge vor den Menschen, die ihr am nächsten standen, zu verheimlichen. Und wenn sie sich Muriel nicht anvertraut hätte, hätte ich nur die Oberfläche ihrer Tage auf dieser Erde streifen können. Nie werde ich die Worte, die Muriel an jenem Winternachmittag zu mir sagte, vergessen, für die ich ihr immer dankbar sein werde: *»Laß mich dir erzählen, wer deine Mutter in dieser Welt war.«* Nicht nur, was sie tat, sondern auch, wie sie sich selbst und das Leben um sie herum sah.

Muriels Geschenk an mich war von unschätzbarem Wert.

Ohne dieses Geschenk hätte ich mir Peggys Gefühle nur *vorstellen* können. Und ich hätte mich so oft täuschen können, wie ich vielleicht recht gehabt hätte. Das aber hätte nicht genügt. Ich wollte meine Mutter *kennenlernen*. Ich wollte wissen, wovor sie Angst hatte und was sie sich wünschte. Ich wollte die genauen Umrisse ihrer Liebe zu meinem Vater erkunden, um ihm ihre Liebe in ihrer wahren Gestalt und Beschaffenheit zurückgeben zu können.

Wir leben in einer Zeit, in der wir wissen möchten, was wahr ist. Von den Geschichten, die wir lesen, möchten wir wissen, was tatsächlich passiert und was erfunden ist. Ich weiß nicht genau, warum. Aber in dieser Geschichte, die ich erzähle, liegt nichts Erfundenes. Ich hatte nicht den Wunsch, meine Mutter zu erfinden, sondern sie zurückzuholen.

Kapitel 10

Vielleicht beginnt unser erwachsenes Leben, wenn wir zum ersten Mal spüren, daß andere *unseren* Träumen und *unseren* Wünschen gegenüber blind sind. Peggy war siebzehn, als ihr dies widerfuhr. Später vermutete sie, daß es bei ihren Freundinnen schon viel früher geschehen war. Sie glaubte, in allem spät dran zu sein. Die Jahreszeit half – der Frühling war ein Fest für ihre Sinne, und in diesem Jahr 1948 konnte sie zum ersten Mal das Wesen des Frühlings fühlen. Wie das Licht auf die kalte Marmorfront der Hatfielder Sparkasse in der Broad Street fiel. Das grüne Gras auf dem Rummelplatz des Bezirks Montgomery. Sie war eins von den jungen Mädchen, die ihren eigenen Weg ganz allein gehen, und in diesem Frühjahr hatte sie das Gefühl, die sie umgebende Welt tief in sich aufzunehmen, während alle anderen einfach vorbeiliefen, blind für die Farben und blind für das Licht, und nicht bemerkten, was diese Dinge in ihr auslösten. Ich weiß, daß sie ganz durcheinander war und nicht genau wußte, wie sie diese Empfindungen deuten sollte. Auf der einen Seite vermittelten sie ihr intensive und angenehme Gefühle von Freiheit und Eigenleben. Und auf der anderen Seite fühlte sie sich einsam dadurch. Sogar ausgeschlossen.

In jenem Frühling im Jahr 1948 wacht Peggy jeden Morgen früh auf. Lange vor dem ersten Licht der Dämmerung schlägt sie die Augen auf und lauscht den Geräuschen der Welt, die in diesen Tagen aus dem Pfeifen des Zuges nach Philadelphia auf seinem Weg in die Stadt und dem Zeitungslieferwagen bestehen, der draußen vor I. C. Detweilers Gemischtwarenladen zum Halten kommt. Sie spielt ein Spiel mit sich selbst: Wenn sie vor allen anderen aufwacht, kann sie auf die Welt hinter den Mauern dieses Hauses, die sie einschließen, Anspruch erheben. Das Haus ihres Vaters. Das Pfeifen des Zuges bringt ihr Herz zum Schlagen. Der Lieferwagen füllt ihre Lungen mit Luft.

Alle paar Nächte stellt sie die Möbel in ihrem Zimmer um – das große Bett, die Kommode, den Nachttisch, den Polsterstuhl. Sie räumt diese Gegenstände in der Nacht um, wenn es dunkel ist im Zimmer. Und wenn sie morgens die Augen aufschlägt, wird sie woanders sein. *Jemand anders.*

Gezwungenermaßen ist sie in der letzten Zeit jeden Tag ein wenig früher aufgewacht, um ihrem Großvater zuvorzukommen, der seit kurzem hier wohnt, weil er sich von einem Sturz von einem Gerüst erholen will.

In ihrem Zimmer zieht sie sich im Dunkeln an. Ihr Flanellnachthemd schlägt sie in Seidenpapier ein und läßt es in ihre Schublade gleiten, eine kleine Maßnahme, um den Tag zu läutern. Bevor sie ihr Zimmer verläßt, kniet sie sich auf den Boden vor den Wandschrank, um sicherzustellen, daß ihre Schuhe alle in einer Reihe stehen. Sie umfaßt die Schuhe einzeln an den Hacken und schiebt sie nach vorn, so daß die Spitzen alle an die Scheuerleiste stoßen. Diese kleine Geste paßt genau in die glatten Umrisse eines geregelten Lebens und hält die Symmetrie der Welt zusammen. Sie kann das spüren, und es beruhigt sie. In dieser Morgenstunde ist die Welt für sie noch ein schönes Gemälde, und sie wird es nur verderben, wenn sie im Laufe des Tages mit Farbe an den Schuhsohlen darauf hin und her laufen wird. So denkt sie in jenen Tagen über sich. Unbeholfen und unsicher. Nicht gescheit genug. Nicht hübsch genug.

Sie bleibt im Flur an der Zimmertür ihres Bruders stehen.

Jack ist elf Jahre alt. Sie hat ihm zum Geburtstag einen sechsschüssigen Cowboyrevolver samt Halfter gekauft, der jetzt am Bettpfosten hängt. Sie hört seinem Atmen zu. Irgendwann im letzten Jahr, als sie zur Schönheit heranwuchs und die scharfen Kanten ihres Körpers Rundungen wichen, hatte sie angefangen, ihren Bruder nicht mehr nur als Quälgeist zu sehen, der ihr das Leben schwermachte, ihren Lippenstift im Briefkasten auf der Veranda versteckte und ihre Unterwäsche im Handschuhfach des Wagens ihres Vaters. Sie hatte angefangen, ihn als Person wahrzunehmen, der weitergehen und seinen Platz in der Welt einnehmen würde, und dies zeigte ihr mindestens so wie alle anderen Veränderungen, daß sie ihre Mädchenjahre nun hinter sich gelassen hatte. Sie war unter den letzten Wellenkronen des Jugendalters weggetaucht und als junge Frau aufgestiegen, und die Fluten hatten den Aufruhr und die Verwirrung unter ihren Füßen weggespült.

Ihrem Bruder gegenüber schnarcht Tante Sue in ihrem Bett leise vor sich hin. Sie arbeitet als Krankenschwester in Philadelphia und kommt häufig zu Besuch. Ihre Schwester Lilly wohnt drei Häuser weiter und hat Peggy kürzlich einige Lektionen »Nähen für Fortgeschrittene« erteilt. Heute abend wird Peggy vor diesen beiden Tanten ihren Platz an der Singer-Nähmaschine mit den schmiedeeisernen Füßen und dem kleinen weißen Lichtchen unter dem Lampenschirm aus Zinn einnehmen.

Ein paar Schritte weiter zögert sie vor der Tür des Elternschlafzimmers. Sie kann die Druckerschwärze an der Kleidung riechen, die ihr Vater auf einem Stuhl abgelegt hat. Eine gelbbraune Khakiuniform, Ober- und Unterteil. Einen schwarzen Ledergürtel. Ein weißes T-Shirt. In einer Stunde wird ihre Mutter aufwachen und sich auf den Weg zur Arbeit in der Cafeteria der Schule machen. Sie wird ihre weiße Dienstkleidung anziehen und das Haarnetz aufsetzen, und wie immer wird Peggy sie deswegen bedauern, weil ihre Mutter mit dem Haarnetz nicht mehr wie sie selbst aussieht, sondern wie eine Küchenangestellte, die sich an die Regeln anderer zu halten hat. Dieses federleichte Haarnetz, das in ihrer Hand fast schwerelos ist, raubt ihr die Mutter, und Peggy wendet sich ab, wann immer die Mutter es in ihrer Anwesenheit aufsetzt.

In jenen frühen Morgenstunden sitzt Peggys Großvater schon in der Küche am Eichentisch, den Kopf in die Hände gestützt.

In ihr wird etwas umgestoßen, als sie sieht, daß er ihr zuvorgekommen ist.

Sie wartet, bis er seine stillen Morgengebete beendet hat, und tippt ihm dann auf die Schulter. Dieser Mann ist von einem zehn Meter hohen Gerüst gestürzt, und die Planken und sein ganzes Werkzeug sind auf ihn heruntergekracht. Als ihn der Arzt in der Notaufnahme des Grandview-Krankenhauses in Sellersville untersuchte, hat er ausgerufen: »An dir ist ja kein Knochen heil geblieben, Howard, ich weiß nicht, wo ich anfangen soll!« Er ist gewohnheitsmäßiger Frühaufsteher, ein Zimmermann, der immer stolz darauf war, jeden Morgen in George Snyders Holzlager der erste zu sein, der seinen Hammer in die Hand nahm. Er ist ein alter Mann, und sein welliges Haar ist schon weiß, aber sein Körper ist hart wie Holz. »Du mußt stark sein in diesem Leben, Peggy«, hat er immer zu ihr gesagt. Es ist sein Schlachtruf, und immer wenn er ihn ausstößt, muß Peggy darüber nachdenken, wie stark *sie* eigentlich ist und noch sein wird.

Er möchte ihr zeigen, was er mit seinen großen quadratischen Händen gemacht hat. Er ist sehr zufrieden mit sich, als er es aus dem Schraubstock nimmt, den er am Küchentisch angebracht hat, damit der Leim über Nacht trocknen konnte. Es ist eine Art Keil, den er aus Holz geschnitzt und an der Sohle seines rechten Schuhs befestigt hat, um sein Bein zu verlängern, das seit dem Unfall verkürzt ist. Der Arzt hatte das Bein amputieren wollen, aber er hat es selbst kuriert, obwohl es seitdem schon fast acht Zentimeter kürzer geworden ist. »Wie findest du es, na, was meinst du?« fragt er Peggy.

Er will den Schuh anziehen und gleich ausprobieren. Sie sieht ihm zu, wie er durch die Küche zum Waschbecken läuft und wieder zurück. Er stampft wie ein Pferd. Es ist Peggys Idee, ihn richtig auf die Probe zu stellen. Ein paar Tanzschritte – kein langsamer Tanz, sondern der Jitterbug.

»Den Jitterbug?« fragt er.

»Du mußt stark sein in diesem Leben«, sagte sie zu ihm, und plötzlich leuchten ihre grünen Augen.

Er wirbelt sie herum und lächelt stolz zurück. Sie kennt einen neuen Schritt, einen kleinen Gleitschritt, den sie in ihrem Zimmer hinter verschlossener Tür eingeübt hat. Als sie ihn vorführt, zieht er anerkennend die Augenbrauen hoch. Sie spürt, daß sie Glück gehabt hat, in einer Zeit geboren zu sein, in der die Tanzmusik in Amerika mit ihren tiefen anstachelnden Bässen so genau mit ihrem Herzschlag übereinstimmt.

Sie legt ein paar Kohlen in den Herd und macht Haferbrei für sich und ihren Großvater. »Keine Sahne«, sagt sie zu ihm, »nur Magermilch.«

»Du kannst es dir erlauben, ein bißchen zuzunehmen. Du tanzt es ja sowieso wieder ab, bei dem Tempo, das du in der letzten Zeit vorlegst. Jede Nacht unterwegs. Hast du schon mal mit einem Jungen zweimal getanzt?«

»Hab' noch keinen gefunden, der mit mir mithalten kann. Jetzt iß deinen Haferbrei, und laß die Schnüffelei.«

Jetzt fällt ihr der Junge, den sie letzten Freitag im Sunnybrook in Pottstown getroffen hat, wieder ein. Wer ist der dünne Junge mit dem Engel? hatte sie jemanden fragen hören.

Der dünne Junge und der Engel. Sie lächelt still in sich hinein, als ihr einfällt, wie er sich ständig die Flanellhosen hochgezogen hat. Sie haben ihm vielleicht gepaßt, bevor er in den Krieg gegangen ist. Von dem großen Erkerfenster in dem Tanzlokal hatte er ihr seinen neuen Chevy gezeigt.

»Es ist das Cabrio«, sagte er sichtlich stolz. »Das grüne da hinten.«

Es war zu dunkel, um etwas sehen zu können, aber sie sagte ihm, es sähe nach einem tollen Auto aus.

Sie tanzten einmal und tranken ein Glas Punsch aus geschliffenen Kristallkelchen. Er bot ihr eine Zigarette an, aber sie lehnte ab.

»Und, was fängst du so mit deiner Zeit an?« fragte er sie.

Sie erzählte ihm, sie arbeite bei einer Telefongesellschaft in Lansdale und spare ihren Lohn, um irgendwo hinzuziehen.

»Irgendwo hinziehen?«

»Vielleicht in eine große Stadt wie New York.«

Ein trauriger Ausdruck huschte über sein Gesicht. Sie sah es wohl.

Aber er hatte sich schnell wieder in der Hand und sagte, er wisse nicht, warum überhaupt jemand diesen Teil von Pennsylvania verlassen wollte. Er sei überglücklich, nach zwei Jahren Armee wieder hierzusein. Als er nach Hause zurückgekommen war, war er als erstes jede einzelne Straße in Skippack rauf- und runtergefahren, die er als Junge schon kannte. Die Straßen, wo er früher mit dem Fahrrad Zeitungen ausgetragen hatte.

Er zögerte, und Peggy dachte, er wäre all die alten Straßen abgefahren, um zu sehen, wie sie sich verändert hatten, seit er in den Krieg gegangen war.

Was er als nächstes sagte, merkte sie sich, um es später ihrer Tante zu erzählen. Er hatte ihr mit seinem strahlenden Lächeln direkt in die Augen gesehen und gesagt: »Ich glaube, hauptsächlich hab' ich's getan, um zu sehen, wie *ich* mich verändert habe.«

Später in diesem Frühling hört sie, wie ein Mädchen bei der Telefongesellschaft einer anderen von einem Mann erzählt, der im Garten hinter seinem Haus in der Cowpath Road in Lansdale einen Bunker errichtet. Eines Nachmittags nimmt sie nicht wie sonst die Straßenbahn nach Hause, sondern fährt mit einer Freundin dorthin, um ihn sich mit eigenen Augen anzusehen.

Sie stellen das Auto ein paar Straßen weiter ab und gehen zu Fuß die Straße entlang. Beim Klappern ihrer Absätze auf der harten Schotterstraße muß Peggy daran denken, daß sie von ihrem ersten Gehalt zuviel Geld für diese Schuhe in Stuarts Schuhgeschäft ausgegeben hat. Alle Mädchen tragen sie heutzutage, selbst beim Jitterbug-Tanzen, und sie fühlt sich darin groß und elegant, aber sie könnte sich immer noch dafür ohrfeigen, daß sie schwach geworden ist, wo sie das Geld doch auf ihr Sparkonto einzahlen wollte, damit sie eines Tages das Klappern ihrer Absätze ganz woanders hören kann, auf den belebten Straßen irgendeiner weit entfernten Stadt, wo niemand sie kennt und sie tun und lassen kann, was ihr in den Sinn kommt, auch mal einen ganzen Tag lang regungslos aus dem Fenster starren und einfach nur zusehen, wie die Leute ihrem geschäftigen Leben nachgehen. Diese selige Anonymität hat sie in ihrem Leben erst zweimal kennengelernt, beide Male, als sie auf dem Jahrmarkt in Allentown war und sich das seltene Vergnügen gönnte, in den Menschenmassen unterzutauchen, sich einfach von ihnen mitreißen zu lassen.

Es hatte sie belebt, aber wenn sie die Poliowarnungen ernst nimmt, wird sie den Rummel dieses Jahr wohl verpassen. Den Gedanken, sie könnte ihn verpassen, könnte die Chance verpassen, sich ein paar Stunden vor sich selbst zu verstecken und die Geschwindigkeit des Lebens in den Menschen um sie herum zu spüren, findet sie genauso bedrohlich wie den Gedanken, wegen Kinderlähmung ein Lebtag Metallschienen tragen zu müssen, so wie die arme Frances Snyder, deren Vater die Atlantic-Tankstelle auf der Main Street gehört und die genauso alt ist wie Peggy und, wie man sich erzählt, nie mehr gehen können wird.

Vom Straßenrand aus können die beiden die Erdhaufen im Garten hinter einem kleinen Einfamilienhaus sehen.

»Ich wette, es wird nur ein Swimmingpool«, sagt ihre Freundin.

Peggy möchte mitlachen, aber das kann sie nicht, weil ihr Großvater ihr schon erzählt hat, daß der Bunker am Ende mit Stahlbeton ummantelt wird. Später wird man nur durch ein rundes Loch in der Decke ein- und aussteigen können, das mit einem Betondeckel zugeschraubt wird.

Peggy will keine große Sache daraus machen, doch während ihre Freundin weiterspricht, breitet sich plötzlich Angst in ihr aus. Sie kann nur noch daran denken, wie die Häuser ihrer Freundinnen und das Tanzlokal in Pottstown und die Schule und die Kinos in Lansdale in tausend Einzelteilen durch die Luft fliegen. Im Krieg hat sie mit ihrem Vater nachts immer draußen gestanden und nach feindlichen Flugzeugen Ausschau gehalten. Ihr Vater hatte so ein Schaubild, auf dem die Umrisse aller feindlichen Flugzeuge aufgezeichnet waren. Er brachte es jedesmal mit nach draußen. Sie wird nie vergessen, wie er sich im Stehen zurückgelehnt und in den Himmel geschaut hat und wie sich seine Hosenträger dabei immer an den Schultern ein bißchen vorwölbten. »Wenn es losgeht«, hatte er einmal zu ihr gesagt, »dann nicht mit Flugzeugen, sondern mit Raketen aus Rußland. Du guckst in den Himmel, und plötzlich kommen da diese riesengroßen Zigarren über den Horizont geflogen, und das wird das Ende von allem sein!«

Die Luft wäre voller Glassplitter, hatte ihr der Vater erzählt, und dann wäre alles vorbei.

Ihre Freundin erzählt ihr, falls es Krieg mit den Russen gäbe, würde sie eines am meisten ärgern, nämlich daß sie nie etwas *gemacht* hat.

»Du weißt doch, was ich meine, Peg? *Mit einem Jungen?* Nur aus Angst, die Leute könnten denken, wir wären keine anständigen Mädchen.«

Peggy wird magisch von dem Anblick der aufgeschütteten Erde angezogen und fragt sich, was das überhaupt für ein Mann ist, der sich einen Bunker in den Garten stellt. Wie verängstigt muß ein Mann dafür sein? Vielleicht ist er im letzten Krieg gewesen und hat etwas gesehen, das er nie wieder sehen will.

»Hast du gehört, was ich gesagt habe, Peg? Wir waren zu jung, als die Jungs in den Krieg gegangen sind, zu jung, um uns richtig zu verabschieden. Und als sie wiederkamen, waren wir *zu brav*, um sie richtig zu begrüßen.«

Peggy hört, was sie sagt, aber sie gibt ihr keine Antwort. Das geht schon seit geraumer Zeit so, daß die Geräusche der wirklichen Welt nicht bis zu ihr durchdringen. Nicht bis zu ihren Gedanken vorstoßen. Ihren geheimen Gedanken. In ihrem letzten Jahr an der High School hatte ein Lehrer zu ihr gesagt, sie sei ein Mädchen, das sich *in* ihren Gedanken und *hinter* ihrer Schönheit verstecke. Damals wollte Peggy das abstreiten, aber es gelang ihr nicht. Seitdem ist es schlimmer geworden. Bei der Arbeit treiben ihre Gedanken in der letzten Zeit einfach weg, manchmal sogar, wenn sie gerade dabei ist, ein Gespräch zu vermitteln. In diesem Raum mit dem Stimmgewirr und den blinkenden Lampen der Zentrale kann sie plötzlich einfach verschwinden.

Sie sei so entfernt, hatte eine Freundin sie bezichtigt. Sie sei zu hübsch und zu selbständig für die andern. Also halte sie sich abseits.

Aber sie fühlt sich nicht fern. Sie fühlt sich minderwertig und vorläufig. Vielleicht liegt das am Krieg. Vielleicht liegt es auch nur an ihrer tiefsitzenden Angst, daß sie ihr ganzes Leben damit verbringen könnte, darauf zu warten, daß ihr Leben endlich beginnt. Darüber hatte sie sich während des Krieges oft Gedanken gemacht. Daß für manche das Leben schon zu Ende war, bevor es richtig begonnen hatte. So viele Soldaten waren noch Jungen gewesen, jung und unschuldig. Und die Kinder, die in den ausgebombten Städten gestorben waren, nicht nur die Kinder der Alliierten, sondern auch die japanischen und deutschen. Bei der Arbeit hatten alle von dem Jungen aus Lansdale gesprochen, der in Frankreich ums Leben gekommen war. Peggy hatte sich damals gefragt, ob er wohl von einem schönen französischen Mädchen mit Rouge auf den Wangen einen Kuß bekommen hatte, bevor er gestorben war. Sie fragte sich, ob Gott den Mädchen verzieh, wenn sie mit Soldaten schliefen, die in den Krieg zogen, um dort zu sterben. Ob Gott dies wohl als einen Akt der Wohltätigkeit betrachtete.

Auf dem Rückweg halten sie an Inkys Eisdiele an, um sich ein Waffeleis zu holen. Erdbeer für Peggy. Schon beim Essen nimmt sie sich vor, später noch lange Fahrrad zu fahren, um die Kalorien wieder abzuarbeiten. Die Eisdiele wimmelt von Schülern aus der High School. Sie scheinen ihr alle so selbstsicher – woher nehmen sie bloß dieses Selbstvertrauen? Einige der Mädchen haben als Zeichen pubertärer Auflehnung mit ihren Freundinnen ein Söckchen und einen Schuh getauscht. So selbstsicher und überschäumend sie auch wirken mochten, Peggy wollte trotzdem nicht mit ihnen tauschen. Die High-

School-Zeit erinnert sie als lange Abfolge ewig gleicher Tage, an denen sie sich verzweifelt bemühte, irgend etwas Sinnvolles zu erfahren, *egal was*, Hauptsache, es war mehr als die Worte von Lehrern, die längst vergessen hatten, wie es ist, wenn man jung ist und verzweifelt darauf wartet, endlich an der wirklichen Welt jenseits der Wände und Fenster des Klassenzimmers teilzuhaben.

An einem Ecktisch hat plötzlich ein Baby zu weinen begonnen, und Peggy und ihre Freundin sind sofort aufgestanden, um einen Blick auf das Baby zu werfen. Ihre Freundin sagt, ist dir aufgefallen, daß man in der letzten Zeit überall Babys sieht? Mensch, ich möchte auch so gern eins, du nicht, Peggy?

Später vielleicht, antwortet sie. Sie hat erst einmal was anderes vor. Obwohl sie dieses Andere nicht genau beschreiben kann, soll ihr Leben jedenfalls Anders sein als das ihrer Mutter, die nur mit Kochen und Putzen für die Familie beschäftigt ist. Sie hofft, diese abgeschottete Welt weit hinter sich zu lassen, aber als sie sieht, wie die junge Mutter ihr Baby besänftigt, ist sie ganz gerührt von dem Anblick. Das Baby, das wie eine kleine Marionette in den Armen seiner Mutter hockt, lächelt plötzlich und sieht sich fröhlich und mit einem wissenden Ausdruck im Raum um.

Wie schön muß es sein, etwas so gut zu können, ein Herz zu haben, das einem anderen menschlichen Wesen Trost spenden kann. Es ist etwas Wirkliches und Sinnvolles in dieser Welt der Abstraktionen und Ungewißheiten. Eine Welt, der sich Peggy so selten zugehörig fühlt. Eine Welt, die heute in den Schlagzeilen der Abendzeitungen voller Trauer verkündet, daß die russische Armee mit dem Ausheben von Schützengräben in Korea entlang des 38. Breitengrads begonnen hat. Das muß man sich vorstellen! Eine ganze Armee von Männern, die Löcher graben! Eine endlose Reihe von Männern in Uniformen, die sich auf der anderen Seite der Welt über ihre Schaufeln beugen. Und auf dieser Seite eine zweite Armee junger Ehemänner, die in ihren Gärten Gruben ausheben, um Platz zu schaffen für Bunker mit zuschraubbaren Betondeckeln. Welch eine seltsame Welt. In einem Moment war der Schmerz der Welt für Peggy fern und unfaßbar gewesen, und im nächsten Moment war er schon hier auf den Straßen ihres Städtchens. Drüben an der Broad Street, hinter dem Schulhof, wo die Schaukeln sanft im Wind schwingen, steht das Haus der Wimmers, das kleine Backsteinhäuschen mit dem Giebel über der Haustür und der Flagge mit einem Stern im Fenster daneben. Im erleuchteten Wohnzimmer sitzen jeden Abend die Menschen vor dem Radio. Der Krieg ist jetzt seit drei Jahren vorbei. Der Sohn, der in diesem Wohnzimmer gewohnt hat, ist bald vier Jahre tot. Die Menschen in diesem Zimmer warteten einst auf seine Briefe von der Front, und dann warteten sie auf die Überführung seines Leichnams aus Frankreich. Jetzt geht das Leben ohne ihn weiter. Trotz des furchtbaren Verlusts haben sich die täglichen Gewohnheiten wieder eingeschliffen. Das gehört zu den Dingen, die so schwer zu verstehen sind. Ist dies für ein junges Mädchen wie Peggy nicht die *Definition* von Traurigkeit? Wie das Leben nach dem Tod eines geliebten Menschen einfach weitergeht, ist für sie beinah so traurig wie der Tod selbst.

ZWEITES BUCH

Kapitel 11

Das Grandview-Krankenhaus in Sellersville, Pennsylvania. Zimmer 9. In einem Bett liegt ein Mann mit hochrotem Gesicht und schläft. Das andere Bett ist leer. Scherzhaft sage ich zu der Schwester, wenn meine Generation ins Alter komme, gebe es sicher in ganz Amerika kein freies Krankenhausbett mehr. »Ich lasse Sie allein«, flüstert sie.

Ich betrachte die beiden hohen Fenster, durch die meine Mutter am 27. August 1950 sah, an dem Tag, an dem sie starb. Heute rinnt der Regen in Strömen an ihnen herab, aber an einem sonnigen Augustnachmittag hätte Peggy auf grüne Hügel, Farmen und Silos blicken können, auf die Straße, die zurück nach Hause führte. Zurück zu allem, was ihr bekannt und vertraut war und an dem sie meinte, noch lange teilzunehmen. Von diesem Zimmer aus hätte sie sehr weit in die Ferne sehen können.

Die Krankenakte beginnt mit folgendem Bericht:

Patientin wurde vor 17 Tagen von Zwillingen entbunden. Litt vor der Entbindung an Schwangerschaftsvergiftung mit Ödemen in Gesicht und an den Beinen, erhöhtem Blutdruck und Eiweiß im Urin. Die Patientin entwickelte spontane Wehentätigkeit, und ihre Zwillinge wurden mit einer tiefen Forceps geholt. Geburtshelfer Dr. Edward Wright stellte keine auffälligen Blutungen fest, Patientin erhielt jedoch wenige Tage post partum 1 Liter Blut transfundiert. Bei Entlassung soll der Hämatokrit 47% betragen haben. BKS (Blutsenkung) 3000. Zu Hause trat keine Besserung ein, Patientin wurde am 27. August um 15.19 Uhr in dieses Krankenhaus eingeliefert.

Weibl. Patientin, Alter 19 J., routinemäßig in Sellersville, Pennsylvania, Zimmer Nr. 9, aufgenommen, eingeliefert von Krankenwagen aus Lansdale. Überweisung durch Dr. P. T. Moyer, hier in Behandlung von Dr. Peters. Pt. (Patientin) extrem blaß und erschöpft. Leichte Vaginalblutung. RR 166/90.

16.00 Uhr: Blut ins Labor geschickt.

16.09 Uhr: Visite von Dr. Peters.

16.30 Uhr: 500 ml Blutkonserve i. v. Kanüle gelegt von Dr. Peters – Tropf läuft sehr gut.

16.45 Uhr: Pt. klagt über ›komisches Gefühl im Kopf – fühlt sich am ganzen Körper heiß‹ – Bluttransfusion gestoppt. Anruf von Dr. Peters – Atmung wird äußerst mühsam.

16.48 Uhr: 7 1/2 g Coffeinum Natr. benz. durch Dr. Peters verabreicht.

16.50: Patientin nicht ansprechbar – Tod festgestellt durch Dr. Peters.

Ich lese diese Aufzeichnungen schon zum fünften Mal, als der Mann mit dem roten Gesicht aufwacht und mich ansieht.

Dr. P. T. Moyer ist tot. Dr. Peters ist tot. Dr. Wright ist tot.

»Sie sind alle tot«, sage ich zu dem Mann mit dem roten Gesicht. »Ich habe zu lange gewartet.«

Er sieht mich mit blutunterlaufenen Augen an. Ich glaube, mein Gemurmel hat ihm angst gemacht. Ich entschuldige mich bei ihm und mache mich auf den Heimweg.

Tom Pugles hat die Geschichte vom Übernachten bei seiner Schwester nie gehört, der Nacht, als die Mädchen bei seinem Vater im Lastwagen mitfuhren, um Obst und Gemüse für seinen Stand auf dem Markt abzuholen. Als ich ihm die Geschichte erzähle, beginnen seine Augen zu leuchten. Wir sitzen an einem eckigen Tisch in Zotos Restaurant in Line Lexington, und er berichtet mir von einer Reise nach Kanada, die er mit meinem Vater nach dem Krieg unternahm, bevor mein Vater Peggy kennenlernte. Die zwei machten zusammen Ferien. Sie fuhren in dem grünen Chevrolet-Cabrio meines Vaters. Es waren unbeschwerte Tage, und die beiden verstanden sich prächtig. Nachts schliefen sie draußen unter den Sternen.

Er hat ein Foto von meinem Vater, das er in Bar Harbor in Maine aufgenommen hat, als sie dort für eine Nacht Station machten. Mein Vater steht vor einem Schuhgeschäft mit überdimensionalen Schuhen an den Füßen, Größe 50 oder 51. Er schaut auf seine Füße herunter und lacht.

Toms Schwester Lorraine hat mir einen Brief aus Florida geschrieben, in dem sie von der Zeit erzählt, als sie mit meinem Vater ausging. Sie war das erste Mädchen, mit dem er sich traf, nachdem er aus dem Krieg zurück war. »Er war sehr romantisch«, schrieb sie. »Er hat mir nach jeder Verabredung einen Brief geschrieben.« Einmal fuhren sie zu einem Picknick an die Küste von New Jersey. Sie blieben lange am Strand, alle anderen Badegäste waren längst fort. Mein Vater kletterte auf den Stand der Rettungsschwimmer und stieß Tarzanschreie aus.

Da ist noch ein anderes Foto von meinem Vater und Tom mit zwei jungen Frauen im Greenlake Park, zu dem sie gefahren waren, um den 21. Geburtstag meines Vaters zu feiern. Man sieht Tom über meinen Vater lachen, der sich hinter eines der Mädchen geschlichen hat und ihr mit zwei Fingern Hasenohren zeigt.

Ich habe keine Erinnerung an meinen Vater als unbeschwerten Mann. Er ist immer freundlich gewesen, aber niemals unbeschwert. Ich kann mich noch an seinen handbetriebenen Rasenmäher erinnern, als wir in der Clearspring Road wohnten.

Wenn er den Rasen mähte, bin ich immer neben ihm hergelaufen. Er mähte von rechts nach links, und ich wanderte in der Bahn, die er gerade fertig hatte, rechts neben ihm her. Man hörte nur das Klick-Klick der Rotoren im Gras. Ich stellte ihm Fragen, und er antwortete mir, aber unser Gespräch verebbte immer schnell, und nie hat er das Schweigen gebrochen. Ich kann mich noch lebhaft erinnern, wie er mir einmal erklärt hat, wie ein »perfektes Spiel« beim Baseball aussieht.

Dann kaufte er sich einen neuen Rasenmäher, und der Benzinmotor machte so viel Lärm, daß wir uns nicht mehr unterhalten konnten. Trotzdem lief ich neben ihm her. Ich erinnere mich, wie er manchmal die Lippen bewegte, und dann wurde mir klar, daß er Selbstgespräche führte, während der Rasenmäher ihn weiterzog.

Tom Pugles und ich sind die letzten Gäste im Restaurant. Eine junge Kellnerin ist schon dabei, rings um uns die Tische abzuwischen, da erzählt mir Tom, mein Vater hätte ihm nach Peggys Tod anvertraut, daß er sich umbringen wollte, indem er mit dem Auto auf die Gleise an der Broad Street in Lansdale fahren und dort auf den Expreßzug aus Philadelphia warten würde. In den Wochen nach Peggys Tod durchwachte Tom Nacht für Nacht kaffeetrinkend und zigarettenrauchend mit meinem Vater. Tom war zu der Zeit bei der Polizei. Vor allem von einer Nacht wollte er mir erzählen. Er war gleich von der Arbeit zu meinem Vater gefahren, ohne seine Uniform auszuziehen. Als er auf die Haustür zuging, sah er meinen Vater hektisch von Fenster zu Fenster laufen. Er verriegelte sie alle und dann die Haustür. »Dein Vater war überzeugt, daß ich ihn verhaften und wegen Peggys Tod ins Gefängnis bringen wollte«, erzählt er mir.

An diesem Abend stand Tom draußen vor der Tür und rief immer wieder nach meinem Vater, bis dieser ihm schließlich irgendwann die Tür öffnete. Dann erklärte er ihm vorsichtig, daß er Peggy nicht umgebracht hatte. Ein paar Tage später fand Tom wieder nicht die Zeit, sich umzuziehen, bevor er zu meinem Vater ging, und das gleiche passierte noch einmal. Offenbar hatte mein Vater in seiner Trauer den Verstand verloren.

Ich versinke in diesem Grauen, in diesem Bild meines Vaters und den Worten von der Krankenakte meiner Mutter …

Zum ersten Mal im Leben wird alles sehr greifbar für mich. Ich sehe die Kellnerin hinter Tom stehen. Sie wartet darauf, daß wir aufstehen und sie unseren Tisch abwischen kann. Tom erzählt mir, wie mein Vater vor Peggys Tod gewesen ist, spricht von seinem unschlagbaren Optimismus, von seinem Lächeln und davon, wie er den Jitterbug tanzen konnte. Die Leute freuten sich, wenn sie Dick Snyder begegneten. Nie verlor er ein böses Wort über andere. Immer hatte er für alles Verständnis.

Ich höre zu, aber in meinem Kopf sehe ich ihn die Tür verriegeln und von Fenster zu Fenster rennen, um die Riegel vorzuschieben. Jeden Tag ein unaufhaltsamer Abstieg in diesen bodenlosen, alles verschlingenden Kummer.

Ich erinnere mich nicht daran, in jener Nacht vom Tisch aufgestanden und aus dem Raum gegangen und nach Hause gefahren zu sein.

Kapitel 12

Unter der Überschrift »Sohn schreibt Liebesgeschichte der Eltern« erscheint im *Reporter*, der Tageszeitung für den Kreis Hatfield in Pennsylvania, ein Artikel, der auch das Foto meiner Eltern in ihrem Hochzeitsauto bringt. In dem Bericht wird darum gebeten, daß alle, die Peggy gekannt haben, brieflich oder telefonisch in Maine mit mir Kontakt aufnehmen mögen.

Es waren viele Briefe. Jeden Morgen kamen neue mit der Post:

Ich erinnere mich so deutlich, als wäre es gestern gewesen. Ich stand mit meiner besten Freundin vorn bei mir auf der Veranda, als die Beerdigungsgesellschaft vorbeikam. Ich wußte sofort – dies muß die Beerdigung der lieben jungen Mutter mit den Zwillingsjungen sein ... All die Jahre habe ich mich gefragt, was wohl aus den Jungen geworden ist. Am Samstag, als ich die Zeitung in die Hand nahm, bekam ich endlich die Antwort.

Nie werde ich den traumatisierten, vollkommen gebrochenen, in seine Trauer versunkenen Mann vergessen, der zu Besuch kam und mir erzählte, daß seine junge Frau gestorben war und neugeborene Zwillingsjungen hinterlassen hatte. Noch heute fällt es mir schwer, darüber zu schreiben, geschweige denn, darüber zu sprechen. Ich glaube, es war ein traumatisches Erlebnis für alle hier in Hatfield. Er sagte immer wieder: »Ich wußte doch nicht ... Niemand hat es mir gesagt.«

Bis heute ist mir nicht klar, ob er damit meinte, niemand habe ihm erzählt, wie krank sie war … Ich hatte tiefstes Mitgefühl mit ihm und hätte ihm gern gesagt, daß ich mich freuen würde, mich um die Babys kümmern zu dürfen (auch wenn ich keine Erfahrung hatte).

In den 57 Jahren, die ich hier in Hatfield gelebt habe, hat es für mich nichts Traurigeres gegeben als den Tod von Peggy Schwartz. Und es ist mir wie vielen anderen Menschen hier schwergefallen, mich danach wieder aufzuraffen und weiterzumachen. Aber natürlich muß man ja weitermachen.

Ich habe gelesen, daß Sie dabei sind, die Geschichte Ihrer Mutter Peggy Schwartz Snyder aufzuschreiben. Ich möchte Sie wissen lassen, daß ich im selben Jahr wie Peggy auch mit Zwillingen schwanger war. Wir hatten denselben Arzt, Dr. Wright. Er war ein hervorragender Arzt, ein großer, gutaussehender Mann mit einem kleinen Schnurrbart. Sehr kenntnisreich und gründlich. Im dritten Monat bekam ich eine derart bedrohliche Schwangerschaftsvergiftung, daß der Arzt zu mir sagte, wenn es so weiterginge, würde die Schwangerschaftsvergiftung sich zu einer Präeklampsie entwickeln, und dann müßte er die Babys früher holen, wahrscheinlich spätestens im sechsten Monat. Es wurde schlimmer und schlimmer, und in der 26. Schwangerschaftswoche holte man meine Babys. Es waren Zwillingsjungen wie Sie und Ihr Bruder. Sie lebten nur einen Tag … Zu jener Zeit waren Babys nicht lebensfähig, wenn sie vor der Zeit, in der sich die Lungen entwickeln, zur Welt kamen, egal, ob spontan oder per Kaiserschnitt. Ihre Mutter muß sehr tapfer gewesen sein, um Sie und Ihren Bruder bis zum Schluß auszutragen.

Jack Schwartz, mein Onkel, wußte nichts von diesen Briefen und von den Dingen, die mir die Menschen über den Tod meiner Mutter schrieben. Diese Worte, »Eklampsie« und »Schwangerschaftsvergiftung«, damals nur Fremdworte für mich, Worte, die ich während Colleens Schwangerschaften noch nicht einmal gehört hatte, schienen alle auf etwas Bestimmtes hinzuweisen, das ich auch dann nicht begriff, als Jack mich aus Vermont anrief und mir etwas von einem Zeitschriftenartikel erzählte, auf den er zufällig gestoßen war. »Ich glaube, ich weiß jetzt endlich, woran Peggy gestorben ist«, sagte er am Telefon.

In der Zeitschrift *Worth* gab es in der Ausgabe vom Januar 1998 einen Artikel mit folgender Überschrift: »Die beste Medizin ... Die American Medical Association glaubt nicht, daß Amerikaner die Wahrheit über ihre Ärzte vertragen können. Was würden die Hinterbliebenen in der Familie Grossman dazu sagen?«

Es ging um eine junge Schwangere, die 1986 an Eklampsie gestorben war. Trotz intensiver Betreuung durch ihren Arzt und zusätzlicher Untersuchungen durch ihren eigenen Vater, der ebenfalls Arzt war, war sie an dieser Krankheit, die als extreme Form der Schwangerschaftsvergiftung beschrieben wurde, gestorben. Eklampsie könne ganz einfach durch regelmäßiges Blutdruckmessen diagnostiziert werden, doch unter gewissen Umständen bleibe die Krankheit leicht unerkannt. In diesem Fall hatte die Frau normalerweise einen sehr niedrigen Blutdruck, und als der Arzt in der Schwangerschaft ihren Blutdruck nicht besorgniserregend fand, war er in Wahrheit extrem hoch.

»Ich habe den Artikel gelesen, und die ganze Zeit sagte mir irgend etwas, das ist es, woran Peggy gestorben ist. Wahrscheinlich liege ich ganz falsch. Aber ich schicke dir den Artikel trotzdem.«

Einen der aufschlußreichsten Briefe schickte mir eine 87jährige aus einem Pflegeheim. Sie erzählte mir von Anna Hartman, die 32 Jahre lang Hebamme im Elm-Terrace-Krankenhaus gewesen war, und legte einen Zeitungsartikel bei, der bei Frau Hartmans Pensionierung erschienen war. Er beschrieb auch eingehend das Elm-Terrace-Krankenhaus zu der Zeit, als meine Mutter dort auf der Wöchnerinnenstation gelegen hatte. Ich sandte ihr einen Dankesbrief, und sie schrieb sofort zurück, ein Bekannter habe ihr erst kürzlich erzählt, Anna Hartman sei noch am Leben. Sie wolle versuchen, sich mit ihr in Verbindung zu setzen, und bat mich, sie ein paar Tage später anzurufen, wenn ich mit Anna Hartman über meine Mutter sprechen wolle.

In dieser Nacht hatte ich einen Traum. Ich stand vor dem Elm-Terrace-Krankenhaus. Es war Sommer, und die Blätter der hohen schattenspendenden Bäume auf dem Rasen bewegten sich in einer warmen Brise. Auf der Veranda saßen Mädchen in Schaukelstühlen aus weißem Korbgeflecht. Ich konnte durch die Tür ins Innere sehen, eine Tür so hoch und schwer wie ein Kirchenportal, und dahinter in die Eingangshalle mit dem dunklen verschnörkelten Geländer und den Eichentreppen. Zwei Männer trugen eine Frau auf einer Bahre die Stufen hinauf in den Kreißsaal im ersten Stock. Sie rief um Hilfe, und ich rief den schwangeren Mädchen in ihren weißen Korbstühlen zu: Wer ist das da auf der Bahre? Aber sie konnten mich nicht hören. Ich rannte die Broad Street hinab bis zur Fourth Street, zu Dr. Wrights Praxis in dem großen viktorianischen Haus mit seinen weißen Stuckkronen und den weinüberwucherten Giebeln. Alle Lichter waren erloschen. Aber auf der Eingangstreppe saß ein Mann. Er hielt etwas in der Hand und deutete mir, es anzunehmen. Im Licht einer Straßenlaterne konnte ich sehen, daß es die Krankenakte aus dem Grandview-Krankenhaus war, in dem Peggy gestorben war. Ich las noch einmal die Zeilen:

»... 16.45 Uhr: Pt. (Patientin) klagt über ›komisches Gefühl im Kopf – fühlt sich am ganzen Körper heiß‹ – Bluttransfusion gestoppt. Anruf von Dr. Peters – Atmung wird äußerst mühsam. 16.48 Uhr: 7 ½ g Coffeinum Natr. benz. durch Dr. Peters verabreicht. 16.50 Uhr: Patientin nicht ansprechbar – Tod festgestellt durch Dr. Peters.«

Ich rannte die Straße zurück zum Elm-Terrace-Krankenhaus und machte mich daran, den schwangeren Mädchen zu erzählen, es liege ein Irrtum vor, Peggy Snyder könne nicht tot sein, denn sie liege ja auf der Trage und man bringe sie gerade nach oben, damit sie dort ihre Babys bekommen konnte. Die schwangeren Mädchen hielten die Köpfe gesenkt. Ihre Schaukelstühle standen still, und die Mädchen schliefen. Ich trat näher an die Veranda heran und erkannte, daß eines der schlafenden Mädchen Erin war, meine zwölfjährige Tochter, die jetzt erwachsen war. Sie hatte die Augen geschlossen, aber ich sah, wie ihr Tränen über die Wangen liefen.

Ich erwachte aus dem Traum und ging sofort in Erins Zimmer. Ihre weiße Daunendecke war zu Boden gefallen. Als ich sie zudeckte, mußte ich daran denken, wie ich sie früher immer mitten in der Nacht aus ihrer Wiege genommen und zu uns ins Bett geholt hatte, damit Colleen sie stillen konnte. Ich wickelte sie fest in eine kleine Decke, so daß ihre Arme eng an den Körper gepreßt wurden. Colleen drehte sich auf die Seite, knöpfte ihr Nachthemd auf und schob ihre Brustwarze zwischen Erins Lippen. Diese ersten Lebensmonate mit meiner Tochter waren zugleich ruhige Tage meiner eigenen Liebe zu Colleen. Wir verbrachten ganze Nachmittage im Bett, eingehüllt in eine Zärtlichkeit für den anderen, der die Welt nichts anhaben konnte.

Ich schaute auf Erin hinab, auf ihre Beine unter der Decke, die mir immer so unwahrscheinlich lang vorkamen. Sie nahm Stimmunterricht und hatte schon für kleine Nebenrollen in einem Kindertheater vorgesprochen. An einem Sonntag nachmittag, als ich es mir mit ihrem Bruder auf dem Sofa gemütlich gemacht hatte und wir uns ein Footballspiel nach dem anderen anschauten, kam sie ins Wohnzimmer marschiert und fauchte uns entrüstet an: »Ich kann nicht glauben, daß ihr einfach hier herumliegt und euch den ganzen Tag lang blöde Footballspiele anguckt.«

Ich habe an ihr auch schon diesen versonnenen Blick bemerkt und mich gefragt, ob sie von meiner Mutter diese tiefe, beängstigende Einsamkeit geerbt hat, die immer mein stärkstes Gefühl gewesen ist, stärker als Liebe, Zorn oder Ehrgeiz. Es war ein so durchdringendes Gefühl, das mich in der Spanne eines Augenblicks davon überzeugte, ich hätte diese Einsamkeit verdient und sie bliebe jetzt immer bei mir, weil ich sonst nichts wert war.

Meine Mutter hatte mich erschaffen und sich dann in meiner Tochter neu erschaffen. Als ich in dieser Nacht auf meine Tochter in ihrem Bett herabsah, fragte ich mich, wieviel von meiner Mutter sie in sich trug. Wieviel von dem Menschen, in den sie hineinwuchs, war von einer Person geformt worden, die sie nie kennenlernen würde? Ich ging nach unten und nahm Erins Kindertagebuch aus dem Regal neben dem Kamin. Ich vertiefte mich auf der Suche nach den Stellen in die Seiten, an denen ich ihr von Peggy erzählt hatte. Ich las von ihrem ersten Weihnachtsfest, dem ersten Schultag, dem Tag, an dem sie Fahrrad fahren lernte, dem Nachmittag, als ich ihren Hund begrub. Aber ich fand nicht eine Zeile über Peggy, und jetzt war kein Platz mehr, noch etwas zu schreiben.

Kapitel 13

Ich habe mich mit den engsten Schulfreundinnen meiner Mutter im Heritage Hotel bei Collegeville getroffen. Sie wollen mir von ihr erzählen. Adelle, die in der High School zwei Jahre lang Feldhockey mit Peggy gespielt hat und jeden Abend nach dem Training mit ihr nach Hause gegangen ist. Adelle machte den besten Abschluß von allen. Sie ging aufs Ursinus College und machte den Pilotenschein. Peg, die als Schwesternschülerin im Grandview gearbeitet hat. Sie arbeitete am Sonntag nachmittag, dem 27. August 1950, im zweiten Stock des Krankenhauses, aber sie erfuhr erst am nächsten Tag, daß meine Mutter, ihre liebste Freundin, nur ein Stockwerk unter ihr im Mehrbettzimmer Nummer 9 gestorben war. Julia, die meinen Vater schon kannte, bevor sie sich mit Peggy anfreundete, weil sie eine enge Freundin der Cousine meines Vaters, von Frances, war, die Kinderlähmung hatte. Und Ginny, die für Peggy in ihrem Keller eine Verlobungsparty schmiß und jahrelang nach ihrem Tod jeden Sonntag nachmittag meine Großeltern besuchte. »Zuerst weil es mir ein Bedürfnis war«, sagte sie, »und dann irgendwann, weil es zur Gewohnheit geworden war.«

Adelle erinnerte sich, wie sie einmal zu Weihnachten vom College nach Hause kam und Peggy in der Wohnung in der North Broad Street in Lansdale besuchte. Es war kaum einen Monat nachdem Peggy und mein Vater geheiratet hatten, und Adelle fragte sie, was ihr Mann ihr zu Weihnachten schenken würde. »Ich stoße Dick mit der Nase darauf«, erzählte Peggy ihr. »Ich tue so, als redete ich im Schlaf, und sage immer: ›Perlen, Perlen, Perlen.‹«

Ich hörte den Damen zu, wie sie lachend von ihrer Klassenreise nach Washington, D. C., erzählten, die sie in ihrem letzten Schuljahr unternommen hatten, und von der kurzen Romanze meiner Mutter mit einem Mann, der zu der Zeit, als sie bei der Telefongesellschaft arbeitete, per Telefon Wetten abschloß.

Peg blieb noch eine Weile, nachdem sich die anderen Damen verabschiedet hatten. Sie sprach lange von meiner Mutter, dann überreichte sie mir mit Tränen in den Augen einen Umschlag. »Das möchte ich Ihnen geben«, sagte sie.

Es war ein blaßgrüner Umschlag, adressiert an:

Miss Peggy Kirsch
Schwesternheim
Grandview-Krankenhaus
Sellersville, Penna

Auf dem Poststempel stand: 11. Januar 1950, 9.30 Uhr.

Eine Drei-Cent-Briefmarke klebte in der oberen rechten Ecke. Die *P*s in *Peggy* und *Penna* waren breit und geschwungen, wie bei einem Kind, das noch ganz begeistert ist, endlich die Schreibschrift zu beherrschen.

Auf der Rückseite des Umschlags ein gedruckter Absender:

Mrs Richard Snyder
623 North Broad Street
Lansdale, Pa.

Das persönliche Briefpapier meiner Mutter. Ihr neuer Name als verheiratete Frau war auch oben auf den Briefbogen gedruckt, der etwas schmaler als DIN-A5-Format war.

In dem einzigen Brief meiner Mutter, den ich je besitzen werde, hatte sie in derselben verschnörkelten Schreibschrift geschrieben:

Liebe Peggy,
falls dieser Brief etwas schlampig aussieht, verzeih mir, ich schreibe nämlich im Bett.

Bitte sei uns nicht böse, daß wir letzte Woche nicht vorbeigekommen sind, aber mir war jeden Abend speiübel, nur einen Abend nicht, und da haben wir Besuch gekriegt. Ich dachte, ich hätte eine Magen-Darm-Grippe, weil mir jeden Tag so schlecht war, und das ging schon über eine Woche so. Also bin ich letzten Mittw. zum Arzt gegangen und habe ihm erzählt, was mit mir los ist, und er stellte mir diese und jene Frage – und jetzt rate, was er gesagt hat: Er hat gesagt, ich bin schwanger, ist das nicht wunderbar? Ich gehe im September ins Krankenhaus nach Norristown.

Jetzt bist Du platt, oder? Mir ging's genauso.

War Dein Urlaub schön? Ich hoffe, ja.

Ich weiß nicht, was ich noch erzählen soll, ich hatte wohl nicht viel zu berichten, ich wollte nur, daß Du weißt, daß ich an Dich denke.

Bitte schreib mir.

In Liebe,
Peggy

Ich hatte noch nicht zu Ende gelesen, da standen mir die Tränen in den Augen.

»Ich glaube, ich war die erste von ihren Freundinnen, der sie's erzählt hat«, sagte Peg. »Es ist schon Ewigkeiten her, und ich habe schon so viel vergessen, aber als ich den Brief gelesen habe, habe ich mich gefragt, warum Peggy sagt, daß sie ihr Baby in Norristown bekommen will. Sie hat sich ja schon im ersten Monat der Schwangerschaft dazu entschieden. Zu der Zeit haben alle ihre Kinder im Elm-Terrace- oder Grandview-Krankenhaus bekommen.«

Ich wußte, was das bedeutete – dank der Frau, die mir nach dem Artikel im *Reporter* einen Brief geschrieben hatte, die Frau, die in ihrer Schwangerschaft so krank war, daß ihr Arzt, Dr. Wright, sie nach Norristown schickte, wo man ihr Leben rettete. Ich erzählte Peg davon und fragte sie, ob meine Mutter ihr gegenüber je erwähnt hätte, daß sie während der Schwangerschaft krank gewesen sei.

»Nein, hat sie nicht, aber da ist noch etwas, was ich Ihnen erzählen möchte. Ich habe Peggy nicht mehr zu Gesicht bekommen, als sie schwanger war. Auch sonst niemand aus ihrem engen Freundeskreis. Wir haben sie die ganze Zeit nicht einmal gesehen, als sie mit euch Zwillingen schwanger war. Und ich habe Ihnen noch etwas mitgebracht, das mir ein Rätsel ist.«

Ein zweiter Briefumschlag, in der Handschrift meiner Mutter mit dem so bezeichnenden dicken, runden *P*, adressiert an:

Miss Peg Kirsch
Grandview-Krankenhaus
Sellersville, Pa.

Es war ein winziger Umschlag, vielleicht sechs mal acht Zentimeter. Drinnen lag ein Kärtchen mit einer Kinderzeichnung von einem Baby, das einen rosa Schirm hält, an dessen geschwungenem Griff ein blaues Bändchen hängt.

Du bist herzlich eingeladen
zu einer
Geschenkfeier für das Baby
Datum: 22. Mai

Zeit: 8.00 Uhr
Für: Peg Snyder
Ort: bei Jenny Eberhardt

»Können Sie sich erinnern, welchen Eindruck meine Mutter auf der Geschenkfeier gemacht hat?« fragte ich Peg.

»Ich bin mir sicher, daß ich gar nicht da war. Und hier, sehen Sie sich das Datum auf dem Poststempel an.«

Der Brief war am 8. Juni abgestempelt.

Die Geschenkfeier sollte am 22. Mai stattfinden.

»Niemand war bei ihrer Geschenkfeier, weil sie die Einladungskarten zwei Wochen zu spät abgeschickt hat«, sagte Peg. »Sie wollte nicht, daß irgend jemand sie sah, da bin ich mir sicher. Es war in den letzten drei Monaten ihrer Schwangerschaft.«

Ich durfte die Einladung und den Brief behalten. Zum Abschied umarmten wir uns draußen im Regen vor dem Restaurant.

»Es gibt so viele Dinge, die niemand über Ihre Mutter weiß«, sagte sie zu mir. »Peggy war wirklich ein außerordentlich zurückhaltender Mensch. Wenn sie krank war, hätte sie es nie jemandem erzählt, nicht einmal Ihrem Vater. *Besonders* nicht Ihrem Vater. Aber Sie müssen jetzt genau herausfinden, was damals geschehen ist. Hören Sie nicht auf, bevor Sie nicht alles wissen, was es zu wissen gibt.«

Von einem Münztelefon im Restaurant rief ich die Frau im Pflegeheim an, die ein Treffen mit jener Anna Hartman für mich arrangieren wollte, die meine Mutter im Elm-Terrace-Krankenhaus bei der Entbindung als Hebamme betreut hatte. Mein Plan war, vom Restaurant aus gleich dorthin zu fahren und mich mit Anna zu treffen. Sie würde sich an die junge Mutter erinnern, die gestorben war, kurz nachdem sie Zwillinge zur Welt gebracht hatte, daran zweifelte ich nicht. Und ich hoffte, daß sie mir vielleicht auch sagen konnte, was mit Peggy geschehen war, weshalb sie so krank geworden war.

»Hier ist Don Snyder, der Sohn von Peggy Snyder«, sagte ich, als sie ans Telefon ging.

»Ach Gott«, sagte sie. »Ich habe heute morgen bei Ihnen in Maine angerufen, und Ihre Frau sagte mir, daß Sie hier sind. Es tut mir leid. Anna Hartman ist gestern gestorben.«

Schnell fuhr ich durch den Regen nach Lansdale. Der Brief, den meine Mutter an Peg geschrieben hatte, lag neben mir auf dem Beifahrersitz. Es regnete so heftig, daß man die Hausnummern an den Wohnungen in der North Broad Street nicht erkennen konnte, und so kurbelte ich das Fenster herunter und lehnte mich über den Beifahrersitz, um überhaupt etwas zu sehen. Als ich glaubte, das richtige Haus gefunden zu haben, stellte ich den Wagen am Straßenrand ab und stürzte in den strömenden Regen hinaus. In meinem Kopf pochte das Blut. Ich fragte mich, was ich hier eigentlich tat. Aber es war Nummer 632, nicht 623. Ich rannte zum Wagen zurück, griff durch das Fenster, das ich offengelassen hatte, und schnappte mir den Brief. Die Tinte auf dem Umschlag war vom Regen schon ein wenig verlaufen.

Ich raste die Straße hinunter, quer durch den Verkehr auf die andere Seite zur Hausnummer 623. Es war ein Backsteinhaus mit identischen Wohnungen zu beiden Seiten. Ich klopfte laut an die Eingangstür und spähte durch die Glasscheibe in einen düsteren Flur, von dem rechts eine Tür abging. Niemand kam, und so wandte ich mich den Fenstern zu, die nach vorn auf die Veranda hinausgingen, und klopfte an jedes. Ich wußte, daß es keinen Sinn hatte, weil niemand zu Hause war, aber ich klopfte trotzdem. Durch die Fenster konnte ich ein Sofa und zwei Stühle sehen. Ich malte mir aus, wie Peggy mit meinem Vater durch diese Räume ging. Irgendwie glaubte ich, wenn ich nur lange genug bliebe, käme jemand, der mir die Tür öffnete und mich durch die Zimmer gehen ließe, und dann würde ich etwas finden, das meiner Mutter gehört hatte. Irgendeinen kleinen Gegenstand, der mir erklären konnte, warum sie schon im ersten Monat ihrer Schwangerschaft vorhatte, ihr Baby in Norristown zu bekommen statt im Elm-Terrace-Krankenhaus, das damals gegenüber auf der anderen Straßenseite gestanden hat, wo heute ein Apartmenthaus ist. Und noch als ich wegfuhr und den Brief in die warme Heizungsluft hielt, damit er trocknete, bevor die Schrift meiner Mutter ganz verblassen konnte, dachte ich, eines Tages wirst du wissen, warum sie die Einladungen für ihr Fest erst zwei Wochen nach dem Tag abgeschickt hat, an dem sie eigentlich feiern wollte.

Als nächstes fuhr ich ins North-Penn-Krankenhaus, das nur ein paar Kilometer entfernt ist. In dem Büro, in dem die Krankenakten aufbewahrt wurden, sagte mir eine Frau, man hätte alle Unterlagen aus dem alten Elm-Terrace- Krankenhaus vernichtet. »Wir haben hier nichts«, sagte sie. »Die Unterlagen gibt es nicht mehr.«

Da stand ich klatschnaß an ihrem Schreibtisch und fragte sie nach Dingen, die vor bald 50 Jahren geschehen waren, lange vor ihrer Geburt. Mir fiel auf, wie ich über ihren Schreibtisch gebeugt stand. Ich kam ihr viel zu nahe, Wassertropfen fielen auf ihre Unterlagen. Ich hatte den Eindruck, daß sie mich für einen Verrückten hielt, der vor dem Regen geflohen war. Ich gab ihr den Brief meiner Mutter. Als sie ihn gelesen hatte, erzählte ich ihr, dies sei das einzige handschriftliche Dokument meiner Mutter, das ich besäße, und ich müsse herausfinden, was ihr damals zugestoßen war. »Sie war erst neunzehn Jahre alt?« fragte sie, als sie meine Geschichte gehört hatte.

»Was ist mit den Unterlagen ihres Arztes?« fragte ich. »Dr. Wright? Dr. Edward Wright? Seine Praxis war in der Broad Street, Ecke Forth.«

»Seine Familie wird sie wohl vernichtet haben, als er gestorben ist«, sagte sie. »Bei uns wären sie sicher nicht.«

Ich fragte sie, ob sie sich für alle Fälle meinen Namen und meine Telefonnummer notieren könnte. Als sie sie aufschrieb, sagte sie: »Es tut mir wirklich leid, aber ich glaube nicht, daß ich Ihnen irgendwie helfen kann.«

Mein Vater saß am Eßtisch, als ich kam, mit dem Telefon und einzelnen Zetteln aus seinem Notizbuch vor sich. Ich stand in der Tür und bestürmte ihn mit Fragen, noch bevor ich die Stiefel ausgezogen hatte. »Das Wort ›Eklampsie‹, Dad, hat das der Arzt vielleicht irgendwann mal benutzt? Woran ist sie bloß gestorben, Dad? Wie kommt es, daß nie jemand herausgefunden hat, woran sie gestorben ist! Und erinnerst du dich an die Geschenkfeier für das Baby, bei der sie nie war? Hier – hast du je eine von diesen Einladungskarten gesehen? Und warum wollte sie ihr Baby in Norristown zur Welt bringen? Sie muß doch mit dir darüber gesprochen haben? Keine von ihren Freundinnen hat sie mehr gesehen, als sie schwanger war. Keine von ihnen. Wovor hat sie sich versteckt? Und eure Wohnung in der Broad Street war doch gleich gegenüber vom Elm-Terrace-Krankenhaus – bist du nicht jeden verdammten Tag dagewesen und hast dich bei Dr. Wright erkundigt, warum es ihr nicht besser ging?«

Er sah mich verwirrt an. »Wir wohnten ja nicht mehr in der Wohnung in der Broad Street, wir waren doch zu Großmutter Schwartz nach Hatfield gezogen.«

»Ich weiß, Dad. *Warum*?«

»Damit sie uns helfen konnte.«

»Wobei denn helfen, Dad? Du hast da mit Peggy und ihrer Mutter, ihrem Vater, ihrem Bruder und ihren Großeltern zusammengewohnt, und wer weiß, vielleicht auch noch zwei Tanten – auf engstem Raum in dieser winzig kleinen Haushälfte, und keinem von euch ist aufgefallen, daß Peggy im Sterben lag? Keiner ist auf die Idee gekommen, sich vielleicht mal den verdammten Telefonhörer zu schnappen und den Arzt anzurufen? Ich begreife das nicht ... Ich verstehe nicht, wie es ihr jeden Tag schlechter ging, seit dem Tag, an dem wir zur Welt kamen ...«

»Am 11. August«, sagte er hilflos.

»Stimmt, am 11. August. Und sie haben sie am 21. aus dem Krankenhaus entlassen, und sie konnte nicht alleine laufen – das habe ich von Peg Kirsch, so hat man's ihr erzählt. Und sie hat wohl überhaupt nichts mehr gegessen. Und das geht dann ganze sechs Tage so weiter, und keiner hat mal Dr. Wright angerufen und ihm gesagt, daß er etwas unternehmen muß? Du mußt mir helfen, das zu kapieren, Dad, denn es tut mir leid, es will mir nicht in den Kopf.«

Ich zog mir die Stiefel wieder an, ging nach draußen und rauchte eine Zigarette. Als ich zurückkam, saß mein Vater noch am Tisch. Er nahm einen der Zettel in die Hand und sagte: »Ich hab' dir die Namen von all ihren Brautjungfern aufgeschrieben, die bei der Hochzeit waren.«

Ich holte tief Luft.

»Ich habe eine von ihnen angerufen und ihr erzählt, daß du dabei bist, Peggys Lebensgeschichte aufzuschreiben. Sie möchte mit dir sprechen.«

Ich nahm den Zettel.

»Ich wollte dir nur helfen, Donnie«, sagte er zu mir. »Ich wünschte, ich könnte mich an all diese Dinge erinnern.«

Ich war alles losgeworden. Ich sagte ihm, es täte mir leid.

Kapitel 14

Für ihr erstes richtiges Liebesabenteuer hat sich Peggy ausgerechnet einen Buchmacher aus Camden, New Jersey, ausgesucht. Es beginnt in der Julihitze im Sommer 1948, wenn er ihr im Mai auch schon einmal ein Dutzend pfirsichfarbener Rosen geschickt hat und im Juni einen Strohhut mit breiter Krempe und einem Hutband in dem gleichen pfirsichfarbenen Ton. Ihre Stimme gefiel ihm so, als sie ihm dabei behilflich war, seine Wetten über die Zentrale der Telefongesellschaft in Lansdale abzugeben. Bei der Arbeit haben einige Mädchen sie schon mit ihrem heimlichen Verehrer aufgezogen, und sie machen aus ihm einen echten Gauner wie Rhett Butler in *Vom Winde verweht*. Er gibt auf alles Wetten ab, so scheint es: auf die Profibaseballspiele der ersten und zweiten Liga; auf die Weltmeisterschaften im Feldhockey der Damen, für die sich Peggy so interessiert hat; auf die Boxkämpfe am Mittwochabend, die sie sich in der letzten Zeit im Radio anhört, sehr zum Erstaunen ihres Vaters, der immer in seinem Lehnstuhl saß und alleine zuhörte.

Nach einer Unterbrechung von zwölf Jahren beginnen im Juli die Olympischen Sommerspiele in Wembley Park in England, und der Buchmacher hat sie mit der allgemeinen Begeisterung für die herausragenden Leistungen einer holländischen Hausfrau namens Fanny Blankers angesteckt. Die 30jährige Mutter aus Amsterdam hat im Hürdenlauf und im Sprint schon drei Goldmedaillen gewonnen, und der Buchmacher behauptet, schon 1000 Dollar gewonnen zu haben, indem er auf sie gesetzt habe.

Er macht Peggy einen klaren Vorschlag: Wenn Fanny eine vierte Goldmedaille gewinnt, muß sie sich mit ihm in Souderton zum Abendessen treffen.

In seiner Stimme schwingt etwas mit, was dieses Angebot interessant macht. Etwas Erfahrenes und Weltkluges. Und dann ist da noch die reizvolle Vorstellung, wie entsetzt ihr Vater wäre, wenn er wüßte, daß sie sich mit einem Mann verabredet, den sie nie gesehen hat, noch dazu mit einem Buchmacher! In der letzten Zeit hat sie nach Möglichkeiten gesucht, an den Prinzipien zu rütteln, die er so eisern hochhält. Ihre Pullover sind zu eng. Sie verbringt zuviel Zeit allein in ihrem Zimmer. Sie verschwindet gerade in dem Moment, in dem sich alle anderen am Tisch zum Essen niederlassen. Die Tanzschritte, die sie oben in ihrem Zimmer einübt, bringen die Bilder an der Wand darunter zum Wackeln. Und sie weigert sich, sich fest mit einem Jungen zu verabreden, und geht lieber in einer großen Clique mit vielen anderen Mädchen und Jungen aus, und wenn er dann auf sie wartet und sich erkundigt, was sie getrieben hat und wo sie gewesen ist, gibt sie jedesmal die gleichen vagen Antworten: Ach, wir haben uns einfach rumgetrieben, sonst nichts.

Rumgetrieben?

Ja, rumgetrieben, weiter nichts.

Als die holländische Hausfrau ihre vierte Goldmedaille gewinnt, steigt Peggy an einem Samstag abend in den Nahverkehrszug nach Souderton. Sie reizt ihren Vater, trägt die Jeans bis zu den Knien aufgerollt und ein Baumwollhemd, das hinten aus der Hose hängt – einerseits, um ihren Vater zu provozieren, und andererseits als kleine Vorsichtsmaßnahme. Dem Buchmacher hat sie nämlich erzählt, daß sie ein grünes Sommerkleid anzieht. So kann sie ihn noch im letzten Moment versetzen, falls er sich, wie es ihr eines der Mädchen bei der Arbeit prophezeit hat, als Lackaffe entpuppen sollte, mit so einem albernen Anzug und einem dünnen Schnurrbärtchen im Gesicht.

Tatsächlich ist er eher wie ein Handelsreisender gekleidet. Ein steifer blauer Anzug mit einer weißen Nelke im Revers. Er hat pechschwarzes Haar, streng aus der Stirn nach hinten gekämmt, und blaßgraue Augen. Er hält eine Zeitung in der Hand, die er zu einer Art Fernrohr zusammengerollt hat und mit der er sich leicht gegen die Schenkel klopft. Er sieht sich suchend um. Als die Gäste sich zu ihm umdrehen, schenkt er jedem einzelnen ein freundliches kleines Lächeln und nickt ihnen zu.

Ganz schön freundlich, denkt Peggy. Also hebt sie die Hand. Er kommt mit schnellen zackigen Schritten auf sie zu – vielleicht ein Abklatsch vom Marschieren aus den Kriegsjahren, vielleicht auch ein Zeichen ungeduldiger Erwartung.

Sie geben sich die Hand. Er heißt Robert Marsh. Er spricht sie mit Miß Schwartz an und bittet sie, ihn Robert zu nennen.

Also, Mr. March, sagt sie. Wieviel Geld haben Sie heute mit Ihren Wetten verdient?

Er schlägt die Zeitung auf und zeigt ihr die Plazierungen der gestrigen Spiele. Zwei Dollar hier. Dreifünfzig da.

Verlieren Sie auch mal, Mr. Marsh?

Ich könnte heute abend verlieren, sagt er mit einem schüchternen Blick auf sie, bei dem er die Ellbogen auf den Tisch stützt und den Kopf in seine Hände legt.

Worauf wollen Sie denn heute wetten, fragt sie, obwohl sie genau weiß, daß sie ihm gerade in die Falle geht.

Ich wette, daß ich Sie küssen darf, wenn ich Sie nach Hause bringe.

Um sie herum scheint der Raum in Stille zu versinken.

Sie lehnt sich zurück und verschränkt die Arme.

Wieviel haben Sie gesetzt, Mr. Marsh?

Sehr viel. Die Ersparnisse meines Lebens.

Vielleicht lass' ich Sie gewinnen, wenn Sie einverstanden sind, den Jackpot mit mir zu teilen.

Er hält ihr die Hand hin. Abgemacht, sagt er.

An dem Finger, an dem man den Ehering trägt, prangt ein goldener Ring, auf dem das Emblem der Universität von Virginia eingraviert ist. Sie schlägt ein.

Das Interessante an ihm ist, daß er während des gesamten Essens nur Fragen nach ihr und ihrem Leben stellt. Bisher hat sie kaum einen Jungen kennengelernt, der nicht endlos umständlich von sich erzählt hätte.

Aber er ist ja auch kein Junge. Ende Zwanzig, an die Dreißig, schätzt sie.

Und der Krieg, fragt sie schließlich. Wo waren Sie im Krieg?

Italien. In einer Panzerdivision. Immer hinter Mussolini her. Wenn es nicht langweilig war, wie meistens, war es furchtbar. Aber ich habe es geschafft, nach Venedig zu kommen. Ich war am Grab von John Keats und habe die kleinen Mitteilungen gesehen, die Besucher auf seinen Grabstein gelegt haben. Sie haben von ihren eigenen Schwierigkeiten im Leben geschrieben, als erwarteten sie eine Antwort. Fast als suchten sie Gottes Rat persönlich. Ich fand es sehr merkwürdig. Und rührend. Kennen Sie die Gedichte von John Keats, Miss Schwartz?

Die Gedichte von John Keats. Er hätte sie genausogut bitten können, ihm eine Straße in Paris zu schildern. Jede Frage, die auf das Ausmaß dessen, was sie nicht wußte, abzielte, versetzte sie in Schrecken und führte unweigerlich dazu, daß Peggy sich zurückzog. Zurück an den geheimen Ort, an dem sie sich damit tröstete, ihre Schuhe im Wandschrank aufzureihen, ihre Anziehsachen ordentlich in Seidenpapier zu schlagen, die Haustür zu verriegeln und sich zu zwingen, noch einmal herunterzugehen, um zu sehen, ob sie auch wirklich verriegelt war. Gewissenhaft ausgeführt, können diese verrückten Handlungen zur Läuterung des Tages die Welt davon abhalten, eines zu erfahren: Sie ist es nicht wert, Raum und Sauerstoff zu beanspruchen.

Aber manchmal reichen sie nicht aus. Es gibt so vieles auf der Welt, was sie nicht weiß und nie wissen wird. Sie kann sich vielleicht hinter ihrer Schönheit und ihren Gedanken verschanzen und dadurch vor manchen Menschen ihre Unwissenheit und Unwürdigkeit verbergen, aber nicht vor allen. Nicht vor den Menschen, die ihr zu nahe kommen.

Auch wenn der Buchmacher nun ein kleines Lächeln zeigt, um diesem hübschen Mädchen Mut zu machen – ob es reichen wird, ob er so verhindern kann, daß sie forttreibt von diesem Tisch und dem Restaurant und seiner Gegenwart? Er wäre nicht der erste, der versucht, sie wieder aus sich selbst hervorzuholen, der sie noch einmal ruft, bevor sie an einem Ort verschwindet, den sie niemandem beschreiben könnte. Ein Ort mit den glatten Wänden eines Kellergewölbes, die ringsum in die Höhe wachsen und sie in eine Dunkelheit stürzen, der sie nicht entkommen kann. Wie die Wände eines Bunkers, so glatt und so hoch, die verhindern, daß sie sich auch nur vorstellen kann, sich je so fähig zu fühlen wie die holländische Hausfrau mit den olympischen Goldmedaillen oder so intelligent wie dieser Mann, der die Dichtung der Welt versteht. Wände und ein Zementdeckel, der sich mit einem Schraubgewinde über ihr ins Schloß dreht.

Kapitel 15

Und so kehrt sie in diesem langen Sommer immer wieder zurück aus jenem dunklen Gewölbe, das sie umgibt und ihr das furchtbare Wissen um ihre Unwürdigkeit einflößt.

Du solltest deine Einstellung ändern, sagt der Vater zu ihr.

Wo bist du, Peggy, fragt ihre Mutter wieder und wieder.

Wie könnte sie die Frage ihrer Mutter beantworten? Würde die Frage die Dunkelheit noch vertiefen? Würde die Entfernung, die sie von diesen geliebten Menschen trennt, sie so tief in die Dunkelheit stoßen, daß sie ihre Gedanken mit aller Macht auf Dinge konzentrieren muß, von denen sie weiß, daß sie wirklich sind und vertraut, wie das kleine Städtchen Hatfield? Auf ein Bild in ihrem Kopf, das sie vielleicht aus dieser furchtbaren Dunkelheit erlösen kann? Ein Bild von der Stadtmitte, dort, wo sie in der wirklichen Welt zu Hause ist. Die Laderampe hinter dem Holzlager und die Pferche für Schafe und Rinder. Das Bahnhofsgebäude mit seinem überstehenden Dach. Ein paar Güterwagen auf Nebengleisen, die auf die Weiterfahrt warten oder einfach vergessen wurden. Der Andersmarkt mit seinen bloßen Holzplanken, dem großen gelben Käserad auf einem Schemel hinter der Eingangstür und hohen Warenborden, die mit blütenweißem steifen Papier ausgelegt sind. Die Kaffeemühlen und Waagen. Die Hatfield National Bank mit den sieben vergitterten Fenstern. Die Glühbirnen in der Haushaltswarenabteilung des Familienbetriebs Geo. S. Snyder, die die Verkäufer immer erst testen, bevor man sie bezahlt. Und draußen die Leute auf dem Bürgersteig, die im großen Schaufenster das erste Fernsehgerät Hatfields bestaunen. Die dicken Brezeln in Zepps Bäckerei und die Truhe mit eiskalten Limonaden an Nick Gerharts Tankstelle. In Pete Wyers Barbierlädchen stehen die Männer im Eingang Schlange, als ob sie sich die Haare schneiden lassen wollen, und dann verschwinden sie durch die Hintertür in den Schankraum des Knipe-Hotels. In I. C. Detweilers Gemischtwarenladen Auslagen mit Zwirn in allen Farben. Der hohe Wasserturm auf seinen Stahlbeinen am Nordrand der Stadt. Vielleicht ist dieses Bild in ihrem Kopf genug, um die Dunkelheit erträglich zu machen. Dieses Städtchen, in dem für die heimkehrenden Soldaten alles frisch gestrichen, renoviert und neu bestückt wurde, wird auch für sie dasein, wenn sie zurückkehrt.

Hat sie irgend jemand gewarnt, daß sich eines Tages – als sie aus dieser Dunkelheit wiederkehrt, die man mittlerweile ihre Launen nennt, und die Market Street hinabläuft bis zur Ecke, wo sie die Schule, die Kirche und den Bahnhof sehen kann – plötzlich nichts mehr wirklich anfühlt, ihr nichts mehr davon gehört? Und sie allein dasteht und darauf wartet, daß ihr eigenes Leben endlich beginnt. Aber sie vermutet, daß ihr etwas Wesentliches fehlt, was alle Menschen, die an diesem Ort leben, brauchen. Sie fragt sich, ob das normale Leben einen Preis fordern wird, den sie nicht zahlen kann. Einen Preis, wie ihn das Nachbarmädchen zahlt. Vielleicht besteht die große Illusion des Lebens darin, daß wir glauben, wir bewegten uns vorwärts, und in Wahrheit kehren wir ständig zurück, steigen wieder aus dem Zug, gehen nach Hause. Oder liegt es nur an ihr – sie ist die einzige, die im Fluß des Lebens gegen den Strom schwimmt.

Ein wenig Trost zieht sie aus der Möglichkeit, daß die Gedanken, die sie hat, diese düsteren Gedanken, nichts zu bedeuten haben, jedenfalls nichts Ernstes. Es sind nur die ruhelosen Gedanken eines hormongeplagten Teenagers.

Aber das ist nur ein schwacher Trost, der ihr restlos genommen wird, als sie eines Tages zufällig mitbekommt, wie ihr Onkel über die düsteren Stimmungen ihres Vaters spricht. In Lauchmans Druckerei, wo er in einem Raum zusammen mit einem Dutzend anderer Männer an einer Linotype-Maschine steht, kommt es vor, daß ihr Vater eine ganze Woche lang kein Wort mit seinen Kollegen redet. An den heißen Sommertagen, wenn sie ihr Mittagessen draußen auf der Laderampe einnehmen, wendet er seinen Kollegen den Rücken zu und ißt ganz allein. Oh, natürlich gibt es andere Tage, an denen er im Mittelpunkt des Interesses steht und alle in den Bann schlägt – aber seine Launen ändern sich wie ein plötzliches Umschlagen des Wetters.

Sie ist zu sehr wie du, und du bist zu sehr wie sie, hört sie eines Morgens ihre Mutter zu ihrem Vater sagen. Sie wartet darauf, daß er sie im Auto zur Arbeit mitnimmt. Es regnet in Strömen, ein Morgengewitter mit großen dichten Regenfronten. Sie rennt durch den Regen zu seinem Auto und steigt hinten ein. Sie wird ihm eins auswischen und so tun, als sei er ihr Chauffeur.

Auf der Fahrt spricht keiner ein Wort. Der Regen prasselt aufs Dach. Es hört sich an, als würden Knöpfe aus einem Gefäß über ihnen ausgeschüttet. Sie betrachtet die Stelle an seinem Hinterkopf, die schon grau wird. Er hat das gleiche naturgewellte Haar wie sie. Jetzt sind sie auch gleich groß. Sie starrt auf seine Hand am Steuer, als sie plötzlich durch das regenüberströmte Fenster zu ihrer Rechten ein Gebilde wie aus einem Alptraum sieht, ein riesiges Etwas, das wie ein Passagierschiff aus der Regenwand aufsteigt und direkt auf sie zukommt. Ihr lauter Schrei warnt ihren Vater. Er bremst so heftig, daß sein Oberkörper in die Höhe schnellt, als er das Pedal bis zum Anschlag durchtritt.

Als der Zug vorbei ist, fährt er ein paar Meter weiter und

hält am Straßenrand. Er hat den Kopf gesenkt und atmet schwer. Du hast uns das Leben gerettet, sagt er durch Tränen. Obwohl sie gern etwas zu ihm gesagt, die Hand ausgestreckt und seine Schulter berührt hätte, wahrt sie die Distanz und ihr Schweigen.

Kapitel 16

In der Lutherischen Kirche läßt sich Pfarrer Reverend Fluck wieder einmal über die Kommunisten aus. Sie werden versuchen, ganz Amerika in ihre Hand zu bekommen. Erst vor einer Woche hat etwas in den Zeitungen gestanden. Ein Mann namens Walter P. Reuther, Präsident der Gewerkschaft für die Beschäftigten in der Autoindustrie, ist in Detroit durch sein eigenes Küchenfenster erschossen worden, und jedes Kind weiß, daß es die Kommunisten waren. Bald ist es soweit, und sie ermorden alle in der Öffentlichkeit stehenden Personen, die sich weigern, sie dabei zu unterstützen, alles auseinanderzunehmen, was unserer großen Nation lieb und teuer ist. Besonders das Recht, Gott und seinen Sohn Jesus Christus zu preisen.

Peggy hebt die Augen und sieht überall Köpfe, die zustimmend nicken. Nicht nur die alten weißhaarigen Köpfe und die kahlen Köpfe in der Gemeinde, sondern auch viele, die kaum älter sind als sie. Ihr Vater nickt ebenfalls, aber ihre Mutter schaut aus dem Fenster. Jack, den sie mit einem Päckchen Kaugummi zur Ruhe gebracht hat, hat sich an sie gelehnt, und sie sieht ganz gelassen aus dem Fenster in den wolkenlosen blauen Himmel. Sie scheint in Frieden mit der Welt, ihr kann keiner etwas anhaben, weder die Kommunisten noch sonst irgendeiner. Die Warnungen des Pfarrers stoßen bei ihr auf taube Ohren. Die Kommunisten, der Krieg, die Russen, die in Korea Schützengräben ausheben, der Mann in der Cow Path

Road, der in seinem Garten eine Grube für einen Bunker gegraben hat – all das ist für sie kaum von Bedeutung. Sie ist eine Mutter, und sie muß für ihre Kinder sorgen. Und wenn du erst einmal Mutter bist, kann dir das niemand mehr nehmen, denn es ist etwas, das dich schützend umgibt und zwischen dir und den anderen steht. Du lebst in einem so wohlgeordneten und von elementaren Bedürfnissen diktierten Gefüge, daß die großen Sorgen der Welt hier nichts sind.

Nach der Kirche fragt sie ihre Mutter, woran sie die ganze Zeit gedacht hat. An die Farm, antwortet sie. Die Farm in Souderton, wo sie aufgewachsen ist.

Sie sind nur ein paar Mal vorbeigefahren, seit die Familie sie in der Depression aufgeben mußte, aber die Mutter hat oft von ihr gesprochen.

Eine Stunde später steht Peggys Entschluß fest, und sie hat schon alles in die Wege geleitet. Sie bereitet ein kleines Picknick vor, bittet Onkel Howard, sie zu fahren, und liefert ihren kleinen Bruder Jack auf der anderen Seite der Stadt bei der Mutter eines Freundes ab. Heute scheint wieder einmal die Sonne, dieser Sommer war eine Folge herrlicher Tage. Eine sanfte Brise kommt auf.

Peggy nimmt mit dem Picknickkorb auf dem Rücksitz Platz, so daß ihre Mutter vorn neben Howard sitzen kann. Er trägt eins von diesen Bauarbeiter-T-Shirts mit weißen Schulterträgern. Er ist braun und kräftig, unverkennbar der Bruder ihres Vaters und doch in manchen kleinen, aber wesentlichen Dingen völlig anders. Howard ist unbekümmert und balgt sich andauernd mit seinen drei kleinen Jungs auf dem Boden herum. Er läßt seine Frau Muriel kaum aus den Armen. Sie ist nur ein paar Jahre älter als Peggy und selbst noch ein Mädchen und Peggys Informationsquelle für die wichtigen Dinge im Leben, die einem jemand erklären muß. Wie ist es, wenn man in einen Jungen verliebt ist? Muriel hatte geradeheraus geantwortet: Wenn er weg ist, wenn er nicht bei dir im Bett ist, dann sehnst du dich schrecklich nach ihm, ich meine, dir geht ein Schmerz durch Mark und Bein.

Howard fährt mit offenem Fenster, er läßt einen Arm heraushängen und hält die Zigarette in der gewölbten Hand, um sie vor dem Fahrtwind zu schützen. Unter der braunen Haut seiner Schultern sieht man seine harten Muskeln.

An der Farm fährt Howard an den Straßenrand und hält an.

Warum hältst du an? fragt Peggys Mutter.

Howard antwortet mit einem breiten Grinsen: Ich war schließlich lang genug in der Armee, um gelernt zu haben, daß ich tun muß, was man mir sagt.

Fahr die Auffahrt rauf, sagt Peggy zu ihm.

Yes, Sir, antwortet Howard und salutiert.

Das dürfen wir doch nicht, Peg. Ihrer Mutter ist nicht wohl dabei.

Es dauert eine Weile, bis Peggy sie überredet hat auszusteigen.

Es ist Bankeigentum, Peg.

Na und, Mom. Wen kümmert schon die dumme Bank! Die Bank hat schließlich nicht in diesen Zimmern gewohnt – du hast hier gewohnt!

Peggy geht voraus, als sie die breite Rasenfläche vor dem Haus überqueren. Der Wind kommt von hinten. Als Peggy sich zu Howard umdreht, hat er das T-Shirt ausgezogen, eine Zigarette angezündet und liegt auf der Motorhaube, als gehöre ihm das hier alles. Peggy lacht und deutet ihrer Mutter, sich umzudrehen. Ein Lächeln erhellt das Gesicht ihrer Mutter, und es ist so voller freudiger Überraschung, daß Peggy in ihrer Mutter einen Moment lang eine junge Frau oder vielmehr noch ein junges Mädchen sieht. Es ist eine große Freude, sie so zu sehen, ein seltener und kostbarer Anblick. Diese

Frau, ihre Mutter, wenn Peggy sie doch nur als Mädchen gekannt hätte. Wie ungerecht, daß sie nicht befreundet sein konnten, als sie jung war.

Jetzt ängstigt sich ihre Mutter bei jedem Schritt – jemand könne zufällig vorbeikommen und sie beim unerlaubten Betreten des Grundstücks beobachten. Peggy nimmt sie an die Hand und bittet sie, sich keine Sorgen mehr zu machen. Es ist ein so strahlend schöner Tag und ein so wunderbarer Moment, als die beiden nun gemeinsam vor dem Holzhaus stehen. Es ist, als warte das Haus aufmerksam darauf, daß sie die Stufen zur Veranda hinaufgehen. Die Fenster sind nicht nur voller Licht, sondern auch voller Musik – ein Lied, das sich in der Stimme ihrer Mutter wiederzufinden scheint.

Sie pressen ihre Gesichter an die Fensterscheiben. Hier hat Großmutter Swan immer über ihrer Patchworkarbeit gesessen. Und dort hat ihr alter Hund sein Nickerchen gehalten.

Ein verschütteter Teil ihrer Mutter kommt zum Vorschein. Peggy begreift es nicht so ganz, die Tragweite des Momentes bleibt ihr verborgen. Mit ihren achtzehn Jahren ist sie noch zu jung, um zu verstehen, was dieses Erlebnis, dieser Tag für ihre Mutter bedeutet und welchen Einfluß er auf ihre eigene Zukunft haben wird. Im Moment versucht sie nur, sich mit ihrer Mutter mitzufreuen, als sie von Fenster zu Fenster wandert und das ganze Haus erkundet.

Die Küche! Oh, diese prächtige helle Küche mit Fenstern nach vorn und nach hinten hinaus, so daß man hier durchs ganze Haus sehen kann. Der Herd aus Porzellan, in dem man Kohle oder Holz verfeuern konnte. Die Schränke mit den Glastüren. Hier haben sie im Sommer fast jeden Tag Obst und Gemüse eingemacht, erzählt sie Peggy. Gleich da vorn stand ein großer Tisch. Jemand hat ihn weggenommen, aber ich erinnere mich noch. Wir haben rote Bete in Essig eingelegt und in Büchsen gefüllt. Wir haben immer Zeitungspapier auf den

Tisch gelegt, damit dieser keine Flecken bekam. Wenn wir in die Kirche gingen, ließ meine Mutter uns weiße Handschuhe anziehen, so hat man unsere roten Hände nicht gesehen.

Eine Erinnerung für Peggy. Ein Bild, wie sie selbst in einem Sommerkleid mit ihren eigenen Kindern, deren Hände rot gefärbt sind, an einem Tisch sitzt.

Sie picknicken draußen hinter einem winzigen Nebengebäude, das früher einmal ein Eishäuschen war, auf einer Wiese von Wacholder und scharlachroter Kallilea. Howard hat sein Sandwich in drei Bissen verschlungen. Dann zündet er sich eine Zigarette an, legt sich in die Wildblumen und bläst Rauchringe, die über ihm in der Luft schweben.

Du mußt wirklich mehr essen, Peggy, sagt ihre Mutter zu ihr.

Sie ißt nur ein paar Möhrenspalten und sucht das Thema zu wechseln. In der letzten Zeit scheinen sich alle daran zu stoßen, was sie ißt. Sie hat bald den Eindruck, daß alle, ihr Vater und ihre Mutter und sogar ihre Großeltern, sie wie eine Weihnachtsgans mästen wollen. Sie denkt: *Was geht euch das an? Schließlich ist es mein Magen! Laßt mich doch in Ruhe!*

Sie war lange genug auf der Welt, um zu wissen, wie es hier zugeht, wie ein Mädchen, das zu dick wird, im Leben immer wieder das gleiche Geräusch zu hören bekommt, das Geräusch von Türen nämlich, die sich gerade vor ihr schließen. Wenn sie schön genug ist, kann sie alles tun. Vielleicht auch einen Bankier heiraten, der so viel Geld hat, daß er ihrer Mutter die Farm zurückkaufen kann!

Und eine Sache hat sie erst vor kurzem gelernt: Ihre Schönheit ist verwundbar. Sie hat wunderbares Haar und feine Gesichtszüge und strahlend blaue Augen, aber an den Beinen setzt sie schnell an. Sie muß aufpassen. Auch wenn es ungerecht ist. Die Männer haben es gut. Seitdem die Haare ihres Vaters ein wenig schütter geworden sind, glättet er sie mit Pomade und kämmt sie streng nach hinten. Er sieht gut aus so, wie ein Politiker oder ein Dekan. Wenn ein Mann einen Bauch ansetzt, lockert er den Gürtel einfach ein bißchen und nimmt die Haltung eines Richters vom Obersten Gerichtshof an. So leicht haben es die Männer. Ein Mädchen nicht.

Ihre Schönheit bedeutet ihr viel. Sie verleiht ihr Wert. Sie ist etwas, das sie zwischen sich und die Welt stellen kann, etwas, womit sie ihren Kopf aus der Schlinge zieht.

Es ist eine Männerwelt, hat Tante Sue zu ihr gesagt. Laß dir von niemandem etwas anderes erzählen. In dieser Welt zählt kaum etwas mehr als Schönheit. Sie kann eine Farm erhalten. Oder dich nach Venedig bringen, an das Grab von John Keats.

Ein Autoreifen hängt von einem Ast im Apfelbaum. Es dauert lange, bis Peggy ihre Mutter überredet hat, sich hineinzusetzen. Wirf deine Beine hoch, Mom, du weißt doch noch, wie man schaukelt. Dann hat sie sie soweit, und die Mutter fliegt über ihr durch die Luft. Wenn sie nach vorn schaukelt, weht das Kleid nach hinten, und sie muß es wieder zwischen die Knie stopfen. Schließlich greift sie das Seil mit beiden Händen, und das Kleid bauscht sich hoch und flattert ihr um die Ohren. Howard wendet sich ab und sieht zur Straße hin – ich habe nichts gesehen! ruft er ihnen zu.

Kapitel 17

Adelle ist übers Wochenende vom Ursinus College nach Hause gekommen. Ihr erstes Semester, ihr erster Besuch zu Hause als Collegestudentin. Peggy will alles wissen. Adelle kann nicht schnell genug berichten. Das Leben im Wohnheim. Footballspiele. Die Professoren. Die Jungs. Auf dem Notsitz im Zweisitzer eines Jungen zu sitzen und durch die Stadt zu rasen. Mich verbannen sie immer auf den Notsitz, klagt Adelle. Sie ist die Gescheite, hat damals in der High School die Abschiedsrede gehalten. Ach, Peg, und das allerbeste ist das Gefühl, das mich manchmal überkommt, wenn ich über den Campus laufe. Als fiele mir plötzlich ein, daß ich ganz auf mich gestellt bin, weißt du? Ich bin unabhängig, und was ich von jetzt an tue und aus meinem Leben mache, ist einzig und allein meine Entscheidung.

Sie sagt zu Peggy, sie müsse unbedingt ein Wochenende hochkommen und sie besuchen. Von Hatfield aus sind es nur 20 Kilometer bis zum College, aber es hätten ebensogut eine Million sein können.

Es würde dir dort so gut gefallen, Peg.

Mir? Warum?

Ach, du bist so hübsch, sie würden sich gleich um dich scharen. Du bist viel hübscher als die Homecoming Queen.

Adelle muß ihr erklären, daß eine Homecoming Queen jedes Jahr unter den schönsten Studentinnen gewählt wird, doch Peggy hört gar nicht richtig zu. Sie ist wieder in ihren

Gedanken versunken, treibt einfach fort. Warum hat *ihr* eigentlich niemand vom College erzählt? Wer hatte bloß die Idee, daß sie in der High School vor allem Hauswirtschaft belegen sollte? Kochen und Nähen lernen? Was ist schon Hauswirtschaft, verglichen mit den Dingen, die Adelle zu berichten hat?

Mathematik zum Beispiel, sagt Adelle gerade. Mein Professor ist ein wahres Genie. Er bringt uns die Ganzzahltheorie bei. Es ist unglaublich interessant, ich werd's dir mal erklären.

Was ist das denn, die Ganzzahltheorie, fragt Peggy sie.

Weißt du noch, wir haben es in der 11. Klasse gehabt.

Ich nicht. Ich war nicht in deinem Mathekurs. Ich hatte kaufmännisches Rechnen. Hab' gelernt, wie man ein Kassenbuch führt, mit einer bestimmten Summe im Monat auskommt.

Ach so, na denn.

Jeder Idiot kann ein Kassenbuch führen.

Das würde ich nicht behaupten.

Warum nicht? Es stimmt. Ich möchte, daß du mir die Ganzen Zahlen beibringst.

So wichtig sind sie auch nicht.

Sind sie doch. Ich möchte, daß du es mir beibringst.

Wirklich?

Ja, jetzt gleich. Erklär's mir, Adelle.

Sie nimmt eine Papierserviette und schreibt folgende Zahlen auf: 6, 28, 496, 8128. Das sind perfekte Zahlen, Peg. Jede von ihnen ist die Summe einer Reihe aufeinanderfolgender Zahlen. Nimm zum Beispiel die 6. 6 ist gleich 1 plus 2 plus 3. Und 28 ist gleich 1 plus 2 plus 3 plus 4 plus 5 plus 6 plus 7.

Peg will wissen, was nach 8128 die nächsthöhere perfekte Zahl ist.

Ja, sag's mir.

33 550 336!

Hat dein Professor das herausgefunden?

O nein, Peg. Das weiß man seit Jahrhunderten.

Ich nicht. Ich wußte es nicht, bis du's mir gerade erzählt hast.

Adelle erzählt weiter, wie Pythagoras mit der Idee der perfekten Zahlen herumgespielt hat. Und Augustinus habe in seinem ›De civitate dei‹ argumentiert, Gott habe die Welt in sechs Tagen erschaffen, um zu zeigen, wie vollkommen die Welt geordnet sei. Gott hätte sie auch in vier oder zehn Tagen machen können, aber er hat die Sechs gewählt. Da siehst du, Peg, Mathematik ist die Sprache der Natur.

Peggy findet es schwindelerregend, was ihre Freundin alles weiß. Es nimmt ihr den Atem. Hey, sagt sie zu Adelle. Willst du, daß ich dir jetzt erzähle, wie lange ein Hühnchen im Backofen bei 160 Grad braucht?

Das ist ein Teil dessen, was Peggy so beunruhigt, dieses Gefühl, nicht klug genug zu sein. Sobald dieses Gefühl von ihr Besitz ergreift, beginnt sie wieder, sich zu hassen und die glatten kalten Wände des Gewölbes hinabzurutschen. Es ist Samstag morgen, und es liegt noch so viel Zeit vor ihr, bis sie Montag wieder zur Arbeit geht. Wochenenden sind schrecklich, sie schleppen sich so quälend dahin.

Es wird noch schlimmer, als sie ein paar Stunden später hinten im Auto ihres Vaters sitzt. Sie sieht ihre Mutter auf dem Beifahrersitz vor sich an und ihren Vater hinter dem Steuer. Als sie an der Tankstelle vorbeikommen, steht dort Walter Snyder in seinem verwaschenen blauen Overall und wischt sich mit einem weißen Taschentuch die Wagenschmiere von den Händen. Walter ist Frances Snyders Vater. Frances ist in Peggys Klasse gegangen, bis sie an Kinderlähmung erkrankte. Sie war monatelang in Philadelphia, wo sie in einer eisernen Lunge gelegen hat. Jetzt ist sie zurück und wohnt bei den Eltern.

Peggy hat die Leute reden hören, daß Frances ihr Leben lang bei ihren Eltern wohnen bleiben muß.

Sie fahren weiter, und Peggy ertappt sich dabei, wie sie jedesmal, wenn sie an einem Telefonmast vorbeikommen, mit dem Fuß auf den Boden tippt. Sie tut es so laut, daß ihr Vater ihr im Rückspiegel einen Blick zuwirft. Sie spürt, wie ihr die Hitze in die Arme steigt und ihr Herz schneller schlägt.

Sie läßt das Abendessen sausen und wandert die Main Street hinab bis zur Lincoln Avenue. Die Blätter rascheln im frischen Wind. Kalt? Ja, heute abend spürt man zum ersten Mal merklich den Herbst. Irgendwie hat sie den Wechsel der Jahreszeiten bislang nie wahrgenommen. Sie war immer zu sehr mit sich beschäftigt. Zu abgehoben, wie die anderen ihr immer sagen.

Etwas anderes hat sie auch nicht bemerkt. Eine Freundin hat sie gefragt, warum sie nicht mehr singt. Sie hat immer gesungen, wenn sie zu Fuß irgendwohin gegangen ist, aber jetzt tut sie es nicht mehr. Ihre Freundin erinnert sich lebhaft, wie sie eines Tages mit Peggy die Main Street hoch- und runtergelaufen ist und sie dieses wunderschöne Lied aus Kriegszeiten gesungen hat – *I'll be seeing you in all the old familiar places …* Zuerst hatte sie für sich ganz allein gesungen, aber dann traute sie sich allmählich, ein bißchen lauter zu singen und dann noch lauter, bis sie nicht mehr nur für sich sang. Die Leute drehten sich auf dem Bürgersteig nach ihr um und schauten sie an. Es kam ihr so vor, als spiele sie eine Rolle in einem Musical und die ganze Stadt sei nur eine Bühne, die man abbauen und fortbringen würde, sobald die Show vorüber war.

I'll be seeing you in every single summer day …

Dieser wunderbar traurige Text. Das ist ihre einzige wirkliche Begabung – sie kann sich Liedtexte merken, die sie nur einmal gehört hat. Ihre Freundinnen Peg Kirsch und Julia Liedy hat das immer erstaunt. Aber für sie war es ganz leicht. Die Worte kommen ihr zugeflogen. *Kamen* ihr zugeflogen.

Sie ist noch einen halben Block von dem Haus auf der Cherry Street entfernt, in dem Frances wohnt, als sie den grünen Chevrolet sieht, der direkt vor dem Haus geparkt ist. Das Auto gehört dem dünnen Jungen, mit dem sie im letzten Frühjahr im Sunnybrook einmal getanzt hat.

Sie bleibt auf dem Bürgersteig stehen. Auf der Veranda von Frances' Haus sieht sie diesen Jungen stehen. An der verzierten Holzbrüstung stehend, raucht er eine Zigarette und sieht auf die Straße. Wie ein Verehrer, der Frances zu einer Verabredung abholen will. Frances mit ihren leuchtenden Augen, die ihr Leben lang im Rollstuhl sitzen muß. Frances, die nie mehr im Sunnybrook zum Tanzen gehen kann. Frances, deren Leben sie zurücklassen wird. Wieder eins dieser Bilder, die Peggy in ihrer Seele bewahren wird.

Einen Moment später kommt Frances' Vater Walter hinaus. Er schiebt seine Tochter im Rollstuhl durch die Tür. Der Junge dreht sich um und begrüßt sie. Dann helfen ihr die beiden aus dem Stuhl. Sie stellen Frances auf ihre Schienen. Eine zerbrochene Puppe im blaßgrauen Licht der Abenddämmerung. Dort, wo sie steht, kann Peggy das Klicken der Metallschienen hören. Und das der stählernen Scharniere.

Peggy ist schon häufiger hier gewesen, wenn sie Selbstmitleid hatte, nur um sich ins Gedächtnis zu rufen, wie gut sie es hat und wie glücklich sie ist. Manchmal funktioniert es, manchmal reicht der Gedanke an Frances, die den Rest ihres Lebens Eisenschienen tragen muß, um sie aus den düsteren Gedanken über sich selbst zu reißen. Heute abend gibt es ihr die Hoffnung, daß sie vielleicht eine bessere Frau abgeben wird, als sie ein Mädchen gewesen ist. Sie hat Anweisungen oft nicht befolgt. Sie war immer zu sehr in Eile. Und sie hat sich dieser Welt nie verbunden gefühlt. Schwebte auf seltsame Weise immer ein wenig über ihr. Sie war kein Teil des Lebens wie diese drei Menschen auf der Veranda des kleinen weißen Häuschens vor ihr.

Frances wird nie wieder gehen können. Das hat Julia ihr erzählt. Sie wird nie wieder tanzen oder rennen, sie wird nie wieder einen Zug nehmen oder mit jemandem schlafen und nie ein Kind bekommen. All das hat ihr die Kinderlähmung geraubt. Der dünne Junge und ihr Vater stützen sie und helfen ihr vorwärts, Zentimeter für Zentimeter. Der Anblick der drei ist genug, daß ein heranwachsendes Mädchen wie Peggy sich fragt, ob wir das Leben nicht alle ganz falsch verstehen. Auf die Art, wie man von uns erwartet, unser Leben zu leben. Kaum sind wir aus dem Bauch, geht es schon los, daß die Leute uns erzählen, wie wir zu leben haben. Aber was ist, wenn sich die Menschen, die uns diese Anweisungen geben, irren und wenn sie sich immer geirrt haben? All die Regeln und Erwartungen an uns – was ist, wenn es nur Hirngespinste der Angst sind? Schule. Kirche. Arbeit. Ehe. Ein Häuschen in einer Reihe anderer Häuser. All das ist doch nur dazu bestimmt, uns vergessen zu lassen, daß unser Leben am seidenen Faden hängt. Wir alle sind wie Frances – verletzbar durch eine plötzliche Wendung des Schicksals.

Als das Licht auf der Veranda angeschaltet wird, sind die drei in ein so strahlend helles Licht getaucht, daß Peggy sich den dünnen Jungen ansehen kann, der im letzten Frühjahr einmal mit ihr getanzt und ihr sein neues grünes Cabriolet gezeigt hat. Der Junge, der ihr erzählt hat, daß er nach der Rückkehr von der Armee jede einzelne Straße in seiner Heimatstadt abgefahren ist, weil er wissen wollte, wie er sich verändert hatte. An jenem Abend war er nur einer von vielen Soldaten gewesen, die aus dem Krieg zurückkamen und es nicht erwarten konnten, mit dem nächstbesten hübschen Mädchen zu tanzen, das ja sagte. Er wollte etwas von ihr, und deshalb konnte sie sich auf diesen ersten Eindruck von ihm nicht verlassen. Aber heute abend ist es anders. Heute abend, als er dem gebrochenen Mädchen bei ihren Gehversuchen auf der Veranda hilft, sieht sie ihn, wie er wirklich ist.

Ein merkwürdiges Gefühl überkommt Peggy. Nur ihrer besten Freundin wird sie erzählen, daß sie, als sie dort stand und zusah, wie er Frances Schritt für Schritt weiterhalf, und dem Scharren der Metallschienen auf dem Holzboden zuhörte, ihre Hand in seiner spürte.

Zu Hause steht ihr Vater an der Arbeitsfläche in der Küche und putzt seine Schuhe. Aus irgendeinem Grund erzählt sie ihm, daß sie spazierengegangen ist und Frances auf der Veranda gesehen hat, mit ihrem Vater und einem jungen Mann, der sie beim Laufen gestützt hat.

Er erzählt ihr, daß Stan Musial jetzt schon zum zweitenmal hintereinander in der National League zum Spieler des Jahres gewählt worden ist.

Männer können ja immer über ihren Sport reden.

Er muß ungefähr so alt sein wie ich, fährt sie fort. Aber aus der Schule kenne ich ihn nicht.

Ihr Vater spuckt auf seine schwarzen Arbeitsschuhe und poliert sie auf Hochglanz, aber dann antwortet er doch, daß der Junge wahrscheinlich ihr Cousin sei. Ich arbeite mit ihrem Cousin in der Druckerei, erzählt er ihr.

Wie heißt er denn?

Dick Snyder.

Diesen Namen hat sie schon mal gehört, in jener Nacht während des Krieges, als sie mit Peg Kirsch die Nacht im Freien verbrachte und Lorraine ihnen auf Mr. Pugles Gemüsewagen von Dick Snyder und den wunderschönen Briefen erzählte, die er ihr nach jeder Verabredung schrieb.

Derselbe Junge, mit dem Peggy einmal getanzt hat. Sie hat

diese Einzelheiten von ihm. Er weiß nicht, daß es sie gibt, aber sie hat diese Bruchstücke aus seinem Leben gesammelt.

Danke schön, sagt sie zu ihrem Vater.

Wofür denn?

Zum erstenmal seit langer Zeit küßt sie ihn auf die Wange und tänzelt aus dem Zimmer. Er ruft ihr nach: *Hey Peg, womit habe ich das verdient?*

Kapitel 18

Ein Samstag morgen im Dezember 1948. Peggy paßt auf ihren zehnjährigen Bruder Jack und die beiden Jungen von Muriel auf, Ronald und Donnie. Sie geht mit ihnen auf der Main Street spazieren und zeigt ihnen die Männer auf den Leitern, die hier in der Stadtmitte die Weihnachtsbeleuchtung aufhängen. Sie ist gerade dabei, marineblaue Stoffmäntel zu nähen, die sie den Jungen zu Weihnachten schenken will. Als sie jetzt vor ihr herlaufen, sieht sie sie schon für die Kirche am Sonntag angezogen in den Mänteln und mit passenden Kniestrümpfen dazu.

Der kleine Donnie ist vier. Sie darf ihn keine Sekunde aus den Augen lassen. Nur einen Moment schaut sie nicht hin, da reißt er sich los und verschwindet in der kleinen Gasse hinter dem Barbierladen. Als sie ihn findet, hat er sich einen riesigen Pappkarton ausgeguckt, so groß wie ein Kühlschrank, der flach zusammengefaltet und für den Müll rausgelegt wurde.

Sie trägt den Karton nach Hause und macht ein Flugzeug daraus. Mit einem Stück Kohle zeichnet sie Fenster und die Maschinengewehre auf, die Jack unbedingt haben möchte.

Rein in den Karton, raus aus dem Karton, so geht es stundenlang. Während sie Einsätze über Deutschland fliegen, hat Peggy sich auf der Veranda einen Stuhl in die Sonne gezogen und sieht ihnen zu. Nach soviel Regen endlich einmal ein Sonnentag. Bislang hat es jedesmal geregnet, wenn Schnee angesagt war. In Pennsylvania gab es die schlimmste Überschwemmung seit mehr als zwölf Jahren. Die düstere Stimmung, die das Wetter mit sich bringt, hat sich über alles gelegt. Jeden Morgen, wenn sie aufwacht und es regnet, muß sie gegen die Sehnsucht ankämpfen, die Decke über den Kopf zu ziehen und sich krank zu melden.

Es ist Teil einer Dunkelheit, die sich am anderen Ende ihres Bewußtseins zusammenzuziehen scheint. Selbst hier im Sonnenlicht, inmitten der frohen Kinderstimmen, unter dem blauen Himmel, kommt die Dunkelheit immer näher. Vielleicht liegt es an gestern abend. Sie hat an der Nähmaschine in der Küche gesessen und zufällig ein Gespräch zwischen ihrem Vater und Howard mitbekommen. Ihr Vater hat so eine verrückte Spionagegeschichte in der Zeitung gelesen. Man hat auf einer Farm in Maryland in einem hohlen Kürbis Streifen von Mikrofilmen mit streng geheimen Staatsakten aus dem Kriegsministerium und der Navy gefunden, und in Washington hat der Ausschuß des Repräsentantenhauses für unamerikanische Aktivitäten behauptet, dies sei der definitive Beweis für die Existenz eines der größten Spionageringe in der Geschichte Amerikas.

Die Jungen möchten Flügel für ihr Flugzeug und geben erst Ruhe, als Peggy rechts und links Löcher in den Karton gebohrt und zwei Besen hineingesteckt hat.

Sie setzt sich wieder in ihren Stuhl und schließt die Augen. Vielleicht ist es nur das Gerede über die Kommunisten. In Berlin haben die Kommunisten die Stadt in zwei Hälften geteilt. Im Himmel über der Stadt fliegen amerikanische Piloten Hilfseinsätze und werfen Pakete mit Lebensmitteln und Kohle ab, um den Menschen über den Winter zu helfen.

Selbst an diesem schönen, sonnigen Tag, mit den lachenden Kinderstimmen um sie herum, spürt sie, wie sie auf die Dunkelheit zurast. Und wenig später, als sie Jack schreien hört, er sei jetzt ein Fallschirmspringer, umringen sie die kalten, glatten Wände des Gewölbes wieder mit dem Bild der Fallschirmspringer, die bei der Invasion Frankreichs vor vier Jahren in den Bäumen und an den Kirchtürmen der Küstendörfer hängenblieben. Sie weiß noch, im Radio haben sie damals von den deutschen Soldaten berichtet, die langsam und sorgfältig auf die Köpfe der Fallschirmspringer zielten und sie erschossen, wo sie hingen.

Die Dunkelheit, die sich in ihrer Seele verdichtet, hat ihr Gegenstück in einer größeren Dunkelheit in der Welt da draußen, und der Abstand zwischen ihnen schrumpft. All die Freude zu Weihnachten gleich nach dem Krieg ist schon zu lange her, als daß sie sich noch genau daran erinnern könnte. Oder liegt es vielleicht nur an ihr? Bildet sie sich dies vielleicht nur ein? Als sie zusieht, wie die Jungen in ihrer eingebildeten Welt versunken sind, erwacht in ihr eine Sehnsucht nach ihrer eigenen Kindheit.

Im Bemühen, diese Stimmung abzuschütteln, gesellt sie sich zu den Kindern. Ihr Bruder Jack wird sich immer daran erinnern, wie sie ihm und seinen kleinen Cousins von dem amerikanischen Piloten erzählte, den die Zeitungen den »Candy Bomber« tauften. Er fliegt über Berlin und wirft Süßigkeiten für die Kinder ab.

Wir spielen, daß wir Süßigkeiten abwerfen, ruft Peggy.

Aber Jack findet die Idee nicht witzig. Er will Bomben werfen.

Bomben ab, Peggy! BOMBEN AB!

Ein langer Krieg vorbei, und ein zweiter, der bald ausbrechen wird. Vielleicht ist das die Bewandtnis der kalten Wände, die sie gefangenhalten.

Schließlich läßt sie die Kinder alleine weiterspielen und geht fort. Sie hat ihnen schon den Rücken zugewandt, aber sie bleibt noch einen Moment auf dem Zementweg stehen. Sie sollte sie nicht alleine auf dem Hof lassen, aber ihre Beine und

Arme sind schwer wie Blei, und sie hat nur noch das unendliche Bedürfnis, sich hinzulegen.

Das Haus ist dunkel, und als sie erwacht, hört sie wieder den Regen. Ihr Vater und Muriel stehen in ihrer Tür. Alles in Ordnung, sagt Muriel – und wenn die Jungs zum Holzlager gelaufen wären, hätten sie doch schlimmstenfalls das Lager abgebrannt, Dave.

Muriel verabschiedet sich von Peggy, und ihr Vater setzt sich zu ihr aufs Bett. Er hält den Kopf gesenkt, als sei er im Gebet versunken. Sie möchte zurück zu ihm, weg von diesem Ort, an den ihre Gedanken sie entführt haben. Sie versucht, ihre Gedanken zu zwingen, in die wirkliche Welt zurückzukehren, indem sie das Bild der Stadt Hatfield wieder vor ihrem geistigen Auge erstehen läßt. Die Laderampe hinter dem Holzlager. Das Bahnhofsgebäude mit seinem überstehenden Dach. Ein paar Güterwagen auf Nebengleisen, die auf die Weiterfahrt warten oder einfach vergessen wurden. Der Markt mit seinen bloßen Holzplanken, dem großen gelben Käserad auf einem Schemel hinter der Eingangstür und den hohen, vollgepackten Warenborden, die mit blütenweißem steifen Papier ausgelegt sind. Die Kaffeemühlen und Waagen. Die Hatfield National Bank mit den sieben vergitterten Fenstern.

Und weiter und weiter.

Es ist viel später. Nach Mitternacht. Ihre Mutter weckt sie, um ihr zu sagen, daß etwas mit ihrem Vater ist. Der Krankenwagen hat ihn ins Krankenhaus nach Sellersville gebracht, und sie fährt jetzt los, um bei ihm zu sein. Peggy soll zu Hause bei Jack bleiben, er schläft noch.

Als sie das Gebet für ihren Vater beendet hat, stellt sie seine Schuhe im Wandschrank ordentlich auf, faltet das Nachthemd ihrer Mutter und legt es unters Kopfkissen. Dann macht sie das Bett. Sie geht erst aus dem Zimmer, als sie auch das kleinste Fältchen auf dem Bettüberwurf glattgestrichen hat.

Sie macht auch im ganzen Haus sauber. Fegt die Treppen, wischt Staub und schrubbt die Böden im Badezimmer und in der Küche. Sie ist gerade fertig, als Howard vorbeikommt, um ihr mitzuteilen, daß es der Blinddarm war und alles in Ordnung ist.

Also weckt sie den Bruder, und sie fahren mit Howard nach Sellersville. Hier ist sie schon zweimal gewesen und hat ihre Freundin Peg Kirsch im Schwesternheim besucht, das gleich um die Ecke liegt. Peg hat schreckliches Heimweh, seit sie mit der Schwesternschule angefangen hat. Jedesmal wenn sie zu Hause anruft, fleht sie ihren Vater unter Tränen an, sie wieder heimzuholen. Aber Pegs Mutter besteht darauf, daß sie die Ausbildung zu Ende macht, und zu Peggy hat sie gesagt: Wenn meine Tochter anruft, richte ihr von mir aus, falls sie die Schule abbricht, jage ich sie höchstpersönlich den ganzen Weg zum Krankenhaus zurück, und zwar mit einem Tritt in den Hintern!

Peggy geht die Stufen hinauf zum ersten Stock. Ihr Vater liegt in einem Mehrbettzimmer. Dr. Paul Moyer sitzt auf dem Bett. Er raucht eine Zigarette und balanciert einen gläsernen Aschenbecher auf dem Oberschenkel. Peggy beugt sich über ihren Vater und küßt ihn auf die Stirn. Ich möchte dir jemanden vorstellen, sagt er.

Der dünne Junge tritt einen Schritt vor.

Dick, das ist Peggy, sagt ihr Vater.

Er hält einen Hut in den Händen. Er nickt ihr zu und lächelt sie an. Dein Vater hat mir erst vor ein paar Tagen ein Foto von dir gezeigt, sagt er.

Ich habe ihm erzählt, daß du gerne tanzt, sagt ihr Vater.

Er hat ihm das Foto von mir gezeigt! Sie ist entgeistert.

Jetzt mischt sich Dr. Moyer ein. Ihr Vater und ich haben Sie zusammen auf die Welt geholt. Wie viele Jahre ist das jetzt her, Dave?

Achtzehn.

Dick nickt noch immer, zeigt sein strahlendes Lächeln und nestelt an seinem Hut herum. Schließlich lächelt sie zurück. Von diesem einen Tanz im Sunnybrook und dem Abend, als sie ihn auf Frances' Veranda gesehen hat, hat sie ihn größer in Erinnerung. Falls sie je zusammen ausgehen sollten, wird sie keine hochhackigen Schuhe tragen.

Kapitel 19

Sie wollten sich eigentlich *Mrs. Miniver* anschauen, der im Strand-Kino in Lansdale läuft, aber als Dick sie abholen kommt, hat sie ihre Meinung geändert. Sie möchte die Sache lieber strikt auf der Basis des »Sich-Kennenlernens« halten. Sie will keine förmliche Verabredung mit diesem Jungen, der fünf Tage in der Woche neben ihrem Vater an der Druckmaschine steht.

Er parkt den Wagen vorm Haus, kommt mit großen Schritten den Zementweg hinauf und pfeift dabei das Lied »Peg of My Heart« vor sich hin.

Mir ist gar nicht nach Kino und einem langen Abend zumute, sagt sie ihm gleich an der Tür.

Das kann seinem Lächeln nichts anhaben. Kein Problem, sagt er. Er wirft einen Blick ins verlassene Wohnzimmer. Wo sind sie denn alle, ich dachte, ich sage deinem Vater noch guten Abend.

Sie sind drüben. Meine Großeltern und meine Tante wohnen nebenan.

Das ist bestimmt schön.

Mein Vater hat Angst, daß ich immer hier wohnen bleibe, weißt du. Deshalb verziehen sie sich, sobald ich eine Verabredung habe.

Wie sollte ein Mädchen wie du immer zu Hause leben? Du machst wohl Witze.

Plötzlich fängt es an zu regnen. Man hört die Regentropfen

auf das Stoffdach des Cabrios fallen, und als er sich zu seinem Auto umdreht, sieht sie ihn genau an. Seine durchbrochenen braunen Halbschuhe sind auf Hochglanz poliert. Die braune Flanellhose beult sich an den Knien. Die Hüften sind gar nicht zu sehen, und die Schultern verschwinden in dem gelbbraunen Zopfpullover. Mit der vergoldeten Brille und den ordentlich gescheitelten braunen Haaren sieht er kaum aus wie ein Drucker, eher wie ein Collegestudent.

Hast du Lust auf eine Tour, Peggy? fragt er.

Ein Spurt durch den Regen zu seinem Auto. Es ist ein riesiges Auto. Man kommt sich vor wie in einem Wohnzimmer. Oder einem Ozeandampfer. Als er den Motor anläßt, fragt sie ihn scherzhaft, ob sie den Anker lichten soll.

Sein Lachen gefällt ihr.

Sie sind kaum ein paar Meter gefahren, da wird der Regen sehr dicht und tropft durchs Dach. Wenn du den Stoff vielleicht mit der einen Hand hier hochhalten könntest, sagt er. Und mit der anderen dort.

Sie stemmt die Hände gegen das Stoffdach, und der Regen läuft ihr die Arme hinab.

Es tut mir leid, sagt er. Der Vorbesitzer hat sich nicht richtig um das Dach gekümmert.

Es ist ein tolles Auto, wenn man vom Dach einmal absieht, sagt er optimistisch. Und sobald die Sonne scheint, rolle ich es sowieso herunter.

Wer braucht schon ein Dach, erwidert sie. Sie muß sich jetzt zu ihm rüberbeugen, damit ihr der Regen nicht in den Nacken läuft.

Liebst du den Regen auch so? fragt er. Als wir auf dem Armeetransporter den Pazifik überquerten, war es furchtbar heiß. Es war eng wie in einer Sardinenbüchse, und es war so heiß, daß man es kaum aushalten konnte. Immer wenn es einen Schauer gab, bin ich aufs Deck gegangen, hab den Kopf in den Nacken gelegt und das Gesicht in den Regen gehalten. Bis dahin hatte ich mir über den Regen nie Gedanken gemacht.

Sie merkt sofort, daß dies ein Junge ist, der unheimlich gerne redet. Er redet so viel und so gut, daß sie gar nichts sagen muß; er füllt die Momente des Schweigens für sie.

Er fährt mit ihr am Bahnhof und an der Lutherischen Kirche vorbei. Als sie an der Ampel auf der Main Street halten, regnet es so stark herein, daß er das Auto abstellt und sie zu Fuß weitergehen. Er will ihr das Haus zeigen, wo seine Großmutter wohnt. Sie ist ihm der liebste Mensch auf der Welt.

Es ist das Grundstück von Amandus Bergey. Peggy ist schon tausendmal an diesem Haus vorbeigekommen. Nun stehen sie auf dem Bürgersteig im Regen. Im Haus brennen ein paar Lichter. Hier wohnt seine Großmutter. Vielleicht hast du von ihr gehört? Sie ist Hebamme für den ganzen Landkreis. Sie hat mich und meinen Zwillingsbruder in diesem Haus zur Welt gebracht.

Du bist ein Zwilling?

Ja.

Dein Bruder, sieht er so aus wie du?

Er erzählt Peggy, daß sein Bruder Robert gestorben ist. Mit vierzehn Monaten bekam er eine Lungenentzündung und starb.

Ich hatte noch einen älteren Bruder, Earl, der auch gestorben ist. Es ist eine lange Geschichte, sagt er.

Erzähl sie mir, sagt sie zu ihm.

Es ist eine lange Geschichte, und er erzählt sie ohne Pause. Seine Mutter ist mit ihrer Schwester in einem Waisenhaus groß geworden. Es war schrecklich dort, und die Mädchen wurden mißhandelt. Eines Tages kam jemand vorbei und nahm ihre Schwester mit, einfach so. Man sagte seiner Mutter nicht, wer ihre Schwester adoptiert hatte, nur daß es eine Familie aus Harrisburg war. Ein Jahr später sprang seine Mutter über die Mauern des Kinderheims und lief für immer davon. Im selben Jahr heiratete sie. Sie war 14 Jahre alt und nahm dem Mann das Versprechen ab, falls sie je ein Auto besitzen würden, müßte er mit ihr nach Harrisburg fahren, damit sie ihre Schwester suchen könne.

Ich war vier oder fünf und mein Bruder Earl war zehn, es hatte also weitere zehn Jahre gedauert, bevor meine Mutter Gelegenheit bekam, nach Harrisburg zu fahren. Von Philadelphia aus war es damals eine sehr lange Fahrt. Man brauchte einen ganzen Tag. Ich saß mit Earl hinten im Auto. Ich weiß noch, wie meine Mutter uns beiden erzählte, daß wir ihre Schwester finden wollten, eine Tante, von der wir nie etwas gehört hatten. Dad fand die Idee blödsinnig, aber meine Mutter war wild entschlossen zu fahren.

Auf der Fahrt bekam mein Bruder Earl hohes Fieber. Meine Mutter setzte sich zu uns nach hinten und hielt ihn fast die ganze Zeit im Arm. Als wir nach Harrisburg kamen, hielt mein Vater einfach in irgendeiner Straße und fragte: »Und nun, wo willst du jetzt hin, Ada?« Sie ließ ihn von einem Bezirk zum nächsten fahren. Er fuhr langsam die Straßen ab, und sie ging von Tür zu Tür.

Ich beobachtete sie, erzählte er Peggy an diesem Abend ihrer ersten Verabredung. In jedem Haus öffnete sich die Tür, und alle Leute schüttelten den Kopf. Wir fuhren die Straßen einfach immer weiter auf und ab, und sie ging von Tür zu Tür. Und dann klopfte sie wieder an eine Tür, und ich sah, wie sie jemandem in die Arme fiel. Einfach so. Sie hatte ihre Schwester gefunden.

Auf dem Heimweg verschlimmerte sich der Zustand seines Bruders. Drei Tage später fiel er ins Koma und starb.

Für Peggy ist es die schönste und traurigste Geschichte, die sie je gehört hat. Einerseits ist es die Musik in seiner Stimme, wenn er spricht, und andererseits der Gedanke, daß seine Mutter innerhalb von drei Tagen einen Sohn verlor und eine Schwester wiederfand.

Sie sieht ihm ins Gesicht und kann sich vorstellen, wie er als kleiner Junge hinten im Auto seines Vaters sitzt und seine Mutter in einer fernen Stadt beobachtet, die von Tür zu Tür geht, bis sie schließlich die Umarmung der verlorenen Schwester wiedergefunden hat.

Auf jeden Fall, sagt er, wurde ich in diesem Haus geboren. Meine Großmutter hat Hunderte von Babys auf die Welt geholt, aber ich wurde in einer Glückshaube geboren. Es ist so eine Blase, die das Baby ganz einhüllt. Sie hat dann jemanden gebeten, den Arzt zu rufen, und der hat ihr gesagt, daß sie die Blase einfach nur anstechen muß.

Davon habe ich noch nie etwas gehört, sagt Peggy.

Doch, aber es stimmt. Es heißt Glückshaube. Man sagt, es bedeutet, daß Gott dich für ein besonderes Leben auserwählt hat. Früher haben die Leute eine Glückshaube aufgehoben und sie stückchenweise an Seeleute verkauft. Es hieß, daß selbst ein kleines Stück der Glückshaube die Seeleute auf dem Meer beschützen würde.

Sie laufen ein paar Meter, während er ihr die Zehn-Tage-Theorie seiner Großmutter erläutert. Nachdem sie ein Kind auf die Welt geholt hat, betreut sie die Mutter noch zehn Tage lang. Genau zehn Tage. Ein Tag weniger, und man kann davon ausgehen, daß die Mütter später Probleme bekommen. Aber nach dem zehnten Tag ist die Mutter auf sich gestellt.

Was für Probleme, erkundigt sich Peggy.

Er hat keine Ahnung. Ich sag' dir nur, was meine Großmutter mir erzählt hat, sagt er, und sie amüsiert sich heimlich darüber.

Ein paar Tage später erhält sie einen Brief von ihm. Er liegt auf dem Küchentisch, als Peggy von der Arbeit nach Hause kommt. Natürlich, der Junge, der Lorraine Pugles nach jeder Verabredung Briefe geschrieben hatte! Wie konnte sie das vergessen?

Sie öffnet den Brief gleich an der Spüle, den Mantel hat sie noch an. Er hat sich bei ihr für den Spaziergang im Regen zu bedanken. Er möchte sich entschuldigen, falls er zuviel geredet hat. Sie könne wunderbar zuhören, schreibt er. »Es ist schwer, jemanden zu finden, der so gut zuhören kann wie Du.« Da muß sie lächeln. Sie lächelt noch immer, als ihre Mutter zur Haustür hereinkommt und nach ihr ruft.

Sie will ihr etwas zeigen. Komm mit, sagt sie.

Sie gehen die Market Street hinab, über die Main bis zur School Street. Die ersten Sterne leuchten schon am Himmel. Peggy hat Dick Snyders Brief in der Tasche. Sie spielt ein Spiel damit, läßt die Fingerspitzen darübergleiten, nimmt die Hand aus der Tasche und zählt leise bis zehn, dann steckt sie die Hand wieder in die Tasche und fühlt, ob der Brief noch da ist. Das macht den Brief wirklich. Es macht *ihn* wirklich. Sie malt sich aus, wie er zum Briefkasten geht und dabei vor sich hin pfeift. Oder vielleicht in seinem riesigen Wagen fährt, den Brief neben sich auf dem Beifahrersitz. In den zwei Tagen, die vergangen sind, seit die beiden zusammen durch den Regen gelaufen sind, hat sie dauernd an seine Geschichte gedacht. Heute bei der Arbeit hat sie den ganzen Tag versucht, sich die wesentlichen Momente in seinem Leben genau vorzustellen, als wolle sie dieses Leben zu ihrem eigenen machen. Als er klein war, hatte seine Familie in dem gemieteten Haus in Skippack nur ein Plumsklo, und seine kleine Schwester weckte ihn nachts immer, wenn sie draußen aufs Häuschen mußte. Sie blieb an der Tür stehen und ging erst rein, nachdem er mit einem abgebrochenen Besenstiel die Brille abgeklopft hatte, um die Spinnen zu verscheuchen. Er erinnerte sie daran, das Nachthemd hochzuheben, damit es nicht schmutzig wurde.

Peggy spielt mit dem Brief in der Tasche, als sie mit ihrer Mutter die School Street entlanggeht. Sie kann seine Stimme im Regen von seiner Mutter erzählen hören, die über die Mauern des Kinderheims kletterte, als sie vierzehn war. Und als seine Mutter ihren erstgeborenen Sohn, der gerade 10 Jahre alt war, durch eine Lungenentzündung verlor. Er war zwei Tage lang im Wohnzimmer aufgebahrt, und das Wehklagen seiner Mutter erfüllte das ganze Haus. Ihr verlorener Sohn. Dick wollte seine Mutter unbedingt trösten, und so bastelte er ihr ein Album mit Andenken an den älteren Bruder. Auf eine Seite klebte er die Schnürsenkel von den Schuhen, die sein Bruder zuletzt getragen hatte. Auf eine andere Seite schrieb er ein eigenes Gedicht. Ein Gedicht über die Zeit, als er und sein Bruder, der jetzt nicht mehr lebte, auf Grumbachs Hügel Schlitten fahren gingen. Sie sausten den Hügel hinunter, bis sie unten am gefrorenen Bach ankamen, über den sie mit geschlossenen Augen hinwegglitten, und es kam ihnen so vor, als würden sie fliegen. In ihrer Trauer schrie seine Mutter manchmal laut im Schlaf. Wenn er zu ihr ging, war es ihr peinlich. Sie entschuldigte sich, und er ging zurück in sein Bett und versuchte, wach zu bleiben, bis er sicher sein konnte, daß sie wieder eingeschlafen war.

Er erzählte seine Geschichten mit einer kindlichen Unschuld, und das machte sie so unwiderstehlich. Sie waren sein Geschenk für sie, Geschichten so voller Hoffnung, daß sie bis in ihr Innerstes vordrangen. Dieser junge Mann, der im Bett seiner Großmutter in einer Glückshaube geboren worden war und von drei Söhnen als einziger überlebte, glaubte daran, daß er auserwählt war. Er hatte ihr ja bereits erzählt, daß Gott etwas Besonderes mit ihm vorhatte.

Ein paar Meter nachdem sie in die School Street eingebogen

sind, bleiben Peggy und ihre Mutter stehen. Hier ist es, sagt die Mutter. Wie gefällt es dir, Peggy?

Sie erzählt, daß ihr Vater sich entschlossen hat, dieses Stück Land zu kaufen und hier ein neues Haus zu bauen. 220 Dollar kostet das Land, noch zwei Gehaltszahlungen, und es gehört ihnen.

Peggy will wissen, warum sie jetzt auf den Gedanken gekommen sind, ein neues Haus zu bauen. Ich werde nicht mehr lange zu Hause wohnen, Mom. Ihr werdet genug Platz haben, wenn ich weg bin.

Ihre Mutter lächelt und nimmt ihre Hand. Nicht diesen Frühling, erst im nächsten wollen sie anfangen, das Haus zu bauen, aber sie hat die Verteilung der Zimmer schon genau festgelegt. Hier soll das Eßzimmer hinkommen, Peg. Du weißt ja, daß ich mir schon immer ein Haus mit einem Eßzimmer gewünscht habe. Über der Spüle will ich Fenster haben, damit ich immer rausgucken kann, wenn ich abwasche. Den Herd hier. Den Kühlschrank hier.

Peggy hilft ihrer Mutter, die Räume abzugehen, immer zwei Schritte für einen Meter.

Und ein Kamin da drüben, Peggy. Ich wollte schon immer einen Kamin im Wohnzimmer. Und rechts und links davon Bücherregale, und einen großen Erker.

Das wird unser Traumhaus werden, erzählt sie. Hier werden wir nie mehr wegziehen.

Ach, man weiß nie, sagt Peggy. Womöglich landest du noch in Paris.

Du vielleicht, aber ich nicht. Ich bin glücklich, wo ich bin.

Einen Moment lang beobachtet Peggy, wie ihre Mutter die Grenzen ihres Traumhauses abschreitet. Als sie in den Himmel sieht, ziehen hohe Wolkenberge über den Mond hinweg, Wolken, die die Stimme ihrer Mutter forttragen. Es gibt einsame Momente zwischen einer Mutter und einer Tochter.

Momente wie diesen, in denen eine Tochter sich beinah vorstellen kann, genauso zu werden wie ihre Mutter. Wenn sie auch noch so fest entschlossen war, ein ganz anderes Leben zu führen, wartet auch auf sie ein kleines Haus in einer schlichten Straße. In solch einem Moment spürt eine Tochter plötzlich, wie kalt und feucht die Erde unter ihren Füßen ist und wie ein Teil von ihr langsam auf die Schwere in ihrer Mitte zutreibt. Aber was ist die Jugend wenn nicht eine Verheißung? Die Verheißung eines Briefes in Peggys Tasche. Sie kann mit den Fingern den aufgerissenen Umschlag ertasten und sich an das Gefühl erinnern, als er neben ihr stand. Die Erregung, die sie erfaßt, kommt ganz unerwartet; er steht nah genug, daß sie seinen Atem auf ihrer Wange spürt, und die Worte, die er zu ihr sagt, streichen ihr im Vorbeiziehen sanft übers Gesicht. Das beruhigt sie, ruft sie zu ihrer Mutter im Mondschein zurück, die die Geraden ihres Phantasiehauses entlanggeht.

Ihr Anblick ist genug, um ein junges Mädchen zum ersten Mal darüber nachdenken zu lassen, was das Leben als Frau bedeutet. Ein Fenster, vor dem man den Abwasch macht? Ein Platz, den man so oft einnimmt, daß die Welt einen immer dort sehen wird, auch wenn man schon lange fort ist? Ein Mann kann am Ende eines Tages den Mantel an die Garderobe hängen und im Sessel einschlafen. Kann dort leben, wo er morgens seine Schuhe vorfindet, ohne sich je einem anderen zu offenbaren, aber eine Frau muß sich der Welt öffnen, um Erfüllung zu finden. Sie muß ihren Weg hinter dem Knallen der Tür, den ärgerlichen Stimmen und dem wütenden Weglaufen suchen. Sie muß das Schweigen brechen.

In den letzten zwei Jahren konnte Peggy beobachten, wie die Jugend ihrer Mutter verging. Die ergrauenden Haare. Die Falten um die Augen herum. Das kleine Polster, das unter ihrem Kinn entsteht. Eine Stirnfalte für jedes Kind, hat die Mutter zu Peggy gesagt. Die Sorgen. Die Verletzlichkeit. Aber heute abend, als sie so versunken in der Vorstellung des neuen Hauses durch das Mondlicht schreitet, ist sie stark und schön. Ihre Schultern heben sich scharf vor dem blauschwarzen Himmel ab. Sie vermittelt ihrer Tochter eine Ahnung, wie stark eine Frau in diesem Leben sein muß. Wie stark sie sein muß, um sich wieder und wieder den Möglichkeiten zu öffnen, die das Leben ihr bietet, bis sie der Welt eines Tages stolz verkünden kann: Ich habe auf dieser Erde gelebt und mich um die Kinder und meinen Mann gekümmert. Ich habe im Winter Futter für die Vögel herausgelegt. Ich habe meinem kleinen Jungen aus Aluminiumfolie einen Piratenhut gebastelt und jeden Tag zur Arbeit in der Cafeteria ein Haarnetz getragen, damit wir uns das Grundstück leisten konnten, auf dem wir unser Haus gebaut haben. Ich habe immer das Schweigen gebrochen und eine neue Chance an seine Stelle gesetzt.

Heute abend kann Peggy deutlich sehen, wie unendlich reich das Leben ihrer Mutter ist.

Sie stehen im Gras an der Stelle, wo später die Veranda hinkommt, als ihre Mutter ihr etwas sagt, was sie noch nie gesagt hat. Sie kennt die Ruhelosigkeit in ihr. Sie hat gehofft, daß die düsteren Stimmungen, die sie von Zeit zu Zeit überkommen, mittlerweile verschwunden wären. Ich habe wohl immer glauben wollen, daß du einfach herauswachsen würdest, Peggy. Aber …

Peggy unterbricht sie und fleht sie an, nicht zu sagen, daß sie wie ihr Vater ist, der seiner Ruhelosigkeit nie entwachsen ist.

Die Mutter sagt, daß es ihr leid tut, dann will sie wissen, wohin Peggy geht, wenn sie verschwindet. Wo bist du, wenn du tagelang mit niemandem sprichst? Ich möchte doch nur, was sich jede Mutter für ihre Kinder wünscht, nämlich, daß sie glücklich sind. Aber wohin gehst du, Peggy? Kannst du mir sagen, wo du bist, wenn dich eine dieser Stimmungen überkommt?

Wohin geht Vater? fragt Peggy.

Ich wünschte, ich wüßte es.

Hast du ihn jemals gefragt?

Nicht direkt. Aber ich war immer da, wenn er zurückkam. Ich habe immer dagestanden und auf euch beide gewartet.

Peggy nickt. Die Nacht hat sich über sie gesenkt.

Kinder, sagt ihre Mutter jetzt, kleine Kinder sind das Schönste im Leben. Ich kann dir gar nicht sagen, wie sehr ich es vermißt habe, dich anzuziehen. An manchen Tagen saß ich mit einem Foto von dir als kleinem Mädchen in meinem Stuhl und habe um eine Chance gebeten, dich zurückzuhaben, du solltest nur kurz aus dem Bild zu mir kommen. Ich wollte dich ja nicht lange behalten, ich wollte dich nur ein Weilchen im Arm halten.

Warum erzählst du mir das, Mom?

Die Mutter nimmt Peggy in den Arm. Babys sind wirklich das Schönste auf der Welt, flüstert sie. Ich bekomme ein Baby, Peg.

An jenem Abend hält sie die Mutter auf Armeslänge vor sich und sieht sie mit großen staunenden Augen an. Ist das wahr? fragt sie.

Ja. Es ist wahr.

Wann?

Im Oktober. Im kommenden Herbst. Zuerst das Baby, und im Sommer darauf bauen wir das Haus. Kannst du also Paris oder New York, oder wo du sonst hingehen willst, noch mal verschieben, bis ich mich wieder an Babys gewöhnt habe? Ich werde deine Hilfe brauchen.

Kapitel 20

Er sagt, er habe gehört, daß sie singen kann. Wer hat dir das erzählt?

Dein Vater. Er hat auf der Arbeit allen erzählt, daß du die schönste Stimme von allen im Kirchenchor hast.

Er parkt das Auto auf der Broad Street, gleich um die Ecke vom Strandkino in Lansdale.

Ich werfe den Anker aus, sagt sie, um ihn aufzuziehen.

Eines Tages werde ich dich bitten, etwas zu singen, sagt er. Ich will dich nur vorwarnen.

Was ist mit dir, singst du auch?

Ich? O nein. Ich tanze, aber ich singe nicht.

Er hat so einen entschlossenen Schritt. Sie bemüht sich, mitzuhalten, und versucht gleichzeitig, auf dem Bürgersteig nicht auf die Risse im Zement zu treten. Nur wenn sie auf keinen Riß tritt, wird sie nicht mit der Vorstellung verschwinden, wie ihr Vater mit ihr in der Druckerei angegeben hat. Der Gedanke macht sie ganz verrückt. Aber heute abend will sie nicht verschwinden. Nicht heute abend.

Das Schaufenster der Music Hall ist mit hellen Lämpchen wie ein Schminkspiegel erleuchtet. In der Mitte steht eine Vase auf einem Hocker mit einer einzigen Rose, darüber hängen Programme mit Fotos von den Schauspielern. Greer Garson ist eine umwerfende Schönheit. Hey, sie sieht aus wie du, ruft Dick Peggy zu. Er steht schon an der Tür und hält sie ihr auf. Es ist so kalt, daß es sicher bald schneien wird, sagt er. Als sie an ihm vorbei durch die Tür geht, streift seine Hand ihren Rücken und faßt sie um die Taille. Möglicherweise sind es nur gute Manieren. Möglicherweise hat es gar nichts zu bedeuten.

Zuerst kommt die Wochenschau. THE MARCH OF TIME ... Churchill hat in Boston eine Rede gehalten. Wenn die Kommunisten vor der amerikanischen Atombombe nicht soviel Angst gehabt hätten, sagt er, hätten sie in den vergangenen drei Jahren längst Westeuropa überrannt und auch vor England nicht haltgemacht.

Diese düsteren Nachrichten. Solch ein Gegensatz zu dem, was sie gern fühlen möchte. Warum müssen alle freudigen Momente in ihrem Leben von diesem Kriegsgerede überschattet werden? Ob sie je aufhören werden, vom Krieg zu reden?

Dieser Junge neben ihr, der noch vor ein paar Minuten ihren Rücken berührt hat, ist schon ganz von den entmutigenden Nachrichten eingenommen. Die schwarzweißen Bilder auf der Leinwand spiegeln sich klein auf den Gläsern seiner randlosen Brille wider. Diese erste richtige Verabredung mit ihm wird eine bittersüße Erinnerung sein.

Das Orchester spielt eine alte Kriegsweise, deren Text sie kennt. Leise beginnt sie, den Text aufzusagen, um so die Nachrichten auszublenden.

Wer weiß, ob wir uns wiedersehen,
Bevor du gehst, versüße mir die Stunde.
Bevor du gute Nacht sagst,
Im allerletzten Augenblick,
Halte ich dir die Hand hin,
Und mein Herz liegt darin
Wer weiß, ob es ein Morgen gibt,
Ob es ein Morgen gibt, wer weiß.
So schenk mir deine Liebe heute nacht.

Morgen gibt es nicht für alle,
Wer weiß, ob es ein Morgen gibt.

Sie kennt den Text zu diesem Lied schon lange, aber vor dieser Nacht hat er für sie eine ganz andere Bedeutung gehabt. Mit Dick an ihrer Seite hört sie den Abschiedsschmerz von zwei Liebenden, die sich trennen müssen. Die Liebe macht den Krieg noch hassenswerter, noch schwerer zu ertragen.

Er erzählt ihr etwas, was er nie vergessen wird: Seine Einheit wurde mit einem Schiff zur Invasion Japans transportiert. Man erwartete, daß eine Million GIs oder mehr bei der Invasion ums Leben kommen sollten. Dann fiel die Bombe. Als er nach Japan kam, warfen sich die Japaner überall vor ihm auf die Knie und flehten ihn an, sie nicht zu töten.

Ich habe mich so schuldig gefühlt, erzählt er. Und ich habe begriffen, daß das Leben ungerecht ist, genau wie die Leute immer sagen. Das Leben ist ungerecht, so heißt es doch. Ja, wir haben Glück, daß es so ist. Denn wenn es gerecht wäre, müßten wir den Kummer dieser Menschen teilen. Das Leid der Welt würde gerecht geteilt werden.

Er hat so ausgefallene Ideen. Die Art, wie er denkt, erinnert sie an ihre Freundin Adelle, die aufs Ursinus College gegangen ist.

Du solltest aufs College gehen, sagt sie zu ihm.

O ja, erwidert er. Ich denke darüber nach. Ich habe schon an die Universität von Pittsburgh geschrieben, da kann man einen Abschluß als Maschineningenieur machen. Mit dem GI-Programm würde das gehen. Vielleicht bewerbe ich mich. Aber zuerst will ich lernen, wie man ein Haus baut.

Ach?

Dein Vater will es mir zeigen. Im Frühling, wenn die Tage wieder länger werden, will ich jeden Tag nach der Arbeit vorbeikommen.

Nicht diesen Frühling, sagt sie. Nächstes Jahr will er erst das Haus bauen.

Stimmt, nächstes Jahr. Bist du dann noch hier?

Ich?

Ja, du.

Sie lächelt, als sie sagt: Ach, man weiß nie, vielleicht lebe ich dann schon in Paris.

Er nimmt sie beim Wort und erkundigt sich, was sie dort machen will.

Singen, antwortet sie. Ich möchte in den kleinen Cafés singen, in den kleinen Straßencafés.

Das ist ein wunderbarer Plan. Ich sehe dich direkt vor mir.

Wirklich?

Ja, klar. Der Umsatz würde in die Höhe schnellen.

Na ja, es ist eigentlich kein echter Plan. Es ist eher ein Traum.

Träume sind gut, sagt er zu ihr. Ich glaube, Träume sind das Wichtigste im Leben.

Als der Film beginnt, scheint auch hier alles wie ein Traum. Die Männer sehen blendend aus und wissen stets, was sie zu sagen haben. Die Frauen sind wunderschön, schon früh am Morgen herausgeputzt wie Aschenputtel beim Tanz. Sie leben in prächtigen weißen Häusern mit Holzzäunen davor. Die Menschen, die in diesen Häusern wohnen, haben die Muße, sich zum Abendessen umzukleiden. Die Häuser sind riesengroß, und die kleinen Kinder sagen die klügsten Dinge.

Dann verändert sich die Atmosphäre des Films dramatisch. Der Film spielt in einem englischen Dorf, und schon bald werfen Hitlers Flugzeuge Bomben auf diesen Traum. Die hübsche junge Hauptdarstellerin, Greer Garson, ist achtzehn, genauso alt wie Peggy. Sie hat gerade ihren jungen Engländer, einen Royal-Airforce-Piloten, geheiratet. In einer Szene kehren die beiden voller Vorfreude auf ihr zauberhaftes Leben im Zug aus den Flitterwochen zurück. Und dann, keine fünf Minuten später, ist die Braut tot, durchlöchert von den Kugeln eines Tieffliegers.

Wer auf der Welt außer ihrer Tante Muriel kann verstehen, wie es ihr ergeht, wenn ihr Herz in Trauer versinkt. Es ist doch nur ein Film, versucht sie sich zu beruhigen, es ist nur ein dummer Film. Das ist nicht wirklich passiert. Aber es ist so wirklich wie alles andere, und sie spürt, wie ihr langsam der Boden unter den Füßen entgleitet. Das darf nicht geschehen, nicht bei ihrer ersten richtigen Verabredung mit ihm, und sie versucht, sich auf etwas anderes zu konzentrieren als auf die schwermütige Geschichte. Sie denkt an die Arbeit morgen, vielleicht kann sie sich so ablenken. Die Mädchen bei der Arbeit werden alles über ihre erste Verabredung wissen wollen. Ach, es war sehr nett. In der Music Hall haben sie diesen alten Kriegsfilm *Mrs. Miniver* gezeigt, und es war ... nein, es war merkwürdig, und ich bin zusammengebrochen. Nein. Nein. Schlitten fahren! Ja, Schlitten fahren. Denk an das schöne Bild, das er dir beschrieben hat, wie er als Kind auf dem Hügel in Skippack Schlitten gefahren ist, und es schaffte, wenn er im richtigen Moment zur Seite lenkte, bis zum gefrorenen Flüßchen zu kommen und immer weiter zu fliegen.

Sie schließt die Augen und stellt sich vor, wie er als Junge auf seinem Holzschlitten dahinsaust, so schnell, daß der Fahrtwind ihm die Tränen in die Augen treibt. Die Metallkufen stoßen aufs harte Eis und schicken ihn auf die Reise den Bach hinab. Sie hat die Augen geschlossen und bemüht sich mit allen Kräften, hier bei ihm auf dem Schlitten zu bleiben und die Fahrt zu genießen, doch ringsherum bricht das Eis auf und löst sich von den Ufern. Große Löcher tun sich vor ihr auf. Sie rutscht vom Schlitten und fällt in ein Loch. Bevor sie unter die Eisdecke taucht, sieht sie ihn davongleiten. Er wird ewig so weitersegeln, blind gegen die reißende Strömung in dem kalten schwarzen Wasser unter dem Eis, der sie ausgeliefert ist.

Der Klang seiner Stimme bricht den Bann. Er fragt sie, wie es ihr gehe. Geht es dir gut, Peggy?

Sie will sich zur Seite drehen und ihm versichern, daß alles okay ist, als sie merkt, daß sie die Armlehnen des roten Plüschsessels umklammert. Sie sieht auf ihre Hände herunter. Sie kann ihn jetzt nicht ansehen, sonst weiß er es.

Beim Rausgehen geht sie zu den Toiletten. Sie beugt sich übers Waschbecken und spritzt sich kaltes Wasser ins Gesicht. Als sie den Kopf hebt, wendet sie den Blick von ihrem Gesicht im hellen Spiegel ab.

Draußen quasselt er wie ein Wasserfall, wie phantastisch der Film gewesen ist und daß sie bestimmt die einzigen Menschen auf der Welt sind, die ihn nicht gesehen haben, als er 1942 herausgekommen ist. Na ja, du warst wahrscheinlich zu jung, sagt er gerade. Und ich …

Den Rest hört sie nicht mehr, denn seine Stimme geht im Dröhnen eines Flugzeuges im dunklen Himmel unter.

Ihr ist bewußt, daß sie einen Teil ihrer selbst vor ihm verbirgt, auch jetzt noch. Vielleicht will sie auf das Licht der Welt, an das er so fest glaubt, keinen Schatten werfen. Das wäre doch unverzeihlich, oder? Diesen Jungen, der so voller Freude und Optimismus ist, mit ihrer Melancholie anzustecken. Er glaubt an seine Zukunft, er glaubt, daß er alles Schlimme hinter sich hat, daß er es endlich überstanden hat, den Tod seiner beiden Brüder, den Krieg, all das liegt hinter ihm, und er kann jetzt in allem die Musik hören, jetzt hat er Anteil an dem Guten im Leben. Die Tatsache, daß er überlebt hat, ist für ihn Grund genug, an seine Zukunft zu glauben.

Aber das Flugzeug über ihnen fliegt tief, und sie verliert sich im Geräusch der dröhnenden Motoren und in der Erinnerung an ihren Vater, der während des Krieges in den Nachthimmel sieht. Er hatte ein Schaubild, auf dem die Umrisse aller feindlichen Flugzeuge abgebildet waren. Sie sieht ihn vor sich, wie er den Kopf in den Nacken legt und zum Nachthimmel hochsieht. Die winzigen, blinkenden roten und grünen Lichter ziehen an den Sternen vorbei.

Plötzlich fragt sie ihn, ob er auch wegmuß, wenn es noch einmal Krieg gibt.

Natürlich, antwortet er. Er gehört zum aktiven Reservekorps der Armee. Er wäre unter den ersten, die gehen müßten. Er will ihr aber eine lustige Geschichte erzählen: Sein Onkel Linford, der Bruder seines Vaters, ist nicht eingezogen worden, weil er den Wehrdienst aus Gewissensgründen verweigert hat. Er war Versicherungsvertreter und rief Dick gleich nach Pearl Harbor an und bat ihn um ein Gespräch. Also ging Dick zu ihm ins Büro. Sein Onkel sagte ihm, daß er darüber nachdenken sollte, sich ebenfalls als Wehrdienstverweigerer anerkennen zu lassen. Wenn es jemals einen Menschen gegeben habe, der zum Töten eines anderen Menschen vollkommen ungeeignet sei, heiße er Dick Snyder. Aber Dick sagte ihm, er habe vor, in den Krieg zu gehen, sobald er mit der Schule fertig wäre. Er bedanke sich für den Rat, aber er sei entschlossen, loszuziehen und sein Bestes zu geben.

Also gut, wenn du so fest entschlossen bist, sagte sein Onkel zu ihm, dann kann ich dir hier eine schöne Lebensversicherung anbieten.

Peggy hört Dick lachen. Sie versucht, den Klang zurückzuverfolgen bis zu der Stelle neben ihm, wo sie steht. Sie sieht ihm in die Augen, als er zu ihr sagt, daß er *dafür* überlebt hat, genau dafür – damit er hier bei ihr sein kann. Sie ist sich sicher, daß er nie ein böses Urteil über sie fällen wird. Er wird nie versuchen, aus ihr jemand anderes zu machen, der sie nicht sein möchte. Und als er jetzt ihre Hand nimmt, spürt sie die Erregung ihres

Körpers. Es ist kein Wirbel und kein erwartungsvoller Schwindel, ihr Körper reagiert ganz ruhig und aufmerksam. Es ist ein seltsames, unerklärliches Gefühl, als kehre sie von einer langen und ermüdenden Reise zurück. Er wird ihr helfen, ganz zurückzukehren. Und vielleicht ist die Liebe nicht komplizierter, als sich umzudrehen und ihn anzusehen und zu bemerken, daß er sie schon ansieht.

Er steht da und wartet darauf, daß sie zurückkehrt. Und dann, so selbstverständlich, als hätte sie in den Himmel gesehen und dort Sterne entdeckt, umfaßt er ihre Schultern. Mit der Nase streift er ihre Lippen, und dann liegt ihr Mund unter seinem. Kühl und tröstlich, als sei dieser Kuß ein Gebet. Sie hört ihn seufzen. Wie seine Berührung sie mitreißt! Sie aus dem Haus ihres Vaters fortträgt, fort von den aufgereihten Schuhen im Wandschrank, fort von den ordentlich gefalteten Sachen im Seidenpapier. Ihr ganzes Leben hat sie darauf gewartet, daß jemand sie so berührt. So legt sich der Aufruhr in ihr, so wie sie junge Mütter gesehen hat, die ihre Babys beschwichtigen. Seine Berührung ist wie eine Segnung. Und um ihrer wert zu sein, um seine Berührung zu verdienen, muß sie die Dunkelheit in sich verbergen, darf sie der Dunkelheit niemals erlauben, das wunderbar zarte Licht, das ihn umgibt, zu verdecken. Obwohl das Licht nicht ihr gehört, fällt etwas davon auf ihren Weg, den Weg, dem sie beide schon folgen, und wenn sie etwas tut, was dieses Licht trübt oder sogar auslöscht, sind sie beide in der Dunkelheit verloren.

Und dann dankt er ihr für den Kuß.

Schreib mir morgen einen Brief und erzähl mir davon, sagt sie zu ihm.

Ja, sagt er, ich glaube, ich schreibe den Brief und bringe ihn persönlich vorbei.

Sie wird darauf warten, daß er vom Bürgersteig auf den Zementweg einbiegt und zur Haustür läuft. Schon weiß sie, sie will nicht, daß eine andere ihn bekommt. Noch bevor sie weiß, was Liebe ist, weiß sie das.

Wenn sie das nächste Mal mit ihrer Tante allein ist, wird sie ihr von dieser Verabredung erzählen. Sie wird versuchen, ihr zu erklären, ihn habe so sehr danach verlangt, sie zu berühren, daß sie ihn schon spüren konnte, als er sie noch gar nicht angefaßt hatte. Und daß sie sich genau deshalb in ihn verliebt hat, nicht weil sie an Ehe oder Kinder oder das alles gedacht hätte – sondern wegen dieses wunderbaren Erlebnisses. Wie er sie berührt hatte, noch bevor seine Hand auf ihrer Haut lag, dies hatte sie zu der Entscheidung gebracht, daß keine andere ihn bekommen sollte. Daß er ihr gehören sollte.

DRITTES BUCH

Kapitel 21

Damals habe ich es nicht gesehen, aber heute sehe ich es ganz deutlich: Wenn wir ganz für unsere innigsten Wünsche eintreten, nähern wir uns den Geheimnissen, die uns alle umgeben, die über Zeit und Vernunft kreisen und die leidenschaftliche Sehnsucht unserer Seele erklären. Heute sehe ich, daß meine Suche nach Peggy Teil der Reise war, auf die ich mich als Kind begeben hatte, als mir das Gesicht meiner Mutter oben auf einer Säule aus weißem Licht erschien, die durch mein Zimmer schwebte. Ich bin kein religiöser Mensch und habe nie etwas anderes als Unruhe verspürt, wenn ich mit der Religiosität meines Vaters konfrontiert wurde. Aber in jenem Winter errichtete ich auf dem Tisch neben meinem Bett einen kleinen Schrein für Peggy und ihn, auf den ich die drei Fotos von ihnen aufstellte und dazu die kleine blaue Rassel, die ihnen jemand zu meiner Geburt geschenkt hatte. Daneben legte ich die Einladung zu der Geschenkfeier, die Peggy mit Absicht so spät abgeschickt hatte, daß ihre Freundinnen nicht kommen konnten, und den einzigen Brief, den ich von ihr besaß. Den Brief, in dem sie ihrer besten Freundin mitteilt, sie habe gerade erfahren, daß sie schwanger sei.

Ich wachte jetzt immer um vier Uhr morgens auf und setzte mich vor den Nachttisch, als sei er ein Altar. Ich machte das Kreuzzeichen, schloß die Augen und wartete darauf, daß mich der erste Satz ihrer Liebesgeschichte durch die Lagen von Dunkelheit erreichte, die nichts anderes waren als der traurige Widerschein meiner Kindheit. Ich huldigte meiner Mutter wohl zum ersten Mal. Vielleicht huldigte ich in der schweigenden Leere dieser frühen Morgenstunden auch den Erinnerungen, die ich von ihr nie gehabt habe. Es war eine geweihte Leere, in die allmählich ihre Stimme drang. Und ihre Stimme, nach so langem Schweigen, war mir willkommener als die Luft zum Atmen. Mein Gefühl in jenen frühen Stunden, als ich erwachte und mir die Fotos ansah, kann ich wohl am besten beschreiben, wenn ich sage, es war so, als würde ich mich verlieben. Jeden Morgen verliebte ich mich von neuem.

Eines Tages erfuhr ich, noch bevor der Morgen graute, daß ich das Ende der Geschichte meiner Mutter an einem kalten Ort finden würde, weit entfernt von dort, wohin mich die Geschichte gerade führte.

Und an einem anderen Morgen kam mir in der Dunkelheit, die dem Morgengrauen vorausgeht, die Idee, mir den Film *Mrs. Miniver* anzusehen.

Ich sah ihn mir nachts an, Colleen und die Kinder schliefen, und als sich herausstellte, daß es die Geschichte eines Mädchens im Alter meiner Mutter war, die plötzlich stirbt und einen verzweifelt trauernden Ehemann zurückläßt, bekam ich eine Gänsehaut. Als ich aufstand, spürte ich meine Füße nicht mehr unter mir. Ich hatte das Gefühl, durch die Jahre zurückgetrieben zu sein und nun im dunklen Kino der Music Hall von Lansdale zu sitzen. Mit meinem Vater und Peggy sah ich den Film an, doch sie *konnten nicht sehen*, daß sich vor ihnen auf der Leinwand die Geschichte ihres Lebens abspielte. Mir war, als habe das Schicksal die Ereignisse ihres Lebens so geordnet, daß sie bei ihrer ersten richtigen Verabredung in einem Kino landeten und sich eine frei erfundene Geschichte ansahen, die bald die Geschichte der Reise ihrer Herzen werden sollte.

Noch lange nachdem der Film vorbei war, saß ich da und

starrte auf den ausgeschalteten Fernseher. Dann wanderte ich oben von Zimmer zu Zimmer, in der Hoffnung, Colleen oder eines der Kinder seien wach und ich könnte ihnen erzählen, was ich gerade gesehen hatte. Aber sie schliefen alle friedlich.

Zuerst war mir warm, dann wurde mir furchtbar heiß. Ich ging zur Haustür, stieß sie auf und stand in der kalten Winterluft. Der Schnee fiel so dicht, daß ich nicht bis zur anderen Straßenseite sehen konnte. Ich zog Mantel und Stiefel an und lief hinunter zum Strand. Ein leichter Wind trieb den Schnee vom Ozean heran. Den Kopf gesenkt, lief ich über Sand unter meinen Füßen, der festgefroren war wie Beton. Da wußte ich mit einem Mal, daß ich in den Geheimnissen, die ich nicht erklären konnte, die Wahrheit über Peggys Liebesgeschichte finden würde. Und sehr bald darauf sollten sich mir die Geheimnisse von selbst offenbaren.

Als ich meinen Großvater wieder einmal im Pflegeheim besuche, überreicht er mir einen handschriftlichen Brief, den er für mich herausgesucht hat. Oben auf der Seite steht das Datum, 14. August 1977, und dann diese Worte, die an meine Großmutter gerichtet sind:

Die Ursachen für Peggys Tod waren Schwangerschaftsvergiftung, eine Zerebrale Blutung und Anämie. Die Vergiftung war ein Nierenversagen, deshalb hatte sie soviel Flüssigkeit eingelagert. Die Zerebrale Blutung war etwas wie ein Schlaganfall, entweder ein Blutgerinnsel im Gehirn oder eine Hirnblutung. Anämie bedeutet, daß sie zuwenig rote Blutkörperchen hatte. Ich kann mich erinnern, daß Peggys Hämatokrit nur 47% war, als sie aus dem Krankenhaus entlassen wurde. Ich vermute, die Hauptursache ihres Todes war die Vergiftung, und das ist natürlich vor allem der falschen Behandlung durch ihren Arzt zuzuschreiben.

Darunter stand eine Unterschrift. Und neben der Unterschrift die Buchstaben: »R. N.«

»Eine Krankenschwester«, sage ich zu meinem Großvater.

Das Zimmer, das er in eine Fotogalerie von seiner Tochter verwandelt hat, liegt in tiefer Stille. Er schaut mich an und nickt langsam.

1977. 27 Jahre nach Peggys Tod schreibt eine Krankenschwester ihrer Mutter einen Brief. Meiner Großmutter, die ich nur als schöne Frau mit blauen Augen kenne, die den Vögeln Körner in den Schnee warf, wenn sie im Winter in ihren Garten geflogen kamen.

Mein Großvater sagt mir, ich könne den Brief behalten. Ich lese noch einmal die letzte Zeile …:

»Ich vermute, die Hauptursache ihres Todes war die Vergiftung, und das ist natürlich vor allem der falschen Behandlung durch ihren Arzt zuzuschreiben.«

»Wieso hat sie den Brief erst nach so vielen Jahren geschrieben?« frage ich ihn.

Er erzählt mir, daß meine Großmutter 1977 unter starken Herzbeschwerden litt, und da die Möglichkeit bestand, daß sie nicht mehr lange zu leben hatte, suchte sie verzweifelt nach einer Krankenschwester, die ihr sagen konnte, ob Dr. Wright für Peggys Tod verantwortlich gewesen war. Er erinnert sich an noch etwas: »Nachdem deine Mutter mit euch beiden Jungen aus dem Krankenhaus kam, wurde sie von Tag zu Tag schwächer. Deine Großmutter hat jeden Tag bei Dr. Wright angerufen, aber er hat ihr gesagt, er könne nichts mehr für sie tun.«

Am nächsten Tag mache ich auf der Heimfahrt von Pennsylvania Station in New York. Ich möchte mir das Taft Hotel ansehen, wo mein Vater und Peggy ihre Flitterwochen verbracht haben. Natürlich hat man das Hotel schon vor Jahren abgerissen. In der öffentlichen Bibliothek lese ich mir alte Zeitungsartikel über das Hotel durch. Schon zu der Zeit, als mein Vater und Peggy dort waren, war es in der ganzen Stadt dafür bekannt, daß junge Frauen hierherkamen, um sich vom Tanzclub oben auf dem Dach in den Tod zu stürzen. Einen Monat nachdem meine Eltern das Hotel am Ende ihrer Flitterwochen verließen, um ihr gemeinsames Leben zu beginnen, sprang ein neunzehnjähriges Mädchen in eine Menge aus 5000 Schaulustigen, die sich auf der Seventh Avenue versammelt hatten.

Ich las diesen Artikel, und dann fuhr ich nach Maine zurück und dachte darüber nach, wie nah der Todesengel meiner Mutter selbst damals, in den Flitterwochen, gewesen war.

Kapitel 22

So seltsam und unwahrscheinlich das auch ist – es stellt sich heraus, daß Dr. Wright tatsächlich noch lebt. Meine Tochter Erin schaut mich aus dem Sessel an, in dem sie ihr Buch liest, als sie meinen erstaunten Ausruf hört.

»Er lebt noch!«

Eine pensionierte Krankenschwester hat ihn in einem Supermarkt in Lansdale gesehen. Sie hat seine Telefonnummer und Adresse herausgefunden und daraufhin meinen Onkel Jack angerufen.

Ich gehe nach oben in mein Schlafzimmer und schalte das Nachtlicht ein, das den Altar auf dem Tisch neben dem Bett erleuchtet. Mit zitternden Händen nehme ich das Telefon zur Hand.

Er sei 86 Jahre alt, erzählt er mir.

»Sie blicken auf ein langes Leben zurück, Herr Doktor«, sage ich.

»Ich kann Ihnen versichern, daß ich es an den meisten Tagen eher für ein Unglück halte, so lange zu leben«, erwidert er.

Ich sage ihm, wer ich bin.

»Ja«, sagt er. »Ich habe den Artikel in der Zeitung gesehen.«

Ich teile ihm mit, daß ich ihn gern besuchen und mit ihm über meine Mutter sprechen würde. Sie sei damals seine Patientin gewesen.

Er sagt sofort, er könne sich an keine Patientin dieses Namens erinnern und keine seiner Mütter sei gestorben.

»Ich habe mehr als 1000 Babys auf die Welt gebracht und nicht eine Mutter verloren«, sagt er.

Ich erinnere ihn daran, daß Peggy erst neunzehn Jahre alt war, als sie starb.

»Ja«, entgegnet er ruhig. »Das habe ich in der Zeitung gelesen.«

»Wir waren Ihre ersten Zwillinge«, sage ich. »Mein Vater kann sich noch daran erinnern, wie Sie ihm erzählt haben, daß wir Ihre ersten Zwillinge waren. Sie haben ihm gesagt, daß Sie das Ereignis feiern würden, indem Sie ihm nur ein Baby berechneten.«

»Nein«, sagt er. »Ich erinnere mich an nichts dergleichen. Es tut mir leid.«

Er ist höflich, zuvorkommend, selbstsicher. So selbstsicher, daß er nicht im geringsten überrascht ist. Als hätte er darauf gewartet, daß ich mich mit ihm ihn Verbindung setze. Am Ende habe ich das Gefühl, daß er etwas vor mir verbirgt.

Dies ist der Anfang einer Entwicklung, die ich nicht mehr stoppen könnte, selbst wenn ich wollte. Dies ist der Moment, in dem sich das eiserne Rad auf einem Gleis in Bewegung setzt, das mich bis an mein Lebensziel führen wird. Ich bin mir dessen ganz sicher, und als ich zwei Tage später hundert Meilen von zu Hause mit den Erstsemestlern eine Kurzgeschichte von John Cheever durchnehme, klopft jemand an die Tür und sagt mir, da sei ein dringender Telefonanruf von zu Hause.

Auf dem Weg durch den verglasten Korridor zum Telefon wirft die Reflexion des Sonnenlichts auf dem Schnee ein goldenes Band vor mir aus. Ich fühle mich schwerelos, schneidend kalte Luft wirbelt durch meine Lungen. Es ist Colleen. »Du hast heute morgen vom North-Penn-Krankenhaus Post bekommen.«

Ich erinnere mich an die Frau an ihrem Schreibtisch mit den Krankenakten. Alle Unterlagen aus dem Elm-Terrace-Krankenhaus waren vernichtet worden, hatte sie mir damals gesagt, aber sie wollte sich die alten Kisten sowieso einmal vornehmen.

Sie hatte mir eine Karte geschickt, die am Fußende vom Bett meiner Mutter angeheftet worden war. »Lies sie mir vor«, sage ich zu meiner Colleen.

Peggy L. Snyder. Entbindung am Termin. Diagnose: Präeklampsie. Dr. Edward Wright. Der Name des Arztes stand in Druckbuchstaben gleich unter seiner Unterschrift.

Das bedeutet nichts anderes, als daß ich 47 Jahre nach dem Tod meiner Mutter endlich weiß, woran sie gestorben ist. Und ungeachtet dessen, was er zu mir gesagt hat, weiß ich jetzt, daß Dr. Edward Wright ihr Arzt gewesen ist.

In der nächsten Woche rief mich eine Frau namens Joannie Murray an, ein Cousin habe ihr den Zeitungsartikel über meine Mutter zugeschickt. Sie erzählte mir, sie sei 1954 beinah an einer Schwangerschaftsvergiftung gestorben. Die Diagnose lautete Präeklampsie. 1954 war sie 25 Jahre alt und hatte bereits einen zweijährigen Sohn und eine vierjährige Tochter. Es war Sommer und sie im fünften Monat, als sie sich langsam so fühlte, als würde sie den Verstand verlieren. Ihr Gesicht war entsetzlich angeschwollen. Sie wurde von Kopfschmerzen gepeinigt und hatte täglich einige Stunden so starke Sehstörungen, daß sie die gegenüberliegende Wand nicht mehr erkennen konnte. Als sie eines Tages für die Kinder Mittagessen machte, fiel ihr eine Dose Tomatensuppe auf den Boden. Dieser Zwischenfall brachte sie so in Rage, daß sie anfing, auf die Wand einzuschlagen. Sie sah ihre Hand gegen die Wand hämmern, und sie sagte sich, daß sie aufhören mußte. Aber sie konnte nicht aufhören. Bald schrien beide Kinder in heller Angst. Sie schlug noch wütender gegen die Wand, um ihre Schreie zu übertönen. Sie hörte erst auf, als sie ein Loch in die Wandverkleidung geschlagen hatte.

Die Frau aus der Wohnung über ihr kam herunter, um nachzusehen, was der Lärm zu bedeuten hatte. Sie verständigte Joannies Arzt.

Joannie wurde ins Krankenhaus gebracht, zunächst nur für drei Tage, während derer man die Präeklampsie feststellte, und nach einem Monat zu Hause noch einmal für sechs Wochen. Es war ein katholisches Krankenhaus. Joannie war katholisch, ihr Mann und der Arzt ebenfalls. Bei ihrem zweiten Krankenhausaufenthalt beschlich sie der Verdacht, daß ihr etwas vorenthalten wurde. Zu der Zeit hatte sie sich mit einer rothaarigen Krankenschwester angefreundet, einer jungen Irin, die ihr schließlich anvertraute, daß sie in großer Gefahr schwebte. Das einzige Mittel gegen Präeklampsie sei Entbindung. Wenn sie das Baby austrug, würde sie mit großer Wahrscheinlichkeit sterben. Tatsächlich sei es außerordentlich riskant, die Schwangerschaft nicht vor dem 7. Monat zu beenden.

Da der Fötus die Mutter bei einer Präeklampsie vergiftet, gibt es nur dieses Mittel – man muß das Kind opfern. Doch die irische Krankenschwester sagte ihr auch, die katholische Kirche nehme in dieser Frage eine ganz klare und unumstößliche Haltung ein: Um dem Kind die größtmögliche Überlebenschance zu gewähren, sei in jedem Fall die Mutter zu opfern.

Was Joannie betraf, so waren ihr Mann und der Arzt übereingekommen, ihr das Ausmaß ihrer Krankheit zu verheimlichen. Der Arzt wies die Schwestern auf der Station an, ihr nicht zu sagen, daß das Kind ihr Leben bedrohte. Sie sollten dafür sorgen, daß sie möglichst ruhig blieb, und es ihr so angenehm wie möglich machen.

Nachdem die irische Schwester das Schweigen gebrochen

hatte, zog Joannie ihre Mutter ins Vertrauen, die dafür sorgte, daß sie in ein anderes Krankenhaus verlegt wurde. Noch bevor sie ihrem Mann sagte, daß sie das Kind aufgeben würde, fand sie einen mitfühlenden Arzt, der einen Notkaiserschnitt bei ihr vornahm. Das Siebenmonatsbaby war nicht überlebensfähig, aber Joannie wurde gerettet. »Ich hatte zwei Kinder zu Hause, und für die mußte ich leben«, erzählte sie mir. »Zumindest habe ich mir das in all den Jahren immer wieder gesagt.«

In jener Nacht saß ich mit der Karteikarte, die damals an der Bettstange meiner Mutter angeklebt worden war, in der Küche. Ich wollte so gern glauben, daß sie diese Karte berührt, sie mit den Fingern gestreift hatte.

Ich nahm die Karte mit in mein Zimmer und stellte sie auf den Altar neben die Fotografien und die Babyrassel. Während ich auf die Worte starrte – Peggy L. Snyder. Entbindung am Termin. Diagnose: Präeklampsie. Dr. Edward Wright, und gleich über den Druckbuchstaben die Unterschrift des Arztes –, begann ich mich zu fragen, ob es wohl möglich war, daß meine Mutter mich und meinen Bruder bis zum Ende ausgetragen hat, ohne zu wissen, was sie sich damit antat. Ob sie im Namen irgendeiner Religion gestorben war? Mein Großvater war ein eifriges Gemeindemitglied gewesen, er hat die Lutherische Gemeinde in Hatfield eigentlich erst gegründet. Ist es möglich, daß Dr. Wright ihm das Krankheitsbild auseinandergesetzt hatte und er daraufhin mit dem Pfarrer sprach und die beiden einen Entschluß faßten, ohne meine Mutter zu fragen, ob sie einverstanden war? Das könnte eine Erklärung dafür sein, warum mein Großvater bei jedem Gespräch über Peggy so viele Tränen vergießt und warum er im Pflegeheim inmitten einer Galerie mit Fotos von seiner Tochter lebt.

Ich weiß, daß solche Dinge geschehen können. Nach dem

Tod meiner Mutter zogen wir zur Mutter meines Vaters. Sie hieß Nana und wurde zum Mittelpunkt meines Lebens. Sie starb, als ich vierzehn war, an einem furchtbaren Magenkrebs, der ihr kleines Haus in der Towamencin Avenue mit einem so widerlich ranzigen Gestank erfüllte, daß mir ständig die Augen tränten. Der Arzt und der Vater meines Vaters hatten beschlossen, es sei besser für sie, wenn man ihr nicht sagte, wie es um sie stand. Sie erzählten ihr, sie hätte eine Magen-Darm-Grippe. Sie muß gewußt haben, daß man bei einer einfachen Grippe nicht so riecht, wie sie gerochen hat. Aber niemand hat ihr die Wahrheit gesagt.

Nicht einmal mein Vater, ihr einziger Sohn. Er muß geglaubt haben, es sei besser für sie. Er muß sein Schweigen aus Liebe zu ihr gewahrt haben.

Mein Vater. Der Mann meiner Mutter, ein Mann, der daran glaubte, daß Gott ihn für ein besonderes Schicksal auserwählt hatte. Ein Mann, der das Gute in allem sah und dessen Glaube an die göttliche Ordnung der Dinge kindlich und unerschütterlich war. Er sah in Peggy ein Geschenk Gottes. Kann er dann auch geglaubt haben, ihr Leben liege in Gottes Hand?

Und wenn mein Vater es gewußt hat? Mein Vater, der sich in seiner Trauer über Peggys Verlust selbst die Schuld an ihrem Tod gegeben hat. Mein Vater, der zehn Jahre nach ihrem Tod beschlossen hat, daß er Priester werden und sein Leben Gott widmen wollte. Kann das ein Akt der Buße gewesen sein?

War es möglich, daß mein Großvater und mein Vater das Leben meiner Mutter in Gottes Hände legten, indem sie sich einredeten, weil sie aus kirchlicher Sicht das Richtige taten, würde Gott dafür sorgen, daß ihr nichts geschah und sie ihnen erhalten bliebe?

In dieser Nacht lag ich im Bett und hörte zu, wie die Zweige gegen das Fenster schlugen. Nach einer Weile hörte es sich so an, als versuche jemand, von draußen hereinzukommen. Das ging stundenlang so, und dann ging ich schließlich in den Garten und riß den Ast mit beiden Händen ab. Ich schleuderte ihn so weit in die dunkle Nacht hinein, wie ich konnte.

Auf dem Altar lag die Karteikarte, die alles verändert hatte. Hier stand es schwarz auf weiß: Meine Mutter starb nicht, weil Dr. Wright ihren Zustand verkannt hätte. Gleich bei ihrem ersten Besuch im Januar 1950 hat er gewußt, wie es um sie bestellt war. Bei seinen Untersuchungen fand er Eiweiß im Urin und stellte einen erhöhten Blutdruck fest. Wegen dieser Warnzeichen teilte er ihr mit, daß sie ihr Kind im Sacred-Heart-Krankenhaus in Norristown bekommen müsse. Das erzählte sie ihrem Mann, ihrer Mutter und ihrem Vater. Und dann gingen sie alle gemeinsam zum Pastor der Lutherischen Kirche. Das Gesetz stand fest. Meine Mutter wurde zum Tode verurteilt.

Jetzt habe ich einen neuen Grund, nachts nicht zu schlafen. Ich sitze im Bett und starre auf Colleen, die neben mir schläft. Soll ich ihr sagen, wie selten ich in all den Jahren meines Lebens an meine tote Mutter gedacht habe? 1985, als wir in Iowa City lebten und unser erstes Kind erwarteten, habe ich an Peggy gedacht, weil ich damals befürchtete, ich könnte Colleen verlieren, so wie mein Vater meine Mutter verloren hat. Dann vergingen fünf Jahre, bevor sie mir wieder in den Sinn kam. Vielleicht habe ich dann weitere zehn Jahre nicht mehr an sie gedacht.

Schließlich stehe ich auf und rufe meinen Bruder an, der Priester in einer lutherischen Gemeinde ist. Ich bitte ihn, für mich herauszufinden, wie seine Kirche um 1950 zu dieser Frage gestanden hätte.

»Ich weiß es schon«, sagt er. »Ich hatte denselben Gedanken, also habe ich mich erkundigt. Die lutherische Kirche hat denselben Standpunkt vertreten wie die katholische Kirche.«

Langsam steigt eine ungeheure Wut in mir hoch. Ich sehe meine Mutter vor mir, wie sie von Tag zu Tag kränker wird, und niemand sagt ihr, warum.

Der Alptraum kehrt wieder, dieselben fünf Männer stehen an Peggys Grab. Der Mond scheint hell, und ein schmaler Lichtstrahl streift ihre Köpfe. Dies sind die fünf Männer, die sie überlebt haben. Der Arzt, der ihre Kinder zur Welt brachte. Ihr Vater. Ihr Mann. Ihre Zwillinge. Sie alle stehen auf der Erde in ihrer Abwesenheit. Sie alle sind nun grauhaarige Männer. Im Vergleich zu ihrer erstaunlichen Schönheit bieten diese Gestalten dort an ihrem Grab einen traurigen Anblick.

Kein Wunder, daß mich nie jemand zu ihrem Grab mitgenommen oder mir irgend etwas aus ihrem Leben erzählt hat. Kein Wunder, daß ich nie gefragt habe. Insgeheim muß ich immer gewußt haben, daß ich schuld war.

Das denke ich im Halbschlaf, während ich die fünf Männer am Grab meiner Mutter beobachte. Keiner von ihnen ist ein Kind, keiner ist mehr jung. Sie haben sie alle überlebt. Ihr Vater ist jetzt 90. Ihr Arzt 86. Ihr Mann 76. Ihre Zwillinge 47. Wir haben sie alle überlebt. Verschwörer in ihrem Tod, einem Tod mit 19 Jahren. Wie können wir unser Weiterleben rechtfertigen? Wie können wir mit dem Wissen, daß wir so lange weitergelebt haben, nachdem ihr Leben vorüber war, auch nur eine Nacht ruhig schlafen?

Ich spüre Blut an meinen Händen. Meinen Anteil an ihrer Vernichtung.

Ich rufe Dr. Wright noch einmal an. »Sind Sie sicher, daß Sie sich nicht an sie erinnern, Sir?«

Dieses Mal sagt er, er habe seine Unterlagen eingesehen. Eine Patientin dieses Namens habe er nie gehabt.

Kapitel 23

Im frühen Dämmerlicht jener Februarmorgen hatte ich das Gefühl, immer wieder vergeblich nach einem Faden auf dem dunklen Fußboden zu greifen. Ich war ganz nah an etwas dran, das wußte ich, aber es glitt zwischen meinen Fingerspitzen hindurch, es gelang mir nicht, es ins Licht zu halten. Manchmal fühlte es sich an wie etwas, was ich schon einmal besessen hatte, vielleicht ein Wissen um etwas, das ich in mir barg.

Eine von Peggys Nachbarinnen, die 1950 drei Häuser entfernt auf der Market Street gewohnt hatte, hat mir erzählt, obwohl meine Mutter damals zu Hause bei ihren Eltern lebte, habe sie sie seit dem April nicht mehr zu Gesicht bekommen. Sie sei den ganzen Sommer nicht mehr vor die Tür gegangen bis zum Morgen des 9. August. Da sei sie mit bloßen Füßen den Zementweg im Garten entlanggehumpelt, das habe sie gesehen. Sie war barfuß, die Füße geschwollen und breit wie Holzklötze, und ihr Gesicht doppelt so dick wie sonst. Die Nachbarin sah, wie Peggy sich ins Auto ihres Vaters setzte und wegfuhr. Es war der Tag, an dem sie zur Entbindung ins Elm-Terrace-Krankenhaus fuhr.

Ich nahm mir vor, noch einmal nach Pennsylvania zu fahren, wenn der Winter vorbei war. Ich wollte mich mit meinem Bruder treffen, und dann würden wir Dr. Wright einen Besuch abstatten. Es war meine Idee, ihm nicht zu sagen, daß wir kommen wollten, weil ich befürchtete, er würde einen Grund finden, nicht zu Hause zu sein. Und ich schrieb ihm einen langen Brief, der es ihm erleichtern sollte, uns aufzumachen, wenn wir an seine Tür klopften.

Lieber Herr Dr. Wright,

ich schreibe Ihnen heute, um mich bei Ihnen zu entschuldigen. In den vergangenen 50 Jahren haben so manche in der Familie Snyder/Schwartz in dem Glauben gelebt, Sie hätten Ihre Pflichten vernachlässigt, als Peggy bei Ihnen in Behandlung war. In unserer Familie hieß es, Sie hätten sich nicht um Peggy gekümmert, und diese Geschichte ist mir und meinem Zwillingsbruder in den Jahren immer wieder erzählt worden. Peggys Mutter, meine Großmutter, starb in dem Glauben, Sie hätten nicht angemessen für sie gesorgt und sie sei aus diesem Grund gestorben.

Die Geschichte, die sich all diese Jahre gehalten hat, ist die, daß Sie Peggy niemals aus dem Elm-Terrace-Krankenhaus hätten entlassen dürfen. Als sie schon siebzehn Tage zu Hause war, rief endlich jemand Dr. Paul Moyer, den Hausarzt der Familie. Er kam, und als er Peggy sah, bemerkte er voller Zorn: »Das ist nicht die Peggy, die ich kenne.« Er hat sofort einen Krankenwagen gerufen und sie ins Grandview-Krankenhaus bringen lassen, wo sie keine Stunde später gestorben ist.

Aber nun ist etwas mit der Post gekommen, das beweist, daß nichts davon wahr ist, Dr. Wright. Obwohl alle Unterlagen aus dem Elm Terrace vernichtet wurden, als man das neue Krankenhaus baute, hat man mir eine Karteikarte geschickt, die offenbar an Peggys Bett geheftet war, als sie im Jahr 1950 Ihre Patientin im Elm-Terrace-Krankenhaus war. Auf der Karte steht: Peggy Snyder. Aufn. Diagn. Schwangerschaft am Termin. Präeklampsie. Enddiagn.: idem. In Behandl. v. Dr. Edward H. Wright.

Dieses eine Wort, Dr. Wright. Präeklampsie – dieses Wort läßt mich jetzt erkennen, daß diejenigen, die Sie für den Tod meiner Mutter verantwortlich gemacht haben, irren. Dieses eine Wort hat mich gezwungen, auch alles andere, was ich über Peggys Leben im letzten Jahr meiner Nachforschungen und meines Schreibens über sie herausgefunden habe, in einem anderen Licht zu sehen. Es hat mich in die Lage versetzt, so viele Fragen zu beantworten. Erstens: Warum hat Peggy Sie als Arzt gewählt und nicht Dr. Moyer? Sie war bei Dr. Moyer in Behandlung, seit sie ein junges Mädchen war. Vor weniger als einem Jahr war ihre Mutter bei ihm in Behandlung gewesen, und er hatte ihre Mutter im Oktober 1949 von ihrem Kind entbunden.

Warum? Als Dr. Moyer Peggy zum ersten Mal untersuchte und dabei entdeckte, daß sie schwanger war, fand er Eiweiß in ihrem Urin und stellte bei ihr einen erhöhten Blutdruck fest – beides sagte ihm, daß sie in ihrer Schwangerschaft höchstwahrscheinlich mit Komplikationen in Form einer Präeklampsie rechnen mußte. Deshalb überwies er sie zu Ihnen, denn Sie waren der erfahrenere Arzt.

Warum schrieb Peggy schon im Januar 1950 an ihre Freundin, daß sie ihr Kind im Sacred-Heart-Krankenhaus in Norristown bekommen würde? Weil Sie ihr dazu rieten; es sei ein besser ausgestattetes Krankenhaus als das Elm Terrace, und ein zu früh geborenes Kind hätte dort größere Überlebenschancen.

Warum erinnert sich mein Vater daran, Sie hätten ihm gesagt, er solle darauf achten, daß Peggy kein Salz ißt. Weil Sie sich mit der Diagnose Präeklampsie auskannten.

Warum ist Peggy im vierten Monat wieder zu ihren Eltern gezogen? Weil Sie sie gewarnt haben, daß ihr Schlimmes bevorstünde. Ich halte es sogar für möglich, daß Sie ihr gesagt haben, ihr Zustand würde sich nur bessern, wenn man ihr Baby per Kaiserschnitt holte, und zwar noch vor dem siebten Monat. Sie sagten ihr, wenn sie das Kind länger austragen würde, könne das tödlich für sie sein. Doch als Sie ihr mitteilten, daß ihr Baby möglicherweise nicht überleben würde, wenn man die Schwangerschaft eher beendete, haben die Familien Schwartz und Snyder Peggy aufgrund ihrer tiefen Gläubigkeit entweder dazu überredet oder einfach ihrem eigenen Wunsch nachgegeben, das Kind bis zum Schluß auszutragen – so glaube ich. Und wenn das wahr ist, Dr. Wright, dann erklärt es auch, warum die Familie in all den Jahren nie in der Lage war, der Wahrheit ins Auge zu sehen, und warum man Ihnen die Schuld gab: Alles andere hätte ja bedeutet, daß sie an Peggys Tod mitverantwortlich gewesen wären. Sie haben Peggy wegen ihrer religiösen Überzeugung, daß das Baby in solchen Fällen gerettet werden muß, in Gottes Hände gelegt. Und als Peggy dann starb, haben sie Ihnen die Schuld gegeben.

Das ist meine Geschichte, Dr. Wright. Die Geschichte von Peggy Snyder, die im Alter von neunzehn Jahren gestorben ist, weil sie mich und meinen Bruder ausgetragen hat. Ich glaube, Sie haben alles in Ihrer Macht Stehende getan, um ihr zu helfen und ihr Leben zu retten, doch die Wünsche der Familie standen gegen Ihren Rat, Peggys Baby vor der Zeit zu holen.

Ich möchte mich noch einmal aufrichtig für die falschen Vermutungen und das über all die Jahre zu Unrecht aufrechterhaltene Bild von Ihnen entschuldigen. Noch in diesem Frühling möchte ich Ihnen mit meinem Bruder David einen Besuch abstatten, damit ich mich persönlich bei Ihnen entschuldigen kann.

Mit herzlichen Grüßen

Ich war mir natürlich gar nicht so sicher, ob das alles stimmte, aber ich schickte den Brief trotzdem ab. Eine Zeitlang tat ich einfach so, als hätte ich alle Antworten und alle Gründe gefunden.

Bald besaß ich drei Hochzeitsfotos für den Altar neben meinem Bett. Auf allen dreien war Peggy in ihrem Hochzeitskleid zu sehen, und ich bekam jedesmal Herzklopfen, wenn ich sie betrachtete. Es waren mehr als 40 Jahre vergangen, seit sie mich in meinem Zimmer besucht hatte, aber ich erinnerte mich, daß sie genau dieses Kleid getragen hatte, als sie auf einer Säule aus Licht auf mich zuschwebte und mich mit meinen beiden Namen rief. Weißer Satin. Am tiefen Ausschnitt zarte Stickerei. Das Kleid wie verschüttete Milch zu ihren Füßen.

Auf den Fotos spielt sie mit den weißen Satinbändern an ihrer Taille. Ein Blumenkranz hält den Schleier aus weißer Spitze in ihrem Haar.

Sie besuchte mich nur während einer kurzen Zeitspanne meines Lebens. Es war im Jahr 1955. Mein Vater hatte gerade wieder geheiratet, und wir vier waren in ein Häuschen auf der Clearspring Road in Lansdale gezogen. Mein Bruder Dave und ich teilten uns eins der beiden Zimmer im Erdgeschoß, und hier kam Peggy mich besuchen. Ich weiß nicht, warum Dave nie aufgewacht ist und sie gesehen hat. Ich erwachte im Wissen, daß sie da war und schon darauf wartete, daß ich die Augen aufschlug. Auf diese Art bin ich nachts oft aufgewacht und wußte, es hatte angefangen zu schneien.

Es ist wohl verständlich, warum sie uns gerade in dieser Zeit besuchen kam; sicher hat sie wissen wollen, wie unser Leben jetzt, wo sie ersetzt worden war, aussah. Ich stelle mir vor, wie sie sich über Dick beugte, der neben seiner neuen Frau im Schlaf lag. Ihr wären die Falten in seinem Gesicht aufgefallen und wie sehr er in den fünf Jahren, seit sie ihn verlassen hatte, gealtert war. Sie hätte bemerkt, daß er nie mehr so lächelte wie früher. Daß er nie mehr so tanzte, wie er mit ihr getanzt hatte.

Lange nach ihrem letzten Besuch in meinem Schlafzimmer versuchte ich, sie mit all meiner Macht zurückzuholen. Eines Tages wünschte ich mir zu Weihnachten einen Wecker. Ich weiß noch, daß alle diesen Wunsch sehr befremdlich fanden. Es war ein Wecker zum Aufziehen mit einem schwarzen Zifferblatt und weißen Zeigern und Zahlen. Ich stellte ihn immer auf zwei oder drei Uhr morgens. Wenn er mich geweckt hatte, zwang ich mich, wach zu bleiben, und dann wartete ich auf sie. Ich wußte nicht einmal, wer sie war. Mein Vater erzählte uns erst vier Jahre später von ihr. Ich wußte nicht, wer sie war, aber ich wartete darauf, daß sie kam, um mich mitzunehmen. An dies eine erinnere ich mich mit großer Klarheit: daß ich mit ihr gehen wollte, wohin sie auch gehen mochte, wenn sie mein Zimmer verließ.

Wenn ich ihre Hochzeitsbilder betrachte, spüre ich, daß es vieles von ihr gibt, was ich nie erfahren werde. Ich spüre, daß sie mehr als ihren Teil an Geheimnissen mitgenommen hat. Aber ich konnte sie jetzt beinahe hören, ich konnte beinahe ihre Stimme hören, wie sie zu mir sprach, wie sie mich bat, nicht aufzuhören, sondern weiter nach ihr zu suchen, bis ich mit jeder Faser spürte, wer sie in dieser Welt gewesen war, als sie hier unter den Menschen weilte, die alle so unsäglich alt geworden sind, seit sie nicht mehr da ist.

Kapitel 24

Bei Peggys Mutter gibt es jeden Sonntag einen Schmorbraten mit Kartoffeln und Möhren in derselben Kasserolle. Sie stellt einfach den Ofen an, und das Essen brät vor sich hin, wenn alle in der Kirche sind. Schon bald ist Dick jeden Sonntag bei ihnen. In der Kirche sitzt er neben Peggys Eltern und wendet kein Auge von Peggy, die im Chor sitzt. Immer wenn sie zu ihm hinabsieht, lächelt er ihr zu und sieht so unglaublich froh und zufrieden aus. Er sieht aus wie ein Mensch, der gefunden hat, wonach er gesucht hat.

Nach der Messe gehen sie alle gemeinsam zum Mittagessen nach Hause. Er sitzt an einem Ende des Tisches, Peggy zu seiner Rechten neben ihrer Mutter. Manchmal kommen ihre Großeltern, Tante Sue, Tante Anna und Tante Lilly dazu. Dick erinnert das an die Depressionsjahre, als die Brüder und Schwestern seiner Eltern mit ihnen ein gemietetes Haus teilten. Er denkt gern daran zurück. Es waren harte, aber schöne Zeiten, denn alle waren einander so nah. Er weiß noch, wie seine Mutter versucht hat, aus einem halben Dutzend Kartoffeln ein Essen zu zaubern. Sein Vater kam abends mit ein paar Münzen nach Hause, Hände und Gesicht blau vor Kälte. Aber da waren diese wunderbaren Abende, an denen sich alle im Wohnzimmer einfanden, Lieder sangen und Radio hörten. Alle so nah beieinander. Alle im selben Boot.

Er redet und redet, nimmt sich ein zweites Mal, dann ein drittes Mal. Wo läßt er bloß das ganze Essen? Er ist so schmächtig, er sieht fast so aus wie ein kleiner Junge. Er breitet seine Lebensgeschichte vor ihnen aus. Als er in der neunten Klasse war, kam sein Vater eines Tages mit einer Schreibmaschine nach Hause. Er stellte sie auf den Küchentisch und sagte, da sie nie genug Geld haben würden, um das College zu bezahlen, solle Dick tippen lernen. Hier ist deine Zukunft, sagte sein Vater zu ihm. Sie wird dir ein besseres Leben ermöglichen, als ich es hatte. Vielleicht hat ihm das das Leben gerettet. In der Armee wies man ihm eine Stelle als Schreibkraft zu, statt ihn nach Europa zu verschiffen, wo die Ardennenschlacht auf ihn gewartet hätte. So ging es ihm sein ganzes Leben, ein kleines Wunder nach dem anderen. 1941, als Benzinknappheit die Familie zwang, von Skippack nach Lansdale zu ziehen, damit der Vater mit dem Zug statt mit dem Auto zur Arbeit nach Philadelphia fahren konnte, wohnte Dick gleich neben Jack Graham, mit dem er sein Leben lang befreundet blieb. Jack war der große, freundliche Kapitän des Lansdale-Highschool-Footballteams. Natürlich war Dick viel zu schmächtig, um Football zu spielen, aber Jack ermutigte ihn, Wasserträger und Manager der Mannschaft zu werden, und so kam er in die beste Clique, die sich ein Junge nur wünschen kann.

Eines Sonntags erzählt Dick von seiner Stationierung auf den Philippinen, als er als Gehilfe des Militärgeistlichen arbeitete. Er mochte die Arbeit sehr, und vielleicht würde er eines Tages ins Seminar gehen, um Priester zu werden. Vielleicht würde er auch Ingenieur werden oder Buchhalter. Was es auch sein wird, er braucht sich nur zu entscheiden. Heutzutage stehen ihm alle Türen offen. Amerika hat es zu etwas gebracht, alles ist hell und frisch gestrichen, und jeder, der gewillt ist, hart zu arbeiten, kann ein gutes Leben haben. Kein Traum ist unerreichbar. Daran glaubt er. Er glaubt zutiefst daran, denn sein ganzes Leben ist ein Wunder gewesen.

Hier ist ein junger Mann, dem alles möglich erscheint. Ist er im Haus, fühlt Peggy sich unglaublich erleichtert, denn dann kann sie einfach dasitzen und muß nicht Konversation machen. Zum ersten Mal im Leben steht sie nicht mitten auf der Bühne im Licht der Scheinwerfer, sondern in der Seitenkulisse und schaut zu. Er redet und redet und füllt ihr Haus mit so viel Optimismus und Musik, daß der Sauerstoff in dem Moment, in dem er sich verabschiedet, aus den Zimmern entweicht und Peggy ihm nach draußen auf die Veranda folgt. Als er fortfährt, wünscht sie sich, sie könne mit ihm gehen. Manchmal zieht sie sich den Mantel an, setzt sich auf die oberste Verandastufe und wartet darauf, daß er zurückkommt.

Und manchmal wird sie ihn wegstoßen. Warum, weiß sie nicht so recht. Es überkommt sie einfach, sie möchte in ihm versinken, und zugleich möchte sie vor ihm weglaufen. Vielleicht weil sie glaubt, daß sie seine Güte nicht verdient. Vielleicht will sie auch einfach nur sehen, wie stark seine Liebe zu ihr ist. Sie stößt ihn weg, um ihm zu zeigen, wie wenig sie seiner Liebe wert ist, und um zu sehen, wie sehr er sie liebt. Wenn sie ihn wegstößt, erreicht sie beides.

Es verwirrt sie. Das Schlimmste von allem geschieht eines Abends im Sunnybrook, als sie mit Dick und all seinen wundervollen Freunden dort ist. Tom Pugles sieht blendend aus. Wenn er im Schwesternheim des Grandview-Krankenhauses in Sellersville ein Mädchen abholt, kommen alle Schwesternschülerinnen an die Fenster gelaufen, nur um ihn zu sehen. Und Bill Crockett, der mit Dick in Lauchmans Druckerei arbeitet und Peggy »Puppe« nennt. Und Jack Graham, der große Footballspieler mit seinem schläfrigen Lächeln, der so freundlich ist wie ein großer Teddybär. Und Lentz Tiffany mit seinen babyblauen Augen, der die ganze Tanzfläche leerfegt, wenn er Jitterbug tanzt. Peggy beobachtet sie, beobachtet Dick im Kreis seiner wunderbaren Freunde. Da ist etwas an der Art, wie er sich in ihrer Gegenwart verhält: Er konkurriert nicht mit ihnen, er beobachtet sie, als sei es von allen in der Gruppe einzig und allein seine Verantwortung, die guten Zeiten, die sie hier gemeinsam verbringen, im Gedächtnis zu behalten. Er ist dankbar für jeden von ihnen. Er scheint dankbar zu sein, daß sie ihn erwählt haben, ihre Gesellschaft zu teilen. Dies ist Dick Snyder, und sie ist dankbar für ihn. Aber dennoch entschuldigt sie sich, steht vom Tisch auf und geht fort. Sie findet einen Platz, wo sie sitzen und sie beobachten kann, ohne selbst gesehen zu werden. Sie sieht, wie Dick vom Tisch aufsteht und sich auf die Suche nach ihr macht. Zweimal geht er fort und kommt wieder, kopfschüttelnd. Sie bleibt so lange weg, daß es ihr peinlich ist, jetzt zurückzugehen. Der Moment einer Rückkehr ist überschritten.

Dann beginnen sie dieses wunderschöne Lied aus dem Krieg zu spielen.

I'll be seeing you in all the old familiar places…

Es ist der letzte Tanz des Abends, und obwohl Peggy gerne in seinen Armen tanzte, obwohl sie sich dies mehr wünscht als den nächsten Atemzug, ertappt sie sich plötzlich auf dem Weg nach draußen. Sie hält sich an die unbeleuchteten Ecken und läuft mit gesenktem Kopf, damit niemand versucht, sie aufzuhalten. Draußen auf dem Parkplatz hält sie sich so fern von seinem Auto wie irgend möglich. Was tut sie hier bloß, sie kann doch nicht den ganzen Weg nach Hause zu Fuß gehen?

Sie hört die Geigen und den getragenen Rhythmus des Schlagzeugs. Sie weiß selber nicht, was in sie gefahren ist, doch sie geht weiter. Dies ist stets der Verlauf ihrer Traurigkeit gewesen, ihr ganzes Leben war es so. Dunkelheit überkommt sie, und dann verdirbt sie den anderen die gute Laune, und dann ist es ihr zu peinlich, jemandem zu begegnen, also verschwindet sie.

Die Straße ist dunkel, und sie hat Angst. Eben davor hat ihr Vater sie immer wieder gewarnt, seit sie klein war. Jedesmal wenn er gesagt hat, sie müsse ihre Einstellung ändern. Er hat sie davor gewarnt, daß ihre Launen sie eines Tages in Schwierigkeiten bringen würden.

Sie haben sie in einer Winternacht auf eine dunkle Straße getrieben.

Natürlich kam er ihr nach. Er fuhr an den Straßenrand. In dem Moment, als sie die Scheinwerfer an ihren Beinen spürte, begann er, sanft nach ihr zu rufen.

Wenn du zu Fuß gehen willst, fahre ich neben dir her.

Das sieht ihm ähnlich. Er wird nie versuchen, sie zu ändern, wird sie nie zu etwas zwingen. Hier ist ein Junge, der sie so akzeptiert, wie sie ist.

Als sie schließlich aufschaut, lächelt er sie an. Sein Atem wird zur Rauchwolke in der kalten Nachtluft. Er erzählt ihr, er habe die Band bitten wollen, als letztes Lied »Peg of My Heart« zu spielen. Er hat ihr schon einmal erzählt, er glaube, Gott habe sie absichtlich zusammengeführt. Nun versichert er ihr, sie könne fortgehen, wann immer sie allein sein will. Wann immer die Welt zu traurig für sie wird. Und er will immer dasein, wenn sie zurückkehrt. Und darauf warten, daß sie aufschaut. *Das* bedeutet Liebe für ihn. Und es ist ganz leicht. Auf sie zu warten ist leicht. Er hat den Tod zweier Brüder überlebt und einen langen Krieg, und der Rest des Lebens ist ein Picknick. Ein Kinderspiel.

Sein Glaube hat ihren Widerstand gebrochen. Er hatte ihr seinen Optimismus und sein gütiges Wesen zu bieten.

Und was hatte sie ihm zu bieten? Ihre Schönheit?

Ja, das war's. Ein junger Mann mit einem jungenhaften

Glauben an das Glück im Leben kann durch Schönheit allein überzeugt werden.

Im März waren sie verlobt. Bis dahin hatte er sie überzeugt, daß er recht gehabt hatte, Gott hatte gewollt, daß sie einander begegneten. Dieser Junge, der so energisch ausschreitet und mit zurückgenommenen Schultern dasteht, als sei er noch in der Armee und müsse stillstehen, der Junge, von dessen Augen ein so feines Licht ausgeht, war ein Segen. Mehr als in alles andere hatte sie sich in seine Worte verliebt. In die Art, wie seine Worte stets Hoffnung vermittelten. Er schien unfähig, ein böses Wort über andere zu verlieren. Eines Abends, als sie ihn nach einer Verabredung zum Abschied küßt, sagt er zu ihr, er sei auf der Welt, um sie zu lehren, an ihre eigene Zukunft zu glauben.

Vielleicht ist die Liebe eine Stimme. Eine beruhigende Stimme, an die sie sich gewöhnt. Von der sie sich nicht vorstellen kann, sie eines Tages nicht mehr zu hören.

Kapitel 25

Einige Tage vor ihrem achtzehnten Geburtstag fragte Peggy ihre Mutter, ob sie sie zur Arbeit in die Schulcafeteria bringen dürfe. Sie schlugen denselben Weg ein, den Peggy früher zur Schule gegangen war, aber jene Morgen schienen einem anderen Zeitalter anzugehören. In ihren Schultagen hatte sie oft das Gefühl gehabt, ihrem Leben voranzueilen, sie hatte eigentlich ständig darauf gewartet, daß die Ereignisse sie einholten. An diesem Morgen spürte sie jedoch, wie ihr Leben Geschwindigkeit bekam. Sie erzählte ihrer Mutter, daß sie heiraten würden. Peggys Mutter gab sich überrascht, dabei hatte sie die Neuigkeiten schon von ihrem Mann gehört; in Lauchmans Druckerei, wo er mit Dick zusammenarbeitete, hatte es sich offenbar schon herumgesprochen.

Die Hochzeit würde im November sein, am zweiten Novemberwochenende, denn zum Erntedankfest wollte Peggy alle zum Essen einladen. Sie hatte es sich in den Kopf gesetzt, selber zu kochen.

Als sie ihrer Mutter das erzählte, brachen sie beide in Lachen aus. Vom Kochen hatte Peggy nicht die geringste Ahnung, und ihr Ruf als Köchin verhieß nicht gerade ein Festessen. Sie sagte zu ihrer Mutter, sie müsse ihr bald die ersten Unterrichtsstunden im Kochen geben.

Für Peggy war es schon wirklich. Die Weihnachtsfeiertage in ihrem eigenen Zuhause. Ein Baum, den sie gemeinsam mit Dick schmücken würde. Ein besinnlicher Heiligabend, nur sie beide, mit Weihnachtsliedern von Bing Crosby und Perry Como aus dem Radio.

Ihre Mutter freute sich mit ihr. Für sie gehörte Dick schon zur Familie. Sie bewunderte seine Ehrlichkeit und glaubte, daß er sich mit den einfachen Freuden des Lebens zufriedengeben würde. Zum Beispiel mit einem Schmorbraten am Sonntag. Als erstes würde sie Peggy beibringen, wie man einen Schmorbraten zubereitete.

Er wird dir ein guter Ehemann sein, sagte ihre Mutter.

Das Wort Ehemann hing in der blauen Stille des Morgenlichts. Eine neue Bezeichnung für ihn, die Peggy ihrer Mutter näher brachte. Sie holte ihre Mutter langsam ein, und Peggy konnte sich gut vorstellen, mit ihr endlose Gespräche übers Kochen und den Haushalt und das Leben als verheiratete Frau zu führen. Es würde aufregend sein, sie weniger als Mutter, dafür mehr als Freundin und Vertraute zu haben.

Als die Schulglocke läutete, rannten die Kinder vom Spielplatz auf die Eingangstüren zu und stellten sich in langen Reihen auf. So viel Energie. Vielleicht sah Peggy sich schon eigene Kinder zur Schule bringen, wenn sie noch klein waren. Sah sich an der Ecke stehen und ihre Kinder zwischen den anderen auf dem Spielplatz beobachten.

Sie kreischten vor Freude, als sie hineingingen.

Peggys Mutter machte sich Sorgen, sie könnte für ihr Baby nicht genug Energie haben. Man sah ihr die Schwangerschaft gerade an, und sie hatte ihre alten Umstandskleider vom Boden heruntergetragen. Die Sachen, die sie trug, brachten sie der Zeit vor elf Jahren wieder näher, als sie Peggys Bruder Jack unter dem Herzen getragen hatte. Ein vergangener Teil ihres Lebens wurde ihr nun wiedergegeben.

Peggy versprach, ihr mit dem Baby zu helfen. Aber die Mutter rief ihr ins Gedächtnis, daß sie dann schon ausgezogen wäre. Du wirst dein eigenes Haus haben, dein eigenes Leben.

Peggy bat sie, sich keine Sorgen zu machen. Sie würde in der Nähe wohnen, sie konnten einander jeden Tag besuchen. Und im nächsten Sommer, wenn ihr Vater und Dick anfingen, das Haus in der School Street zu bauen, wären sie oft zusammen, sie beide und das Baby. Du kannst mir alles über Babys beibringen, sagte Peggy zu ihrer Mutter.

Die Zeit des Wartens hatte für beide begonnen. Vielleicht erkannte Peggy das. Die Zeit des Wartens, die andauern würde, bis alles im Wind zerstreut wurde. Sie küßte die Mutter zum Abschied auf die Wange. Hoffentlich bekäme Peggy nicht sofort ein Kind, sagte die Mutter. Hoffentlich hätten Peggy und Dick erst einmal Zeit, einander kennenzulernen. Ihr habt noch soviel Zeit, eure Kinder zu bekommen, sagte sie.

Bevor die Mutter zur Arbeit hineinging, erinnerte sie Peggy daran, daß sie ihr ein Lunchpaket fertiggemacht hatte. Es liege im Kühlschrank neben dem Paket für ihren Vater. Sie wollte, daß Peggy anfing, besser zu essen. Wenn sie es recht bedenke, habe sie sie in den letzten zwei Jahren eigentlich nur Möhren- und Selleriespalten knabbern sehen.

Immer wenn ihre Mutter so wie heute etwas zum Mittagessen einpackte, ließ Peggy das Päckchen in den Papierkorb an der Straßenbahnstation fallen. Ihre Freundin Peg Kirsch hatte sie einmal dabei erwischt. Vielleicht solltest du mehr essen, hatte sie damals zu ihr gesagt. Eines Sonntagnachmittags, als sie bei Liedy's saßen und Peggy ihr gerade den Verlobungsring zeigte, schaute Peg sie über den Tisch hinweg an und dachte: Sie ist so unglaublich hübsch. Ein bißchen schmal, ja. Aber nicht zu dünn. Dieser elegante lange Hals, die hohen, fein modellierten Wangenknochen, die dunklen, leicht gewölbten Augenbrauen. Peg hätte gedacht, daß sie weit wegziehen würde von Hatfield und vielleicht Schauspielerin oder Model würde. Aber Dick war so ein süßer Junge, und sie fand, die beiden seien ein wunderbares Paar.

Peggy war die erste von den Freundinnen, die sich verlobte. Aber selbst dieser große Schritt in ihrem Leben änderte nichts an ihrer Zurückhaltung. Selbst als sie jetzt bei ihrer Freundin saß und ihr den Ring zeigte, schienen ihre Augen nach etwas zu suchen.

Du bist die erste, Peggy, sagte sie. Die erste, die verlobt ist, die erste, die heiratet, und wahrscheinlich die erste, die ein Kind bekommt!

Ich will sechs Jungen, sagte Peggy zu ihrer Freundin. Ihre Freundin sollte das nie vergessen.

Der Winter kehrte zurück. Es war bitterkalt. Peggy blieb lieber draußen vor Lauchmans Druckerei in der eisigen Kälte stehen als hineinzugehen. Es war Freitag nachmittag, und nach der Arbeit bei der Telefongesellschaft sollte sie Dick und ihren Vater in der Druckerei treffen. Sie ging die Broad Street hinab und dann am Bahnhof über die Straße auf die Main Street, wo sie den Mädchen, mit denen sie sonst in die Straßenbahn stieg, zum Abschied winkte. Heute war der Tag, an dem Dick sie seinen Kumpels von der Arbeit in der Druckerei vorstellen wollte. Sie würde ihnen ihren Verlobungsring zeigen.

Sie kam ein bißchen zu früh und erst, als sich ihr Blick auf die Tür heftete, wurde ihr bewußt, daß sie nicht hineingehen konnte. Vielleicht lag es am kalten Wind, daß sie sich noch einmal umdrehte, bevor sie zur Tür kam. Leute liefen auf dem Bürgersteig entlang. Verschwanden in Geschäften und Lebensmittelläden an der Straße. Autos fuhren vorbei. Immer wenn sie das Leben so ganz aus der Nähe betrachtete, konnte sie sehen, daß die Leute zwei Leben lebten. Eines, das sie den anderen offenbarten, und eines, das sie versteckt hielten. Vielleicht war sie auch die einzige, die so lebte. Die einzige, die dies um sie herum wahrnehmen konnte. Sie war noch so jung zu glauben, daß niemand auf der Erde genau dasselbe fühlte wie sie.

In Lauchmans Schaufenster war die Titelseite der Wochenzeitung ausgestellt, mit einer Schlagzeile über den jungen Mann, der angeblich ein Kommunist war. Seine Frau, Mrs. Hiss, stand jetzt vor Gericht und beteuerte, ihr Mann sei unschuldig.

Peggy wanderte durch die Kälte zur Hinterseite des Backsteingebäudes und blieb an der Laderampe stehen. Sie spürte das Beben der Holzbohlen unter ihren Fußsohlen, als die letzte Linotype-Maschine zitternd zum Stehen kam. In der Stille konnte sie die Stimmen der Männer hören. Sie mußte nur wieder um das Gebäude herum zum Eingang gehen, Mr. Lauchman guten Tag sagen, die Schwingtür zur Druckerei aufstoßen und allen ein Lächeln schenken, das war alles. Aber je länger sie hier draußen stand, und je verzagter sie wurde, um so mehr schien es ihr die schwierigste Sache der Welt. Warum wollte sie weglaufen? Wovor hatte sie Angst? Und warum war sie so traurig und distanziert? Sah sie vielleicht etwas in diesem Leben, was andere nicht sehen konnten? Was war es, was sie dort sah, schon seit sie ein kleines Mädchen war? Erkannte sie, daß wir allein sind? Jeder von uns, trotz des geschäftigen Lebens, das um uns herumwirbelt, ist allein. Daran konnte selbst ein Ehemann nichts ändern.

Und was noch? Was wurde ihr an jenem kalten Winternachmittag zur Gewißheit, als sich die Dämmerung über den Nachmittag legte? Vielleicht nur dies: Sie hatte nichts anderes verdient, als einsam zu sein.

Einige Männer hatten schon ihre Mäntel angezogen und wollten gerade nach Hause, als sie endlich hineinging. Sie ist da, rief jemand aus dem hinteren Raum. Da hatte Mr. Lauchman auch schon ihre Hand ergriffen. Peggy schwebte hinter ihm her, es war wie in einem Traum.

Dann stand sie neben Dick und hatte Angst, etwas Falsches zu sagen. Oder schlimmer noch, gar nichts zu sagen, so daß man ihr Schweigen falsch verstand. Daß sie bei diesen Männern, den Freunden ihres Vaters, nicht gut ankam. Und daß sie diesen Jungen – *diesen Ehemann* – enttäuschen würde.

Ihr Vater hatte für alle Männer eine Flasche Bier gekauft, um auf sie anzustoßen. Einen Toast und einen Glückwunsch für dieses Mädchen und diesen Jungen, der bald ihr Ehemann sein würde. Ehemann, ein neues Wort für sie: Jedesmal, wenn sie es aussprach, lag es ihr wie eine schwere Last auf der Zunge.

Ein Kuß auf die Wange von Dicks gutem Freund Bill Crockett, dessen jungenhaftes Grinsen sie so gern mochte. Ihr Leben spulte sich immer schneller ab, und Bill sollte noch in zwei Momenten in der Zukunft auf sie warten, als der Tod sie schon im Arm hielt. Ahnte sie das? Sah sie etwas in seinen Augen?

An diesem Tag sagte er scherzhaft, er hätte in der Wochenzeitung den ganzen Nachmittag Todesanzeigen gesetzt, und Dick, der an der Linotype-Maschine neben ihm stand, sei mit den Heiratsanzeigen beschäftigt gewesen. Das Glück ist eben ganz auf deiner Seite, sagte er zu Dick.

Und da ist sie. Ihr Foto schaut von einer Seite herab. Es ist das Bild von der Schulabschlußfeier, das sie nie gemocht hat, weil ihr Haar sich hinten so kräuselte.

Dick hält die Seite hoch, so daß alle sie sehen können. Applaus füllt den Raum. Und nachdem jeder ihnen alles Gute gewünscht hatte, sah Peggy sich die Zeitung an und las die Worte, die Dick Buchstabe für Buchstabe gesetzt hatte. Die Worte, die plötzlich alles wirklicher erscheinen lassen, als sie es sich vorgestellt hat. Die Worte, die ihr sagen: Hier ist dein Leben, Peggy. Ein neues Leben, aus dem du nicht mehr verschwinden kannst.

Kapitel 26

Auf dem Foto von Peggys Verlobungsfeier ist ihr Gesicht weniger lebendig als das der anderen Mädchen. Die anderen Mädchen öffnen sich der Wärme des Lebens. Es ist ihre Verlobungsfeier, aber sie hält noch immer etwas zurück. Was ist es? War sie sich ihrer Entscheidung, Dick zu heiraten, nicht sicher? Alle erinnerten sich daran, wie unsterblich sie in ihn verliebt war. Wie sie davon sprach, daß sie sechs Kinder von ihm wollte. Billiger im halben Dutzend …

Sie war sich ihrer selbst nicht sicher, aber sie stellte niemals ihre Entscheidung, Dick zu heiraten, in Frage. Er ist auch auf dem Foto von der Verlobungsfeier, sie gehen die Kellertreppen hinunter. Er geht etwas hinter ihr. Die Mädchen hatten Jenny geholfen, das Zimmer zu dekorieren. Papierschlangen winden sich um die Wasserrohre. Ein großes Herz aus Pappe klebt an der Wand. Ihre Namen stehen in ordentlichen Druckbuchstaben in dem Herz – Dick und Peggy.

Jenny gab mir das Foto, als ich sie in New Jersey besuchte. Ich hatte es schon seit Monaten, als mir auffiel, daß die Buchstaben in dem Pappherz genauso aussahen wie die auf dem Schild an der Heckscheibe des Hochzeitswagens, der vor der Lutherischen Kirche geparkt war. Es ist nur ein kleiner Zufall, aber ich wollte so viele Fragen wie möglich beantworten.

Ich sehe mir das Foto an. Peggy im Kreis ihrer Freundinnen. Inzwischen habe ich sie alle kennengelernt. Ältere

Damen, die bei Eis und Schnee vorsichtig sein müssen. Zwei von ihnen haben ihre jungen Ehemänner durch Autounfälle verloren. Eine lebt den Winter über in Florida. Ihre Gesichter ähneln den Gesichtern auf dem Foto kaum. Peggy ist die einzige, die der Zerstörung der Zeit entgangen ist. Ihr, der ihre Schönheit so am Herzen lag, ist es gelungen, sie in der Erinnerung ihrer Freundinnen zu erhalten.

Bei der Verlobungsfeier unterhielten sich alle angeregt über das nächste Jahrzehnt und die neuen Erfindungen, die es mit sich bringen würde. Elektrische Dosenöffner. Elektrische Schreibmaschinen. Die ganze Welt am Kabel und mit Strom betrieben. Und alles in Farbe. Farbfernseher. Fotoapparate, die Farbaufnahmen machten. Geschirrspülmaschinen. Peggy wollte wissen, ob sie auch Töpfe spülen würden. Ich habe noch nie etwas gekocht, ohne daß mir der Topfboden angebrannt ist, erzählte sie den anderen. Und Flugzeuge, die so schnell waren, daß man übers Wochenende nach Paris fliegen konnte. Ein Wochenende Paris!

Einer von ihnen erwähnte, daß sie alle am Ende dieses wunderbaren neuen Jahrzehnts dreißig würden. Dreißig? Ja, dreißig – mit Krampfadern und grauen Haaren.

Auf diesem Foto strahlt Peggys Gesicht Wissen aus, als könne sie über diese Dinge hinaussehen. Ob sie denkt: Das scheint alles nicht wahr zu sein? Die Zukunft. Vielleicht wußte sie deshalb schon, daß sie Kinder haben wollte. Sie brauchte Kinder, die sie mit der Zukunft verbinden würden.

Die Mädchen schenkten ihr Kleinigkeiten für die Aussteuertruhe. Waschlappen und Geschirrtücher. Lippenstift für die Flitterwochen. Eine Schallplatte von Don Cornell mit dem Lied, das sie so liebte: *Wer weiß, ob es ein Morgen gibt.*

Um den Beginn des Sommers zu feiern, fragte sie Dick, ob er mit ihr einen Ausflug machen wollte. Egal, wohin. Ihre erste gemeinsame Reise. Vielleicht würden sie sogar über Nacht bleiben, und alle wären entsetzt. Warum nicht? Sie fühlte sich wie im Himmel auf Erden.

Aus irgendeinem Grund fiel die Wahl auf Lancaster, und Peggy nähte sich ein gelbes Sommerkleid, das hinten mit einer Schleife gebunden wurde. Es war ein heißer, sonniger Tag. Als Peggy in Dicks Auto stieg, verbrannte sie sich am Polster des Beifahrersitzes die Beine und mußte sich auf ihre Hände setzen, bis der Wind, der durch die Fenster hereinströmte, die Sitze abgekühlt hatte. Dick hatte eine Überraschung für sie. Mr. Lauchman, der Besitzer der Druckerei, hatte ihn am Zahltag beiseite genommen. Er wollte Dicks Lohn um fünf Cent pro Stunde erhöhen und ihm soviel Geld leihen, wie er brauchte, damit er nach der Hochzeit Möbel und Haushaltsgegenstände kaufen konnte. Das hieß, daß Peggy das Mahagoni-Schlafzimmer kaufen konnte, das sie im Schaufenster in Philadelphia gesehen hatte.

Die Schlafzimmereinrichtung. Der Küchentisch. Der Plattenspieler. Was du auch willst, ich kaufe es dir, sagt Dick.

Sie umschließt seinen Arm mit beiden Händen, während er am Steuer sitzt. Die Sonne leuchtet ihm ins Gesicht. Er dreht am Radioempfang herum, bis er ein Baseballspiel findet. Etwas findet heute in ihr seinen Platz, ein neues Gespür für sich selbst und das, was sie sich am meisten ersehnt. Sie hat ein Gefühl, als läge ihr ganzes Leben glasklar vor ihr. Es unterscheidet sie von den Leuten, an denen sie auf dem Highway vorbeifahren. Sie sehen müde aus, gehetzt. Die Helligkeit der Welt ist ihnen nicht bewußt.

Die Felder Lancasters berühren den Horizont. Von Pferden gezogene Pflüge werfen braune Erde auf. Auf den Straßen sind Pferde vor schwarze Kutschen gespannt. Ein Bauernmarkt auf einer Dorfwiese. Peggy hält noch immer mit beiden Händen Dicks Arm, als sie an den Auslagen mit Stickereien und geflochtenen Körben vorbeigehen. Die formlosen Kleider der Frauen fallen aufs Gras. Die schwarzgekleideten Männer verziehen keine Miene. Peggy fragt sich, ob sie glücklich sind. Was hält sie hier wohl? Sie fragt sich, ob sie wie diese Menschen von nichts leben könnte. Von nichts als Liebe und Glauben. Wenn alle materiellen Dinge der Welt nichts sind. Die Kinder sehen zu ihnen auf. Ihre Gesichter sind weiß. Sie rühren sich nicht. Peggy möchte sie mitnehmen in die Aufregung und die Hoffnung ihres Lebens.

Später will sich Dick eine Kirche ansehen. Er stellt den Wagen ab, und sie folgt ihm hinein. Es ist ein schlichter Holzbau, vom Licht des Sommers durchflutet. Die Bodendielen sind abgetreten. Bibeln liegen auf den Bänken wie Backsteine. Dick schlägt eine Bibel auf. Das Umblättern hallt in der Leere des Raums wider. Er möchte ihr etwas vorlesen. Seine Lieblingsstelle aus dem Neuen Testament. So vieles, was er tut und zu ihr sagt, kommt unerwartet. Wie seine Stimme immer wieder anders klingt, überrascht sie noch immer. Hier hab' ich's, sagt er. Er beginnt zu lesen, aber sie bittet ihn, sich nach vorn an den Altar zu stellen. Erst will er nicht, aber sie gibt ihm einen Schubs. Dann setzt sie sich in die erste Reihe und sieht zu ihm auf. Lies, na los, lies mir vor, Dick.

Es ist die Geschichte, in der einer der Jünger Jesus fragt, was ein guter Mensch mit seinem Leben tun solle. Weide meine Schafe. Hüte meine Schafe. Weide meine Schafe. Peggy hat sie natürlich schon einmal gehört. Die vielen Sonntage der vergangenen Jahre hat sie alle irgendwo gespeichert. Ein Gefühl der Zufriedenheit überkommt sie. Sie könnte in diesem sonnendurchfluteten Raum leben. Ihr Leben müßte nicht weitergehen als bis hierher.

So lautet meine Predigt für diesen Tag, ruft er ihr zu, und

seine Stimme wird lauter. Ich liebe dich, ruft er, und ich werde dich immer lieben, bis in alle Ewigkeit, Amen.

Auf dem Heimweg scheint sie ihm nicht nah genug kommen zu können. Sie drückt sich wie ein kleines Kind gegen seinen Arm. Als er mit der Armee auf den Philippinen war, erzählt er, gehörte es auch zu seinen Pflichten, nach jeder Mahlzeit die Essensreste zu vergraben. Er dachte sich nichts dabei, bis er eines Tages beobachtete, wie die Menschen den Abfall wieder ausgruben. Sie kauerten wie Tiere im Dreck und verschlangen jedes noch so kleine Bröckchen des verfaulten Essens. Danach grub er nur noch ganz flache Löcher, um es ihnen leichter zu machen. Es war gegen die Vorschriften, aber er tat es trotzdem.

Er legt den Arm um Peggys Schulter und zieht sie an sich. Sie bettet den Kopf an seine Schulter. Er fragt sie, ob ihr Lancaster gefallen hat, und erzählt ihr dann, daß er irgendwann aufs College gehen möchte. Vielleicht ins Seminar nach Lancaster. Er fragt sie, was sie davon hält, und sie antwortet, solange wir nur zusammen sind, ist alles andere unwichtig. Es überrascht sie, wie restlos sie in seinen Ideen aufgeht. Daß sie sich so schnell in ihm verlieren konnte, ängstigt sie ein wenig. Ihr erster gemeinsamer Sommer hat gerade erst begonnen, aber sie kann sich schon jetzt kaum noch daran erinnern, wie ihr Leben ausgesehen hat, als er noch nicht dazugehörte. Dieser Junge neben ihr ist der Junge, dem sie damals auf der Veranda seines Onkels dabei zugesehen hat, wie er seiner Cousine Frances geholfen hat, mit ihren Schienen zu laufen. Damals war er ein Fremder für sie. Wenn auch nicht ganz.

Kapitel 27

Die Aussteuertruhe in ihrem Zimmer ist wie ein Koffer, den sie für eine große Reise über das Meer packt. Und Peggy ist den ganzen Sommer damit beschäftigt, sich neue Kleider zu schneidern. Die Nähmaschine wird nach oben in ihr Zimmer geschafft, und nun sitzt sie nachts Stunde um Stunde da und näht. Nicht nur die Kleider für ihre Brautjungfern, sondern auch die Kleider, die sie als verheiratete Frau brauchen wird. Sie hat sich vorgenommen, noch vor der Hochzeit eine komplette neue Garderobe fertigzustellen. Ihrer Cousine erzählt sie, daß sie die Kleider nähen muß, solange sie noch bei der Telefongesellschaft arbeitet und sich das Geld für den Stoff selbst verdienen kann. Wenn sie erst verheiratet ist, will sie versuchen, schwanger zu werden, und dann wird sie zum Schneidern weder Zeit noch Geld übrig haben. Sie erzählt ihrer Cousine Jean, sie sei sich sicher, daß sie sofort schwanger würde, so wie alle Frauen aus der Familie ihrer Mutter. Viele von ihnen haben Zwillinge bekommen. Ihre Tante Edna hat sogar dreimal Zwillinge bekommen!

Peggys Nachbarin Grace Bower war fünf Jahre jünger, aber als Kind hat sie immer mit Peggy Vater, Mutter, Kind gespielt. Grace wird sich ihr Leben lang daran erinnern, wie ihre Mutter ihr erzählte, in Peggys Zimmer brenne Nacht für Nacht noch spät Licht, weil sie die Kleider für die Brautjungfern schneidere. Ihre Mutter machte sie an drei Gelegenheiten auf Peggy aufmerksam, an drei verschiedenen Abenden, an denen Peggy an der Nähmaschine saß. Beim ersten Mal sagte Mrs. Bower zu ihrer Tochter, Peggy nähe die Hochzeitskleider für sich und die Brautjungfern. Dann sagte sie, Peggy näht Umstandskleidung. Und schließlich, Peggy näht jetzt Babysachen.

Diese wunderbare Entwicklung in ihrem Leben befriedigte Peggy sehr. Jetzt gab es etwas, auf das sie sich freuen konnte, und diese Aussicht half ihr durch die langweiligen Stunden. Sie kann das blaßgrüne Kleid mit dem Reifrock, das sie für die Flitterwochen geschneidert hat, anfassen, es ist wirklich da, sie kann daran glauben. Den langen Wollrock wird sie tragen, wenn sie an den Weihnachtsfeiertagen in ihrem ersten eigenen Heim Besuch bekommt. Sie wird sie erst mal nur zum Dessert einladen, sagt sie ihrer Mutter. Bis sie Kochen gelernt hat, ist etwas Süßes ganz in Ordnung. Und wenn ihre Mutter etwas für sie backen soll, wird sie sich freuen, ihr auszuhelfen.

Falls sie die Zeit hat. Noch ein Monat, dann wird sie sich um ihr neugeborenes Baby kümmern müssen. Peggy findet es erstaunlich, daß ihre Mutter ein Kind bekommt. Morgens, wenn sie früh aufgestanden ist und alle anderen im Haus noch schlafen, bleibt sie zuweilen an der Schwelle des Elternschlafzimmers stehen und beobachtet die Regungen ihrer Mutter im Schlaf. Jedesmal, wenn das Baby sich dreht, rollt sie sich im Schlaf auf die andere Seite und legt die Hand auf den Bauch. Es ist, als übten Mutter und Kind die Schritte eines langsamen Tanzes ein und lernten, ihre Bewegungen aufeinander abzustimmen. Und wenn ihre Mutter morgens aufwacht, wird sie sagen: Ich habe dich gestern abend beim Nähen wieder singen hören, Peggy. Und wieder einmal bin ich bei deinem Singen und dem Surren der Nähmaschine eingeschlafen.

Peggy macht ihre Welt kleiner. In den Monaten vor der Hochzeit ist ihre Liebe zu Dick so vollkommen, daß sie kein Bedürfnis hat, irgendwo hinzugehen. Er holt sie ab, um mit ihr tanzen zu gehen, und dann bleiben sie doch auf dem Sofa ihres Elternhauses sitzen und reden, bis ihnen die Augen zufallen. Sie macht ihm eine Tasse Kaffee, bevor er nach Hause fährt. Bis das Wasser kocht, hält sie ihn im Arm. Was immer dort draußen in der großen Welt geschieht, zählt in solchen Momenten nicht. Alles Schlechte, alles, was sie ängstigt, spielt sich außerhalb des Universums ihrer Liebe ab.

Wenn sie überhaupt weggeht, dann nur zum Babysitten zu ihrem Onkel Howard und seiner Frau Muriel. In der Minute, in der die beiden das Haus verlassen und die drei kleinen Jungen in Peggys und Dicks Obhut zurückbleiben, hat sie das Gefühl, es gehöre alles ihr. Die weiße Spitzendecke auf dem Eßzimmertisch. Die blaue Teekanne auf dem Küchenschrank. Das Haus. Die kleinen Jungen in ihren einteiligen Schlafanzügen.

Alles, was die Jungen wollen, ist, mit Dick auf dem Wohnzimmerboden herumzutoben. Der Kleinste lernt gerade Laufen und torkelt wie trunken herum. Er untersucht Dicks Taschen, während sich die anderen beiden mit Hechtsprüngen auf ihn stürzen. Nicht so doll, ruft Peggy den Jungen zu. Hört auf, Dick an den Haaren zu ziehen!

Hier verliebt sie sich in Dick als Vater. Kann es im Leben etwas Besseres geben als das? Bestimmt nicht. Sie stecken die Jungs zu dritt in die Wanne und lesen ihnen danach Geschichten vor. Heute abend ist Dick mit dem Lesen dran, und Peggy macht ihm unterdessen in der Küche ein Sandwich aus den Resten, die sie im Kühlschrank findet. Es ist zwar nur ein Sandwich, doch bevor sie recht weiß, wie ihr geschieht, hat sie schon fast alle Küchengeräte aus den Schränken genommen. Überall liegen Salatblätter. Plötzlich steht Dick hinter ihr und gibt ihr einen Kuß auf den Nacken. Als sie sich umdreht und ihm in die Augen sieht, kann sie nur noch daran denken, daß sie ihm niemals wird zurückgeben können, was er ihr gibt. Was kann ich dir dafür geben, fragt sie.

Ein Sandwich, sagt er.

Nein, ich meine es ernst. Ich habe dir nichts zu bieten.

So fühlt sie sich nun einmal. Er hat seine Freundlichkeit, sein Licht und seinen kindlichen Glauben an sie – was könnte sie ihm dafür schon wiedergeben?

Dich, sagt er.

Das ist alles, was er sich wünscht auf der Welt.

Ja, sagt sie, ja, natürlich, er kann sie ganz haben, in einem Moment wie diesem fällt es ihr leicht, so etwas zu sagen. Fällt es ihr leicht, nichts zurückzuhalten.

Sie sind albern an diesem Abend. Als Muriel und Howard nach Hause kommen, ist es schon so spät, daß Peggy und Dick dort übernachten. Er schläft auf dem Sofa. Um zwei Uhr morgens gibt sie ihm einen Gutenachtkuß. So spät abends hat sie ihn noch nie geküßt, sagt sie zu ihm. Oder so früh morgens.

Sie liegt im Bett und zwingt sich, wach zu bleiben. Bis drei Uhr. Dann geht sie zurück ins Wohnzimmer und weckt ihn, damit er sie noch einmal küssen kann.

Dieses verrückte Glück, das sie empfindet, ist das Glück, das man oft spürt, wenn sich das Leben verändert. Sie reist zu unbekannten Ufern. Ihr Koffer ist fast fertig gepackt. Sie kann sich sogar vorstellen, daß es an diesem neuen Ort, in ihrem neuen Leben besser sein wird und daß die Dunkelheit sie dort nicht finden wird. Es ist dieses Nirgendwo-Sein, weder hier, wo sie jetzt ist, noch dort, wo sie hinwill, das ihr den Luxus der Hoffnung schenkt.

Am Morgen fahren sie nach Atlantic City. Es ist Labor Day, der erste Montag im September. An der Küste liegt schon die erste Herbstkälte in der Luft. Möwen fliegen im Wind wild durcheinander. Peggy läßt sich von den blaugrünen Wellen tragen, die Haare unter einer blaßrosa Badekappe versteckt. Sie schwimmt in einer geraden Linie von der Küste weg und läßt alle anderen Schwimmer hinter sich, bis Dick sie zurückruft. Er sieht so dünn aus in seiner Badehose. Sie kann jede Rippe sehen.

In Pullovern laufen sie die Strandpromenade entlang. Hand in Hand. Die Ladenbesitzer bemerken sie, wie die Welt Liebespaare bemerkt. Sie spüren die Blicke der anderen auf ihnen ruhen. Peggy und Dick sehen das Interesse der Welt an ihnen. Es ist, als ginge von ihnen ein Licht und eine Hitze aus, die die anderen daran erinnern, was sie einmal fühlten.

Vor einem alten Hotel steht eine lange Reihe Rollstühle aus Korbgeflecht, weiß gestrichen. Dick erzählt ihr von den verwundeten Soldaten, die man während des Krieges hierhergebracht hat. Die Armee hatte einen Teil der Hotels beschlagnahmt. Schwestern schoben die traurigen, gebrochenen Soldaten in Rollstühlen über die Promenade. Stell dir mal die Familien vor. Sie besuchten sie hier und sahen zum ersten Mal ihre Verletzungen. Und was war mit ihren Freundinnen? Wurden die verwundeten Soldaten in ihrer Gebrochenheit noch geliebt? Wer wird sie ein ganzes Leben lang lieben?

Sie brechen zeitig auf, weil sie sich die Schlafzimmereinrichtung in dem Möbelgeschäft noch einmal ansehen wollen. Aber dann beschließt Peggy, Dick die Farm zu zeigen, auf der ihre Mutter aufgewachsen ist.

Es dämmert schon, als sie ankommen. Als sie oben auf dem letzten Hügel sind, sehen sie, daß im Haus Licht brennt. Etwas zerbricht in Peggy. Die Bank hat die Farm ihrer Mutter verkauft. Sie ist weg. Dabei hat sie sich doch irgendwie erlaubt zu glauben, eines Tages gehöre sie ihnen. Sie wollte dort ihre Kinder aufziehen. Die Leute würden vorbeifahren und sie in dem

Autoreifen sitzen sehen, mit einem kleinen Kind im Schoß. Man würde sie um ihr Leben beneiden.

In dem Moment, in dem sie gerade in dieser neuen Enttäuschung versinkt, macht Dick das Foto. Ich kenne das Foto von ihr. Das Auto steht am Straßenrand, dahinter erstrecken sich Felder. Peggy wollte einfach nicht für ihn aussteigen. Er versuchte alles, aber weil sie beschlossen hatte, sich nicht fotografieren zu lassen, machte sie einfach nicht mit. Selbst nach so einem schönen gemeinsamen Tag am Strand. Ihr Gesicht hat etwas Strenges. Die letzten schrägen Sonnenstrahlen werfen Dicks Spiegelbild auf die glänzenden ovalen Radkappen. Er blickt in seine Boxkamera hinunter. Sie starrt ihn voller Zorn an. Noch vor wenigen Momenten saß sie eng an ihn gepreßt auf dem Beifahrersitz, doch nun ist sie Lichtjahre von ihm entfernt. Aus einer anderen Galaxie ruft seine Stimme nach ihr und bittet sie zu lächeln. Lächeln, Peggy. Bitte lächeln. Warum kann sie nicht dieses eine Mal nachgeben?

Man hat mir erzählt, Dick habe ein wunderschönes, ein strahlendes Lächeln gehabt. Ein ganz helles und spontanes Lächeln. Ich selbst habe es nie gesehen. Ich erinnere mich an ihn als einen Mann, der seinen Kopf stets gesenkt hielt. Als er sie verlor, verlor er sein Lächeln für immer.

Sie ging hart mit ihm um. Ihr Starrsinn ist bei den Menschen, die sich an sie erinnern, legendär. So nannten sie es, weil es kein treffenderes Wort gab. Starrsinn. Soll ich es durch ein anderes Wort ersetzen? Ein Wort, das sie entschuldigt? Soll ich sagen, sie war voreingenommen? Bestimmt? Getrieben? Schulde ich es ihr, ein Wort zu finden, das ihren Kopf aus der Schlinge zieht? Vielleicht. Aber sie hielt das Herz dieses Jungen in der Hand, und sie konnte ihm sehr weh tun.

Peggy kletterte an diesem Tag nach dem Foto über den Beifahrersitz nach hinten und weigerte sich den Rest der Heimfahrt, neben ihm zu sitzen. Sie hielt den Kopf gesenkt, sie schaute nicht auf, um seinen Augen im Rückspiegel zu begegnen. Sie wußte, daß sie ihm wieder einmal weh getan hatte, aber sie fand keinen Weg, sich zu entschuldigen.

Kapitel 28

Audrey kommt Anfang Oktober zur Welt, und jetzt steht Peggy morgens noch früher auf, um vor dem Baby wach zu sein. Sie näht bis spät in die Nacht und erwacht in aller Frühe. Ihre Tage vergehen im Flug. Das bißchen Zeit, das ihr in dem beengten Haus in der Market Street bleibt, rinnt ihr durch die Finger. 40 Tage bleiben noch. 40 Tage, nach neunzehn Jahren unter ihres Vaters Dach.

Auf dem Weg nach unten zögert sie in der offenstehenden Schlafzimmertür ihrer Mutter und beobachtet sie mit dem Neugeborenen im Schlaf. Sie steht an der Schwelle und lauscht ihren Atemzügen. Im ganzen Zimmer riecht es süß nach Babypuder. Das Gitterbettchen aus Ahorn ist verlassen. Ihre Mutter hat das Baby zum Stillen mitten in der Nacht ins Bett geholt, und nun schläft es zwischen Peggys Vater und ihr. Wenn das Baby so friedlich schläft, kann Peggy kaum vorbeigehen. Sie möchte es am liebsten jedesmal aus seinem Bettchen nehmen und an sich drücken. Wer je den Geruch eines Babys eingeatmet hat, kann eine Religion erfinden. Einmal, als sie das Baby im Arm hielt – es war in seiner ersten Lebenswoche auf diesem Planeten –, folgten seine Augen der Stimme seiner Mutter durch den Raum. Es ist noch so winzig, gerade erst auf der Welt, und doch weiß es schon, wie wichtig es ist zu erkennen, wer auf seiner Seite steht.

Das Baby ist eine Schwester, und es werden immer achtzehn Jahre zwischen ihnen liegen. Wie oft hat Peggy, als sie klein war, die Mutter gefragt, ob sie noch ein Schwesterchen bekommt, all die Jahre, als sie und die jüngere Schwester enge Freundinnen hätten werden können. Ihre Mutter hatte schon graue Haare, als sie endlich wieder schwanger wurde. In der Kirche haben die frommen Frauen die Köpfe zusammengesteckt und getuschelt, wenn sie vorbeiging und ihren dicken Leib wie eine Schubkarre vor sich herschob. Doch das hat Peggy ihrer Mutter nur näher gebracht. Die Kirchentanten besannen sich auf das nächste Leben, aber die Mutter kostete die Geheimnisse dieses Lebens aus. Zu wissen, daß die Mutter sich eine gewisse Leidenschaftlichkeit bewahrt hatte, die sie mit einem der elementaren Lebenswünsche verband, erfüllte Peggy mit Freude und Stolz.

An einem jener Herbsttage hängen Peggy und ihr Vater eine Wäscheleine auf, die von der Hintertür des Hauses bis zu einer Ecke der kleinen Garage im Durchgang reicht. Seit das Baby da ist, spricht er ständig davon, früher mit dem Hausbau zu beginnen. Eigentlich wollte er erst im nächsten Frühjahr anfangen, aber nun überlegt er, sofort loszulegen. Mit dem Baby und den Großeltern kann er sich in diesem winzigen Haus kaum noch rühren. Es gibt in seinem eigenen Haus keinen Ort, wo er mal allein sein kann. In letzter Zeit ist er häufig in der Garage bei seinen Werkzeugen, die er in bester Ordnung hält. Er ist nun ein Mann mit drei Kindern. Irgend jemand hat ihm erzählt, wenn erst einmal die Kinder die Eltern zahlenmäßig übertreffen, wird alles anders, dann wird das Unternehmen Familie zu einer Beschäftigung rund um die Uhr.

Peggy versteht seine Platzangst, und sie hat ein schlechtes Gewissen, weil sie auch noch da ist in diesem engen Haus. Gestern abend hat sie wieder ein Kleid für die Brautjungfern fertiggenäht, sie hat zusammen mit der Mutter in der Küche daran gearbeitet. Sie ist noch lange aufgeblieben, nachdem ihre Mutter ins Bett gegangen ist, weil sie noch aufräumen wollte, damit der Vater am nächsten Morgen in einer aufgeräumten Küche frühstücken kann.

Als er an diesem Morgen mit der Wäscheleine fertig ist, bittet er Peggy, mit ihm in die Garage zu kommen. Er hat etwas für sie. Mit gesenktem Kopf geht er vor ihr her. Er sieht so traurig und klein aus, findet sie, er scheint zu schrumpfen. Sie kommt einfach nicht an ihn heran. Sie wird nie herausfinden, wer er wirklich ist; sie kennt nur die Äußerlichkeiten, die ihm etwas bedeuten. Ein sauberes Haus, ein poliertes Auto, die Werkzeuge an ihrem Platz auf der Werkbank, die Klappen an seinen Hemdtaschen gebügelt, damit sie nicht abstehen. Wenn ein Leben zu Ende geht, sind das vielleicht genau die Dinge, die uns im Gedächtnis bleiben. Diese Kleinigkeiten tragen zur Ordnung der Welt bei. Peggy teilt mit ihrem Vater das Bedürfnis, der Welt eine gewisse Ordnung aufzuerlegen. In dieser Hinsicht ist sie die Tochter ihres Vaters und wird es bleiben. Sie kann gar nicht anders, sie kann nicht so sorglos sein wie manche Leute, die ihre Sachen auf den Boden fallen lassen und sie dort liegenlassen. Wie Dick zum Beispiel. Auch das findet sie bewundernswert: Für Dick bedeutet die materielle Welt nichts. Mit Ausnahme seines heißgeliebten Autos könnte man ihm alles wegnehmen, und er würde erst nach Monaten merken, daß ihm etwas fehlt. Sie wird ein Leben lang hinter ihm herräumen, das weiß sie, aber sie weiß nicht, warum es ihr etwas ausmacht. Peggys kleine Gewohnheiten – die Schuhe ordentlich im Wandschrank aufzureihen, die Kleider am Ende des Tages zusammenzulegen –, vielleicht werden sich die Menschen später genau daran erinnern. Mehr als an ihre Ideen oder ihre Leidenschaften. Weil sie ihre Ideen, Leidenschaften und Ängste vorsichtig hinter der Ordnung ihrer Welt verbirgt.

Ihr Vater schenkt ihr zwei Eßstäbchen. Er hat ein Paar Trommelstöcke, die in seiner Garage lagen, abgehobelt und mit Schmirgelpapier geglättet. Vor ein paar Abenden hat sie erzählt, sie wolle in den Flitterwochen in New York zum ersten Mal Chinesisch essen gehen und müsse deshalb noch vor der Hochzeit lernen, wie man mit Stäbchen ißt. Also, Peggy, die sind für dich, deine eigenen Stäbchen. Ihr Vater weiß nicht, wie man sie richtig hält, sie wird ihren Onkel Howard fragen müssen, er hat das im Krieg gelernt.

Sie bedankt sich bei ihm. Wieder senkt er den Kopf. Sie sollte jetzt einfach nur die zwei Schritte auf ihn zugehen und ihm einen Kuß geben. Ihn vielleicht in den Arm nehmen. Aber sie tut es nicht. Statt dessen bringt sie die Stäbchen auf ihr Zimmer, schlägt sie in ein blau-weiß kariertes Geschirrtuch ein und legt sie in die Aussteuertruhe für das Leben, das nun schon bald beginnen soll.

Es gab in diesem Herbst immer Wäsche aufzuhängen, und als sich der Winter näherte, wurden die Windeln beim Trocknen bretthart. Peggy hängt sie zum Auftauen über das Heizungsgitter in der Küche. Die Sachen ihrer kleinen Schwester sind so winzig, daß sie einer Puppe passen würden. Die unglaublich kleinen T-Shirts und Söckchen sind Zeugnisse des langen Lebens, das wir auf dieser Erde verbringen. Die Leute sagen immer, das Leben sei kurz, aber das Aufhängen der Babywäsche erhärtet eine langgehegte Vermutung Peggys – daß wir im Leben einen langen Weg zurücklegen.

Die Wäsche aufzuhängen hat etwas Beruhigendes. Es ist eine wesentliche, sinnvolle Tätigkeit, die sie allen anderen Menschen auf der Welt näher bringt, die sich um ein Baby kümmern. Oder sich früher einmal um ein Baby gekümmert haben. Es ist nicht schwer, sich ihre Großmutter Swan auf der Farm, die jetzt verkauft ist, vorzustellen, wie sie die Babysachen von Peggys Mutter in den Wind hängt, der von den Kornfeldern herüberweht. Und ihre eigene Mutter, wie sie

Peggys Sachen aufhängt. Bei dieser Tätigkeit zeigen sich Peggy die elementaren Strukturen des Lebens, und deshalb beeilt sie sich nie dabei. Und sie macht es ordentlich.

Peggy hängt erst alle Windeln nebeneinander, dann die T-Shirts und schließlich die Söckchen. Ordentlich aufgehängte Wäsche erfüllt sie mit Befriedigung. Sie weiß, daß das albern ist, aber es macht ihr einfach Freude. In den Gärten an der Market Street scheinen die Leute heimlich darum zu wetteifern, wer das ordentlichste Leben führt. Man sieht es auch daran, wie sich die Leute um ihren Rasen kümmern. Seit die Männer aus dem Krieg zurück sind, scheint Ordnung für die Menschen eine wesentliche Rolle zu spielen. Ordnung, die die schreckliche Unordnung in Schach hält, die unaussprechliche Unordnung des Krieges.

Ein geordnetes Leben. Spürte sie, daß die Ordnung nur eine Illusion ist, an die wir uns klammern, damit wir uns nicht mit der Tatsache auseinandersetzen müssen, daß wir nur für kurze Zeit auf diesem Planeten zu Gast sind? Hatte sie schon erfahren, daß das Leben jeden Moment ins Chaos abstürzen kann? Bemühte sie sich deshalb darum, in ihrer kleinen Welt alles so ordentlich wie möglich zu halten?

Es war ein Weg, mit ihrer Angst fertig zu werden.

Sie fürchtete sich vor den Flugzeugen am Himmel, während sie die Wäsche für ihre Mutter aufhing. Es gab in diesem Spätherbst 1949 so viele. Sie kamen vom Flugplatz in Willowgrove, wo Kampfpiloten für den nächsten Krieg ausgebildet wurden, für den Krieg, an den sie jetzt dauernd denken muß. Wie oft Dick ihr auch versichert, daß es keinen Krieg in Korea geben wird, sie läßt sich nicht überzeugen.

An einem Samstag morgen, als sie eigentlich zu Hause auf Dick warten sollte, weil sie einkaufen gehen wollten, ging sie in die Bibliothek. Sie ließ ihm durch ihre Mutter ausrichten, er solle sich dort mit ihr treffen.

Er lächelte, als er zur Bibliothek hereinkam. Er trug seinen neuen Tennispullover. Den mag sie besonders an ihm, das würde sie ihm noch oft sagen, er ist cremeweiß, mit einem roten und einem blauen Streifen um den V-Ausschnitt und an den Bündchen. Sie zeigt ihm im Weltatlas, wo dieses Land liegt. Korea. Es ist so klein, daß es unter ihrem Daumen verschwindet. Aber auf der anderen Seite der Welt.

Er ist sprachlos.

Wie kannst du nur ständig an solche Sachen denken, Peggy?

Welche Sachen?

Na, an alles, was einen traurig macht.

Darauf gibt es keine Antwort, und so sucht sie erst gar nicht nach einer Erklärung. Sie hätte sich heute morgen eigentlich das Haus auf der Broad Street in Lansdale anschauen sollen. Wie konnte sie das vergessen? Wie konnte sie vergessen, daß sie ihre schrecklichen Ängste überwinden kann, indem sie sich der Bewegung des normalen Lebens anvertraut? Wenn sie sich einfach von den Strömungen des wirklichen Lebens mitreißen läßt.

Es ist ein süßes kleines Häuschen, ein Reihenhaus an einer breiten, von ausladenden Ulmen gesäumten Straße. Treppen führen vom Bürgersteig auf die vordere Veranda. Jedes Haus hat hier eine Veranda. Verschnörkelte Geländer zu beiden Seiten markieren die Grenze zur Nachbarveranda. Im Nebenhaus wurde oben an der Treppe ein Kindergitter angebracht und auf der anderen Seite des Hauses ebenso. In diesen Häuschen geht es lebhaft zu, und wenn sie sich konzentriert, kann sie es sogar hören. Hier wäre sie nie allein. Wenn ihr danach ist, kann sie die jungen Mütter zum Kaffee einladen. Sie kann den Tisch mit den Tassen und Untertassen decken, die sie sich zur Hochzeit ausgesucht hat. Wüstenrosenmuster.

Es ist genau so wie das Reihenhaus, in dem Dick nur ein paar Straßen weiter mit seinen Eltern lebt. Sie sehen durch die

Fenster ins Wohnzimmer, und sie zeigt ihm, wo der Weihnachtsbaum stehen soll. Er zählt die Zimmer ab und sagt ihr, daß eins über ist.

Und da, sagt er und dreht sich zur Straße um. Da vorne ist gleich das Krankenhaus. Das Elm-Terrace-Krankenhaus steht gleich gegenüber auf der anderen Straßenseite. Seine Schwester Jean hat dort vor einer Woche ihren kleinen Sohn bekommen.

Im Garten, einem langgezogenen Rechteck vor einer winzigen Garage, hing schon eine Wäscheleine. Es regnete an diesem Morgen, sonst hätte sie vielleicht die Frauen, die ihre Nachbarinnen werden sollten, ihre Wäsche aufhängen sehen. Ein Zimmer für das Baby. Ein Garten mit einer Wäscheleine. Wenn sie ein Kind auf diese Welt bringt, wird es auch die täglichen Aufgaben und Pflichten mit sich bringen, die ihr Leben anfüllen und sie von ihren Sorgen ablenken können. Ihr Leben wird sich rund um die Bedürfnisse des Babys neu ordnen. Sie wird viel zu beschäftigt sein, um sich über die Flugzeuge am Himmel Sorgen zu machen.

Dick möchte ihr an diesem Morgen etwas zeigen. Er hat bei Lauchmans ein kleines Kärtchen gedruckt.

Dick und Peggy Snyder
empfangen ihre Gäste
ab dem 4. Dezember
in der North Broad Street 623
Lansdale, Pennsylvania.

Er hat die erste Miete schon bezahlt. In vier Wochen werden sie hier gemeinsam leben. Die Hochzeit wird schon hinter ihnen liegen. Weihnachtskerzen am Baum. Und vielleicht eine Lichterkette am Verandageländer.

Als sie die Karte in der Hand hält, wird es für sie langsam wirklich.

Kapitel 29

Sie schaut auf, als sie vor die Kirche tritt. Da ist ihr Vater mit einer Kiste Reis, die er über den Kopf hält. Und dann regnet der Reis auf sie herab. Sie trägt einen weißen Mantel über dem Hochzeitskleid und hält die lange Schleppe mit der linken Hand. Ihre rechte Hand ruht auf Dicks Arm. Es ist ein kalter grauer Tag. Ein Tag ohne Schatten. Ihre Mutter sieht sehr alt aus, und in Peggys Gesicht liegt ein besorgter Ausdruck. Niemand kann sich erinnern, je eine schönere Braut gesehen zu haben. Vielleicht ist sie überwältigt. Vielleicht ist das die Erklärung für den versonnenen Blick in ihren Augen. Sie ist zwar auf dem Foto zu sehen, aber sie ist nicht wirklich anwesend. Ihre Gedanken sind ganz woanders.

Es ist dunkel, als sie den Empfang endlich verlassen können. Sie tanzt mit Dick einen langsamen Tanz zu »Peg of My Heart« – sie sind das einzige Paar auf der Tanzfläche –, dann fahren sie los nach New York. Auf dem Weg zum Wagen überreicht ihr eine ihrer Freundinnen ein kleines, in Goldfolie gewickeltes Päckchen. In der Aufregung des Tages und bei den vielen Dingen, die sie während der vierstündigen Fahrt nach New York zu besprechen haben, vergessen sie das Geschenk völlig, bis die Nacht vorüber ist und Dick zum ersten Mal neben ihr schläft, während sie kein Auge schließen kann, wie es scheint. Sie wird sich stets an die glücklichen Gesichter erinnern und oft an sie denken. Mehr als alles andere hat sie sich gewünscht, daß sich die Leute auf ihrer Hochzeit amüsieren, und offenbar haben sie das getan. Sie haben alle gelächelt, als Peggy und Dick sich umdrehten und als Mann und Frau den Gang entlangschritten. Und nun, in der Hochzeitsnacht, als ihr Mann an ihrer Seite im Schlaf liegt, reicht schon die Erinnerung, um sie der Verheißung ihres Lebens zu versichern. Alle Menschen in der Kirche waren von ihrem schönen *neuen* Leben fasziniert. Das konnte sie an ihren lächelnden Gesichtern sehen.

Sie schaltet das Nachtlicht an und packt das Geschenk aus. Ein Bestseller, *Im Dutzend billiger*. Die wahre Geschichte einer Familie mit zwölf rothaarigen Kindern.

Das Leben ist eine zusammengelegte Brille auf dem Nachttisch, deren vergoldetes Gestell die ersten Sonnenstrahlen des Tages zurückwirft. Das Leben ist die Kleidung eines anderen, die neben der ihren über einer Stuhllehne hängt. Der Junge, den sie liebt, der jetzt neben ihr liegt, ist die Bestätigung der Ordnung und Heiligkeit des Lebens. Ein schmaler goldener Reif an seinem Finger, der genau zu ihrem paßt. Sein Gesicht auf dem Kissen. Wenn wir jemanden aufwachen sehen, können wir erkennen, wer er ist. Es sind diese ersten Sekunden, wenn der andere aus dem Schlaf zurückkehrt, bevor er sich erinnert, welchen Platz er in diesem Universum einnimmt. Hier ist ein Junge, der für sich selbst um nichts bittet, nur daß sie ihn nie verläßt. Sie kann sich nicht vorstellen, dieses Gelübde jemals zu brechen. Da stehen seine glänzend polierten schwarzen Schuhe auf dem Boden an der Tür. Ein Schmerz, den sie in sich trug, seit er sie zum ersten Mal berührt hat, eine Sehnsucht, mit der sie zu leben gelernt hat, ist irgendwann in der Nacht endlich verschwunden, und eine wunderbare Leichtigkeit hat ihren Platz eingenommen. Auf der anderen Zimmerseite dient ein Regalbrett als Schreibtisch. Auf einem mit den Worten »Taft Hotel« bedruckten Briefbogen schreibt sie ihm eine Notiz, die sie neben sein Gesicht aufs Kopfkissen legt. *Bist Du so glücklich wie ich?*

Sie ist hier im elften Stock eines Hotels in der größten Stadt der Welt. Das kommt ihr merkwürdig vor. Weil sie jedoch noch so jung ist, daß sie sich nur umzudrehen braucht, um den Weg zu erkennen, der sie hierher geführt hat, hat sie den Eindruck, ihr Leben im Griff zu haben.

Sie hat viel zu viele Kleider eingepackt. Vier Koffer voll. Und eine Hutschachtel. Sie hat gepackt wie ein Filmstar. Einen Koffer für jeden Tag. Wie eine Schauspielerin, die sich für jede Szene umkleiden muß.

Ihre Nägel und ihr Lippenstift. Ihr Teint. Sie sorgte sich um ihre Schönheit. Was Kleider anging, so hatte sie eine besondere Vorliebe für Schleifen oder Schärpen an Taille und Kragen, irgendein Beiwerk, um dem Kleid den letzten Schliff zu geben, damit sie sich darin verstecken konnte. Aber hier in New York hat sie die Freiheit, ihr Gesicht zu zeigen und jedem, der ihr entgegenkommt, ins Gesicht zu sehen. Zum ersten Mal in ihrem Leben ist sie an einem Ort, wo niemand sie kennt und wo es niemanden gibt, den sie schon einmal enttäuscht hat! Sie könnte hier irgend jemand sein. Vor lauter Freude macht sie Luftsprünge auf dem Bürgersteig.

Fünf Tage lang kommt Dick kaum hinter ihr her. Das Spiel geht so: Wenn er es schafft, sie einzufangen, bekommt er einen Kuß, und dann ist sie gleich wieder auf und davon. Ein Kuß an der Freiheitsstatue, auf dem Empire State Building, vor den Geschäften an der Fifth Avenue, den großen Schaufenstern, die für das Weihnachtsfest geschmückt sind. Sie öffnet die Augen, während er sie küßt, und ihr Blick fällt auf ihr Spiegelbild in der Glasscheibe. Wer ist sie? Ein Mädchen, das Stäbchen in der Handtasche mit sich herumträgt. Ein Mädchen, das mal davon geträumt hat, in dieser Stadt zu wohnen. Ein Mädchen in den Armen eines Jungen, der sie über alles liebt. Sie kann seine Liebe spüren, es ist ein Zittern, das von seiner Haut aufsteigt. Sie muß jetzt nur eins tun, sich an ihn schmiegen und seine Berührung erwidern.

In der Eingangshalle des Hotels sitzt eine Frau namens Miss Allen an einem Tisch und beantwortet die Fragen der Touristen über New York. Sie sei sehr berühmt, erzählt sie ihnen, denn es gäbe keine Frage, auf die sie keine Antwort weiß. Sie trägt ihr Haar in einem Knoten. Als Peggy das erste Mal durch die Eingangshalle gegangen ist, hat sie sie beiseite genommen und gefragt: Flitterwochen, stimmt's? Ich sehe so was. Jedesmal, wenn sie Peggy nun zu Gesicht bekommt, lächelt sie ihr wissend zu. Das Geheimnis einer Frau vielleicht? Erinnerungen an ihre eigenen Flitterwochen. Peggy muß darüber nachdenken, wie sie auf diese Frau wirken mag. Schließlich tut sie ihr leid, auch all die anderen, die nicht mehr jung und verliebt sind.

Es gibt eine Drogerie im Hotel. Zwei Speisesäle, zwei Nachtclubs und einen Blumenladen, wo Dick für Peggy einen Strauß Rosen kauft. Er hält ihn hinterm Rücken versteckt, als er aus dem Fahrstuhl kommt und ihr direkt in die Arme läuft. Sie schubst ihn wieder hinein, und als die Türen zu sind, drückt er sie an die Holztäfelung. Es ist der erste Fahrstuhl, in dem sie je gewesen ist. Sie küßt ihn den ganzen Weg nach unten. Als die Türen aufgleiten, merkt sie, wie er sich von ihr löst. Doch sie will ihn nicht loslassen. Aus irgendeinem Grund möchte sie, daß alle sie in seinen Armen sehen.

Ich habe ihn erst letzte Woche gesehen. Peggys jungen Mann, meinen alten Vater. Ich habe ihn angesehen, wie er dort in einem Stuhl schlief und das seidige weiße Haar zur Seite fiel. Die Hände hielt er im Schoß gefaltet. Wir sprachen über ihre

Flitterwochen. Er erzählte mir, daß sie sich das Taft-Hotel ausgesucht hatten, weil vom Tanzclub auf dem Dach einmal in der Woche eine Radiosendung übertragen wurde, und Peggy und er sich jeden Sonnabend, seit sie sich begegnet waren, die Bigband angehört hatten. Die Vincent-Lopez-Band. Ich hörte meinem Vater zu und beobachtete seinen Gesichtsausdruck; da war etwas in seinen Augen, für einen Moment blitzte ein Funke der Erinnerung auf. Aber dann fiel ihm der Kopf auf die Brust, und er schlief ein. Mein kleiner Sohn Jack kam zu mir und flüsterte mir ins Ohr: Schläft Opa immer ein, weil er dieses Ding in seinem Kopf hat?

Ich hörte Jack nicht richtig zu. Ich betrachtete Peggys Mann in seinem Schlaf und erinnerte mich, daß er im Schlaf schon immer gequält ausgesehen hat. Es war so ganz anders als das Gesicht, das er der Welt zeigte, wenn er wach war. Er schien im Schlaf gar nicht zu ruhen. Als kleiner Junge stand ich oft neben ihm, wenn er in seinem goldfarbenen Stuhl im Wohnzimmer saß, wo er nach der Arbeit über seiner Zeitung einzuschlafen pflegte. Als Kind beobachtete ich ihn genau. Lange Zeit, eigentlich bis er wieder heiratete, dachte ich, er wäre mein Bruder. Ich weiß noch, wenn er abends mit seinen Freunden ausging, stand ich in der Tür und jammerte, er solle zu Hause bleiben, und dann mußte er mir versprechen, mir etwas mitzubringen. Egal, wie spät es war, wenn er zurückkam, war ich noch wach und wartete darauf, daß er sein Versprechen einlöste. Er hat mich als Kind niemals im Stich gelassen. Er hat mir immer das Gefühl gegeben, daß ich für ihn etwas Besonderes sei. Er stellte sich immer auf meine Seite. Er war immer da für seine Jungen. Das würde ich Peggy gern erzählen.

Doch wenn er schlief, erschreckte mich sein Gesicht. Es sah immer so aus, als kämpfe er ohnmächtig gegen eine gewaltige Kraft an. Als ich ihn an diesem Tag beobachtete, erkannte ich, daß Peggys Tod in den letzten 47 Jahren seinen Schlaf beherrscht hat. Ich glaube nicht, daß er ihren Tod überlebt hat. Der Junge, der auf dem Dach des Taft-Hotels Jitterbug tanzte, verschwand, als sie starb. Zur Zeit, als ich meinen Vater kannte, durchlebte er die langen mittleren Jahre seines Lebens. Den Anfang und das Ende hatte er schon hinter sich.

Kapitel 30

Bei Peggys erster Schicht bei der Telefongesellschaft wollen die Mädchen alles über ihre Reise nach New York wissen. Am Abend scharen sie sich um sie, und Peggy erzählt von der großen und phantastischen Welt jenseits der engen Grenzen Pennsylvanias. Noch während sie die Fragen beantwortet, wird ihr bewußt, wie unwahrscheinlich es ist, daß sie, ein Mädchen aus der Kleinstadt, deren Leben sich bislang innerhalb von drei Quadratkilometern abgespielt hat, von ihren Reisen zu fernen Zielen erzählt. Sie sieht sich ihre Gesichter an, hört die aufgeregten Stimmen, und plötzlich ist sie ganz zufrieden, denn ihr Leben scheint jetzt den rechten Lauf zu nehmen. Seit so langer Zeit hat sie sich der Welt, in der die anderen wohnen, nicht zugehörig gefühlt, und nun lebt sie in einer Welt, die die anderen nicht kennen.

Die Mädchen haben gehört, daß sie nur noch halbtags arbeiten wird, und wollen wissen, ob es stimmt.

Ja, das stimmt.

Eins, zwei, drei, vier, Brot und Bier, wär' ich verheiratet, wär' ich nicht hier, singt eine von ihnen und seufzt neidisch.

Peggys Leben hat sich für sie geöffnet. Natürlich gibt es auf der Welt unzählige verheiratete Frauen, manche sind sogar frisch verheiratet wie sie selbst. Doch ihr Leben mit Dick ist etwas ganz Besonderes, das spürt sie, das hat sie in den Knochen.

Sie wird ab jetzt die Schicht von zwölf bis fünf Uhr machen, also lädt sie die Kolleginnen ein, sie Samstag morgen in ihrer Wohnung in der North Broad Street 623 besuchen zu kommen.

North Broad Street 623? Ein Mädchen zieht sie deshalb auf. Peg, das ist ja gleich gegenüber von der Wöchnerinnenstation im Elm Terrace!

Verheiratet. Sie ist früh auf, steht am Gasherd und läßt den Speck anbrennen. Dick kommt in die Küche gesprungen, er hat gedacht, es brennt.

Nein, es ist nur der Speck. Es liegt am Herd. Ich bin eben einen elektrischen Herd gewöhnt, aber auf diesen gottverdammten Gasflammen brennt mir immer alles in der Pfanne an.

Dick versucht alles, um sie zum Lachen zu bringen. Es ist nicht einmal fünf Uhr, erinnert er sie, es dauert noch Stunden, bis die ersten Mädchen kommen. Er möchte, daß sie wieder zu ihm ins Bett kommt.

Sie kann nicht, nicht jetzt. Sie will erst diesen lächerlichen Herd in den Griff bekommen.

Als die Mädchen eintreffen, stehen vier Bratpfannen zum Einweichen in der Spüle, und die Fenster sind weit aufgerissen, um frische Luft hereinzulassen. Die Kolleginnen machen sich einen Spaß daraus, und Peggy lächelt und tut so, als fände sie es lustig. Aber am Abend ärgert sie sich immer noch, und als Dick sie trösten will, weigert sie sich, mit ihm zu sprechen. Es ist schon sehr spät, als sie sich an die Nähmaschine setzt, um sich abzuregen. Sie arbeitet an einem neuen Kleid, das zusammengefaltet auf dem Stuhl neben der Maschine liegt. Als sie es hochnimmt, riecht es nach ausgelassenem Speck. Sie drückt ihr Gesicht in den Stoff, sie will am liebsten weinen. Sie wird ihr ganzes Leben lang so riechen, als arbeite sie in einem Restaurant. Bevor sie das Kleid in den Müll wirft, zwingt sie sich, jeden einzelnen Stich mit der Schere wieder aufzutrennen. Einen Stich nach dem anderen. Es dauert fast die ganze Nacht.

Sie war zu jung, zu verstehen, warum sie so hart mit sich ins Gericht ging. Sie war erst achtzehn, es war im Jahr 1950, zu einer Zeit, in der die Menschen einfach nicht über Dinge sprachen, die nicht leicht und angenehm waren. Doch ihre Unwürdigkeit quälte sie unendlich, sie zeigte sich bei jedem Mißgeschick und jedesmal, wenn sie jemanden enttäuschte, von neuem. Ihre Fehler waren so abscheulich, daß die Welt die Chance verdiente, sie loszuwerden. Ihre Freunde verdienten dasselbe.

Und was war mit Dick, der vor Liebe so blind war, daß er ihre Schwächen gar nicht sah? Seine Liebe zu ihr war allumfassend. Er liebte sie mit der bedingungslosen Liebe eines Kindes.

Und das wußte sie. An den guten Tagen, wenn sie außer ihren eigenen Ängsten noch etwas wahrnehmen konnte, wußte sie das.

Zähle die guten Tage, die sie in ihrer kleinen Wohnung auf der Broad Street verbrachte, die Tage, bevor alles zerfiel. Was war mit Weihnachten, ihrem ersten und letzten Weihnachten? Sie nähte zwei Strümpfe aus Kordsamt und stickte ihre Namen mit weißem Garn darauf. Sie schickte Briefe an ihre Freunde und lud sie zu den Feiertagen ein. Sie malte sich aus, wie sie in der Wohnung staubwischen und staubsaugen und putzen würde, damit alles so perfekt aussah, wie sie es haben wollte, wenn ihre Freunde zu Besuch kamen. Wenn sie nicht schlafen konnte und ihre Augen zum Nähen zu müde waren, ging sie einfach von Zimmer zu Zimmer und erfreute sich an dem Versprechen ihres Lebens.

VIERTES BUCH

Kapitel 31

Mitternacht ist gerade vorbei, und mein Sohn Jack liegt neben meinem Bett auf dem Boden in seinem Schlafsack. Als er drei oder vier Jahre alt war, hat er jede Nacht bei uns im Zimmer geschlafen, aber jetzt, wo er neun ist und wir in einem größeren Haus wohnen, hat er zum ersten Mal ein eigenes Zimmer. Ich kann mich nicht erinnern, wann er zum letzten Mal so neben mir geschlafen hat. Er ist hier, weil heute mein Hockey-Abend war und ich ihn mit zur Eisbahn genommen habe. Er wollte mir beim Spielen zuschauen.

Ich bin Torwart. Besser gesagt, ich war einer, aber wegen meiner kaputten Bandscheibe ist es mittlerweile fünf Jahre her, daß ich bei einem echten Spiel mitgemacht habe. Heute war ich zum ersten Mal seit langer Zeit wieder auf dem Eis, und um die Wahrheit zu sagen, ich habe Jacks Hilfe gebraucht, um die Torwartausrüstung anzuziehen, die untersten Schnallen der Knieschoner kann ich nicht mehr allein schließen.

Auf der Fahrt nach Portland dachte ich an meinen Vater. Er hat sich keines meiner Football- und Baseballspiele entgehen lassen, als ich in der High School war. Mir machte es wahnsinnig viel Spaß, für ihn zu spielen. Als ich dann von verschiedenen Colleges Stipendien angeboten bekam, hatte ich das Gefühl, endlich erwachsen zu werden. Ich weiß noch, eins wollte ich mein Leben lang tun – ich wollte mich immer um meinen Vater kümmern. Das war, bevor ihm ein Neurochirurg in Williamsport, Pennsylvania, mitteilte, daß er einen Gehirntumor habe. Draußen im Flur vor dem Krankenzimmer meines Vaters erzählte mir der Arzt, daß der Tumor die Größe einer Limone habe und entfernt werden müsse.

Ich stritt mich lange mit meinem Vater, als er beschloß, die Krankheit Gott und der Heilkraft seines Glaubens anzuvertrauen, statt sich operieren zu lassen. Am Anfang war ich sehr wütend, bis mir klar wurde, daß es sein Leben war.

Sein Glauben hat ihn jetzt lange getragen. Er hat sich gut gehalten, obwohl seine Geisteskräfte allmählich nachgelassen haben. Er war zum Beispiel immer ein wunderbarer Autofahrer, und ich habe mich stets sicher gefühlt, wenn er hinter dem Steuer saß, aber jetzt ist er schon seit Jahren nicht mehr gefahren.

All das ging mir heute durch den Kopf, und deshalb habe ich ja gesagt, als ein Anruf von der Eishockeyliga kam, ob ich heute abend im Tor stehen könnte.

Auf der Fahrt war ich nervös. Als ich zum letzten Mal bei einem echten Spiel mitgemacht habe, konnte ich mich nicht so konzentrieren, wie man muß, wenn man in der Schußlinie der Pucks steht. Damals fegte mir ein Puck am Handschuh vorbei und traf mich am Adamsapfel. Ich bekam keine Luft mehr und wurde ohnmächtig.

Heute abend hatte ich allerdings keine Angst davor, wieder einen Schlag einstecken zu müssen. Ich hatte Angst, Jack zu enttäuschen.

Jack stand hinter mir, jenseits der Glasscheibe, und verfolgte jede Bewegung, und so gewann ich das Spiel. Ich glaube, ich habe nie besser gespielt. Ich nahm den Helm ab und beobachtete meinen Sohn aus den Augenwinkeln, als die Spieler nach dem Abpfiff ans Netz gefahren kamen und mir die Hand schüttelten.

Im Umkleideraum reichte jemand Bierdosen herum. Ich hatte meine Ausrüstung schon zur Hälfte abgelegt, als plötzlich ein Kerl auf Schlittschuhen in der Tür stand. Das nächste Spiel fing gleich an, und sie hatten keinen Torwart.

Ich mußte meinen Sohn ins Bett bringen, denn morgen war Schule. Das gab ich als Entschuldigung an. Aber Jack meinte, es sei in Ordnung, er sei nicht müde und schlafe sowieso nachts zuviel. Er war schon dabei, die Schoner wieder aus meinem Matchbeutel zu holen. Die anderen Typen sahen uns lächelnd zu. Einer von ihnen warf mir noch ein Bier zu. Jack legte mir den Arm um die Schulter und sagte: »Mein Dad spielt.«

Sobald ich auf dem Eis war, sah ich, daß diese Typen keine Spieler zweiter Klasse waren. Beim Aufwärmen flogen die Pucks nur so an mir vorbei, ich konnte sie unmöglich halten.

Aber Jack war da und sah zu, und ich gewann, weil er hinter mir stand und weil ich ein paar starke Abwehrspieler vor mir hatte. Ich brachte den vollen Einsatz, wenn ich mußte.

Nun liegt er auf dem Boden neben mir, und ich fühle mich geehrt, daß er heute nacht lieber bei mir bleiben will, statt in seinem Zimmer zu schlafen. Und da ist noch etwas: Ich habe heute abend bei dem zweiten Hockeyspiel aus einem anderen Grund mitgemacht. Nicht weil mein Sohn nicht denken soll, daß ich langsam alt werde. Er hat gewußt, daß ich alt werde, noch bevor ich die Schlittschuhe angezogen habe. Ich wollte nur, daß er sieht, daß ich immer noch stark bin – er soll keine Angst haben, mich zu schubsen, wenn er denkt, daß ich es nötig habe, oder mich anzuschreien und sich mir gegenüber zu behaupten, wenn ich ungerecht bin. Er hat gewußt, daß ich alt werde, aber ich will nicht, daß er sich um mich Sorgen machen muß.

Eine Woche später. Ich habe meine Familie nach Pennsylvania mitgenommen. Wir sind in einem Zimmer im Holiday Inn in Kulpsville gleich an der Schnellstraße untergekommen. Sie waren alle erschöpft von der Reise und sind gleich nach dem Essen eingeschlafen. Es ist sieben Uhr und noch nicht einmal dunkel draußen. Ich blicke mich in diesem überfüllten Raum um, in dem meine Familie so friedlich schläft. Wie lange ist es her, seit meine Kinder gelernt haben, so mühelos einzuschlafen? Es hat Jahre gegeben, in denen es für mich die größte Herausforderung war, die Kinder zum Schlafen zu bringen. Diese Jahre sind vorbei. Plötzlich fällt mir auf, wie schnell die Jahre vergangen sind. Ich frage mich, wie Peggy wohl mit mir und meinem Bruder in den Nächten, wenn wir nicht einschlafen konnten, zurechtgekommen wäre. Nächte, in denen sie so erschöpft gewesen wäre, daß sie, ohne mit der Wimper zu zucken, vier oder fünf Jahre ihres Lebens gegeben hätte, wenn wir nur endlich groß wären und alleine einschlafen könnten.

Es ist ein heißer Abend, so heiß wie die Abende in Pennsylvania, die ich aus meiner Kindheit in Erinnerung habe. Die Zeit im Jahr, in der mir die wollene Baseballuniform, die ich in der Little League trug, am Hals und an den Schultern klebte.

Ich sitze im Bett und denke an den Tag, der vor mir liegt. Am Morgen wird mein Bruder eintreffen, und wir werden zu Dr. Wright gehen und an seiner Tür klopfen. Zum ersten Mal seit Peggys Tod im Jahr 1950 werden morgen die fünf Männer aus meinem Alptraum versammelt sein. Dr. Wright, mein Großvater, Vater, mein Bruder und ich. Ich werde erfahren, ob wir fünf uns verschworen haben, um meiner Mutter das Leben zu nehmen.

Nach einer Weile stehe ich auf, weil ich spazierengehen will. Es ist eng, wir sind hier zu sechst im Zimmer. Meine Älteste, Erin, schläft auf dem Fußboden, und ich muß sie ein Stück zur Seite schieben, bevor ich die Tür öffnen kann. Die anderen Kinder haben ihre Sachen überall im Raum verteilt, doch Erin hat ihre ordentlich neben meine auf einen Stuhl gelegt. Sie sind sorgfältig gefaltet. Unter dem Stuhl stehen die Halbschuhe und Tennisschuhe in einer Reihe neben meinen. Die Schuhspitzen sind alle gleich weit von den Stuhlbeinen entfernt.

Erin ist jetzt zwölf und bleibt wie ich stehen, um ein Bild an der Wand geradezurücken oder die Arbeitsfläche in der Küche auf dem Weg nach draußen abzuwischen. Sie gibt viel auf Ordnung. Sie spricht kaum mit anderen über ihre Gefühle. Ich habe ein Bild von meiner Mutter im Kirchenchor, als sie in dem Alter war. Sie sieht Erin so ähnlich, daß man zweimal hinsehen muß, um sicher zu sein. Und wie Peggy singt diese Tochter wie ein Engel. Amy Oliver, die mit meiner Mutter bei der Telefongesellschaft arbeitete, als die beiden siebzehn waren, hat mir erzählt, daß die Männer sich damals in Peggy verliebten, weil sie so eine schöne Stimme hatte. Wegen ihrer Stimme hat sich auch der Buchmacher in sie verliebt.

Ich hebe meine Tochter vom Boden auf und lege sie neben Colleen ins Bett. Als ich sie auf den Armen halte, schweben ihre Arme plötzlich zu beiden Seiten in der Luft. Es sieht aus, als wolle sie durch die Nacht fliegen. Ich möchte sie im Schlaf besuchen. Ich möchte wissen, warum sie sich die Zeit nimmt, ihre Sachen jeden Abend ordentlich wegzulegen. Ich möchte wissen, warum ihr das so wichtig ist.

Ein paar Kilometer von hier wohnt Peggys Tante Anna in der Columbia Street, nur ein paar Straßen von dem Haus auf der Market Street entfernt, wo sie zur Welt kam und heiratete. Sie erinnerte sich an einen Besuch in Peggys Wohnung auf der Broad Street. Es war kurz nachdem die beiden aus den Flitterwochen zurückkamen. Peggy hatte gerade gebadet und mußte unbedingt erst die Badewanne saubermachen, bevor sie mit Anna sprechen konnte. Anna wartete lange im Wohnzimmer auf sie, dann ging sie bis ans Ende des Flurs, wo sie Peggy sehen konnte, die gerade mit dem Putzen fertig war, nur um die Wanne noch einmal zu schrubben.

Ich weiß nicht, was ich davon halten soll, aber auf dem Weg nach draußen und über den Hotelparkplatz muß ich die ganze Zeit daran denken. Ich denke an Peggy, die nur ein paar Kilometer von hier begraben liegt. Es tut mir leid, daß es so lange gedauert hat, bis ich mich zu ihr bekannt habe und mit meiner Familie ihr Grab besuche.

Unweit von diesem Ort steht ein Hartriegel in voller Blüte. Ich gehe in der Absicht auf ihn zu, vier kleine Zweige abzubrechen, einen für jedes meiner Kinder, damit sie sie morgen auf Peggys Grab legen können. Als ich unter den Ästen stehe, kommt eine Windböe aus dem Nichts. Ich höre, wie sie über den Parkplatz fegt, so dicht am Boden, daß ich die Papierfetzen und Steinchen, die sie aufwirbelt, an den Knöcheln spüre. Plötzlich fährt der Wind hoch und rüttelt die Äste über meinem Kopf. Eine Wolke weißer Blütenblätter schwebt aus dem Hartriegel auf mich herab, wirbelt durch die Luft und bedeckt mich wie Schnee.

Es erschreckt mich so, daß ich zittere, und plötzlich weiß ich, daß ich mit meinem Vater sprechen muß. Ich muß ihm etwas sagen. Noch heute nacht, noch bevor der Morgen anbricht.

Ich brauche eine halbe Stunde bis zu ihm und denke den ganzen Weg über, daß der Wind in den Ästen des Hartriegels genau wie der doppelte Regenbogen am Himmel auf der ersten Reise zu meinem Bruder zu der Kraft gehört, die von ihrem Dasein in der Welt spricht.

Das ist der Grund, weshalb ich meinen Vater anschreien muß. Aus diesem Grund sage ich zu ihm, er hätte mich schon vor Jahren zu ihrem Grab bringen müssen. Er steht im Schlafanzug in der Küche, und ich muß daran denken, daß meine Tochter Nell mich erst vor kurzem nach dem Hochzeitsalbum meiner Mutter gefragt hat. Sie wollte wissen, ob sie sich das Hochzeitsalbum ansehen könnte, und ich konnte ihr weder sagen, was daraus geworden ist, noch, ob es überhaupt eins gegeben hat.

Mein Vater hält einen Suppenlöffel in der Hand, denn er will mir etwas zu essen machen.

»Ich habe keinen Hunger, das habe ich dir schon gesagt, ich habe keinen Hunger.«

»Ist in Ordnung.«

»Es ist nicht in Ordnung, Dad. Nichts ist in Ordnung! Siehst du das nicht? Kannst du denn gar nichts sehen? Mein Leben lang bin ich auf Zehenspitzen um dich rumgeschlichen, weil ich Angst hatte, dich aufzuregen. Warum hast du mich nie dahin gebracht, wo sie begraben ist? Bevor ... *bevor* du diesen dämlichen Tumor bekommen hast. Denn jetzt kann ich dich nicht mal mehr anschreien, auf dich schimpfen oder dir vorwerfen, daß du sie im Stich gelassen hast, schließlich könntest du jede Sekunde vor mir zusammenbrechen, und verdammt noch mal, was sollte ich dann wohl tun?«

Er sagt kein Wort. Er läßt sich nur durch den Flur auf sein Bett zutreiben, während ich ihn weiter anschreie, es sei alles seine Schuld, weil er mir das Foto von meiner Mutter und sich im Hochzeitsauto geschickt hatte.

»Ihr bin ich etwas schuldig! Dir schulde ich gar nichts. Deinetwegen brauche ich nicht zu schweigen! Und was ist mit den anderen Bildern von meiner Mutter passiert, was ist mit ihrem Hochzeitsalbum? Ihr müßt doch, verdammt noch mal, ein Hochzeitsalbum gehabt haben!«

Als ich endlich aufhöre, steht er in seinem Zimmer und sieht mich über die Schwelle hinweg an. »Kannst du immer noch Peggys Stimme hören, wenn du morgens schreibst?« fragt er mich sanft.

»Was?«

»Du hast mir erzählt, daß du am Morgen Peggys Stimme hören kannst«, sagt er noch einmal.

Ich denke daran als die schlimmste Nacht meines Lebens zurück. Ich sitze draußen auf der Veranda des Mehrfamilienhauses. Ich kann weder wieder hineingehen, noch kann ich in das Zimmer im Holiday Inn zurück, in dem meine Tochter ihre Schuhe so ordentlich ausgerichtet hat.

Auf dem Boden vor mir liegen drei weiße Blüten des Hartriegels. Sie müssen von mir abgefallen sein, als ich die Treppe hochgegangen bin.

Ich kann nicht wieder reingehen, weil ich Angst habe, daß mein Vater wieder einen seiner Anfälle bekommt und ich ihn ausgelöst hätte. Da fällt mir ein, daß der Arzt, der damals zuerst den Gehirntumor diagnostizierte, mich gefragt hat, ob mein Vater mir irgendwann von einem Schlag auf den Kopf in seiner Kindheit erzählt hätte. Von einem Trauma aus der frühen Kindheit.

»Nicht, daß ich wüßte«, sagte ich zu dem Arzt, obwohl ich zugleich dachte: *Sein Herz hat einen schweren Schlag bekommen.*

»Ich glaube, Gott wird mich genesen lassen«, hat mein Vater zu dem Arzt gesagt.

Ich versuche mir vorzustellen, wie er die Krankheit meiner Mutter während ihrer Schwangerschaft in die Hände desselben Gottes gelegt hat. Derselben Kraft des Glaubens.

Woher nahm er seinen Glauben bloß? Wie konnte er an Gottes Güte glauben, nachdem er erst seinen Zwillingsbruder, dann noch einen Bruder und schließlich seine Frau verloren hatte?

Sein Bruder war vor der Beerdigung zwei Tage lang in dem Haus in Skippack im Wohnzimmer aufgebahrt. Noch Wochen nach seinem Tod stand mein Vater nachts auf, wenn er seine Mutter weinen hörte. Er stand vor der Tür zu ihrem Zimmer, manchmal stundenlang, bis sie aufgehört hatte zu weinen und er sich sicher war, daß sie wieder eingeschlafen war.

Ich denke an die Zeit, als ich mit ihm im Meer bei Martha's Vineyard schwimmen ging, in den hohen Wellen, die nach einem Sturmausläufer ans Ufer rollten. Es war vor dem Tumor und das letzte Mal, daß ich ihn gesund und wohlauf sah. Wir ritten in der Dämmerung auf den Wellen an den Strand. Man mußte sie im richtigen Moment erwischen, sich direkt hinter die Krone flach aufs Wasser legen, wenn sie sich überschlug, andernfalls schleuderte einen die ungeheure Kraft kopfüber in den Sand und auf die Steine.

Ich sah, wie er falsch, nämlich von vorn auf eine riesige Welle zuschwamm, die sich hoch über ihm auftürmte. Ich schrie ihm nach, als er unterging. Die Welle verschluckte ihn, ich sah nur noch seine weißen Fußsohlen in der schäumenden Gischt. Ich schwamm hinter ihm her und rief immer wieder nach ihm, aber die Strömung riß mich in die andere Richtung. Als ich ihn endlich erreichte, lag er auf dem Grund und hatte keine Kraft mehr, den Kopf aus dem Wasser zu heben.

Heute frage ich mich, ob er schon auf dem Weg zu meiner Mutter gewesen ist, als ich ihn am Arm zu fassen bekam und aus dem Wasser zog. Er hatte seinen Job erledigt, in diesem Sommer wurden mein Bruder und ich zwanzig.

Ob er ein zweites Mal versuchte, zu meiner Mutter zurückzukehren, als er sich weigerte, von dem Neurochirurgen operiert zu werden? Ob er darauf wartete, daß Gott ihn aus dem Leben riß? Um ihn dorthin zu bringen, wohin seine beiden Brüder und Peggy gegangen waren?

Ich saß noch auf der Veranda, als der Zeitungsjunge kam. Ich sah ihm an, daß er Angst hatte, näher zu kommen.

»Ich nehme sie schon«, sagte ich. Ich steckte mir die Zeitung unter den Arm und beobachtete ihn. Er wandte sich ab. Als er über den Rasen ging, rief ich ihm etwas nach. Die Worte waren schon heraus, bevor ich recht wußte, daß ich etwas sagen wollte. »Kennst du den Mann, der hier wohnt?«

Ich freute mich, daß er stehenblieb und sich umdrehte. »Eigentlich nicht«, sagte er.

»Ich besuche meinen Vater«, sagte ich und zeigte auf die Fenster im Erdgeschoß. »Er war Zeitungsjunge, als er etwa so alt war wie du.«

Er schien nicht zu wisssen, was er darauf erwidern sollte, also winkte ich ihm nur noch einmal zu. Er schob den Riemen seiner Zeitungstasche ein Stück höher und ging weiter. Ich betrachtete das Haus. Alle Fenster sahen gleich aus, und alle Türen sahen gleich aus, und ich nehme an, daß alle Menschen, die hier wohnten, für den Zeitungsjungen ebenfalls gleich aussahen. Wahrscheinlich wollte ich ihm nur einen kleinen Grund geben, ab und zu an meinen Vater zu denken.

Es stellte sich heraus, daß es ein Sonntag war. Als mein Vater an der Tür erschien, war er schon in einem weißen Hemd und mit einer Krawatte für die Kirche angezogen.

Sowie ich sein Lächeln sah, wußte ich, daß er mich fragen würde, ob ich mit ihm zur Kirche ginge. Und obwohl ich mich hätte herausreden können, sagte ich ihm, daß ich mitkäme.

Die Kirche liegt vielleicht fünfzehn Kilometer entfernt. Wir fuhren auf einer schmalen Landstraße durch den Regen. Als wir um eine Kurve kamen, lag direkt vor uns ein Auto kopfüber im Straßengraben. Eine Frau stand auf der Straße, das Gesicht in den Händen. Ich fuhr an die Seite, stieg aus und rannte zu ihr. Sie zitterte, und als ich sie fragte, ob sie verletzt sei, sagte sie nein, aber es sei noch jemand in dem Autowrack.

Ich kroch in den Straßengraben. Es war sehr still, und ich konnte über mir in den Bäumen die Vögel singen hören. Ich versuchte, ins Auto hineinzusehen, aber das Glas in den Fenstern war zersplittert. Die Türen ließen sich nicht öffnen, das eingedellte Dach hatte sie verklemmt. Ich stemmte meine Knie gegen ein Fenster, und als es zerbarst, roch ich Benzin und sah ein junges Mädchen mit dem Kopf nach unten hängen. Ich war erstaunt, als sie den Kopf wandte und mich ruhig ansah. Sie sagte mir, sie sei nicht verletzt, aber sie könne den Sicherheitsgurt nicht lösen. Dann begann sie, leise zu weinen.

Ich kroch zum Fenster hinein, bettete ihren Kopf in meine Arme und versuchte gleichzeitig, den Sicherheitsgurt zu lösen. Ich probierte alles mögliche, und dann sagte ich zu ihr, ich müsse sie allein lassen und ein Messer oder eine Schere holen, um den Gurt zu zerschneiden. Ihr Weinen wurde lauter, und ich kann es nicht erklären, aber als ich ihr Gesicht ansah, war es Peggys Gesicht, genau das Gesicht, das ich als kleiner Junge gesehen hatte. Ich hielt den Kopf meiner Mutter an meiner Brust. Sie war hilflos und verängstigt.

Jemand rutschte neben uns in den Straßengraben. Ich rief, daß ich ein Messer brauchte. Immer noch hielt ich das Mädchen im Arm und dachte daran, wie hilflos meine Mutter sich gefühlt haben muß, als sie im Januar 1950 erfuhr, daß sie schwanger war. Was sie getroffen hatte, war die Erkenntnis, daß Schwangerschaft etwas Öffentliches war. Es war vorbei mit ihrer Anonymität. Es gab keinen Ort, an dem sie sich vor der Welt verstecken konnte. Die Menschen sahen sie an und fragten, wie es ihr ging. Warteten auf sie und wünschten ihr alles Gute. Erwarteten, daß sie lächelte und glücklich war.

»Es ist scharf wie eine Rasierklinge«, sagte ein Mann, als er mir das Messer reichte.

Der Sicherheitsgurt lag so straff an ihrem Bauch, daß ich die Klinge nicht darunterschieben konnte. »Atme tief ein«, sagte ich, »und atme erst wieder aus, wenn ich den Gurt durchgeschnitten habe.«

Ich starrte ihr in die Augen, und in diesem Moment wußte ich plötzlich, daß mein Vater keine Schuld an Peggys Tod hatte. Genausowenig mein Großvater oder ihr Arzt. Ich war dafür verantwortlich. Und ich war derjenige, der seinen Vater nie gebeten hatte, von ihr zu erzählen.

Auch nachdem ich den Gurt zerschnitten, das Mädchen aus dem Auto gezerrt und die Böschung hochgetragen hatte, glaubte ich noch, Peggy im Arm zu halten. Ich wollte sie nicht loslassen, als der Krankenwagen kam.

Kapitel 32

Niemand kam Peggy und Dick zu Weihnachten besuchen. Kurz vor den Feiertagen wurde sie krank. Es wird eine Magen-Darm-Grippe sein, irgendein Virus, denkt sie sich. Wenn sie etwas ißt, wird es jedesmal schlimmer.

Die Übelkeit ist so stark, daß sie nachts davon aufwacht. Sie steht allein in der Küche und übergibt sich ins Spülbecken. Mondstrahlen fallen auf ihre nackten Zehen. Es ist Januar 1950, der Beginn eines neuen Jahrzehnts. Vor zehn Jahren war sie neun Jahre alt, ein Mädchen, das gerade Seilspringen lernte. Das alberne Lied, das sie beim Springen sang, hat sie noch im Kopf:

Quatsch, Quatsch, brauner Matsch,
Peggy kriegt ein Baby!
Wickel es in Klopapier,
setz es in den Fahrstuhl hier!
Junge oder Mädchen!
Zwilling oder Drilling!

Am Ende des kommenden Jahrzehnts wird sie dreißig werden. An manchen Abenden hört sie sich die Nachrichten im Radio an. Sie sind grauenvoll. Die Regierung der Vereinigten Staaten und ein wissenschaftliches Komitee prüfen gemeinsam, ob es möglich ist, eine Wasserstoffbombe herzustellen, die tausendmal wirkungsvoller ist als die Atombombe von

Hiroshima. 42 Frauen sterben bei einem Feuer auf der psychiatrischen Station des katholischen Mercy- Krankenhauses in Davenport in Iowa. Vergitterte Fenster behindern die Rettungsmaßnahmen. Von außen verschlossene Türen machen eine Flucht unmöglich … Alger Hiss wird verhaftet und zu fünf Jahren Gefängnis verurteilt.

Am Tag vor ihrem Arzttermin will Peg Kirsch vorbeikommen, um sich die Wohnung anzusehen. In der letzten Sekunde bittet Peggy sie darum, sich lieber in der Stadt mit ihr zu treffen, weil es ihr nicht gut genug geht, um staubsaugen zu können. Schmutziges Geschirr in der Spüle, ein ungemachtes Bett. Als sie sich in den Zimmern umschaut, scheinen sie gar nicht zu ihr zu gehören. Sie konnte sich nie in einer Umgebung vorstellen, in der nicht alles ordentlich war.

Das Anziehen strengt sie an. Peg würde es zwar nicht übelnehmen, wenn sie mit ungebürsteten Haaren käme, aber sie wird sie heute zum ersten Mal seit der Hochzeit zu Gesicht bekommen, und sie möchte Peg doch zeigen, daß sie glücklich ist, daß sie die richtige Wahl getroffen hat und daß sie ein schönes Leben führt. Sie kaufen sich Schokoriegel und gehen dann in den Memorial Park weiter, um sich die Rehe anzuschauen. Drüben auf der anderen Seite des Weges stecken Kinder den Tieren Futter durch den Zaun. Wie wunderbar ist es, mitten in der Stadt Rehe zu haben. Die beiden stellen sich vor, wie die Kinder heute nacht von den Rehen träumen.

Die Freundin wird sich an diesen Tag erinnern, weil Peggy so tiefe Ringe unter den Augen hatte und so dünn aussah. Peggy macht Witze darüber. Zwei Personen könnten von dem bißchen, was ihr beim Kochen nicht kohlrabenschwarz anbrennt, wohl kaum überleben. Sie erkundigt sich, ob Peg in der Schwesternschule immer noch Heimweh habe. Ja. Ihr Vater sagt ihr immer noch, sie solle nach Hause kommen, aber die Mutter bleibt eisern.

Peggy sagt zu ihr, sie beneide sie um das Verhältnis zu ihrem Vater.

Sie fragt Peggy, wie es mit Dick ist, und Peggy antwortet, er sei sehr lieb zu ihr, geduldig und verständnisvoll.

Daran wird sich ihre Freundin beinahe 50 Jahre später noch erinnern. Wie glücklich Peggy schien, als sie von Dick sprach.

Sie verabschieden sich an der Straßenbahn und verabreden sich für den kommenden Freitag. Peg soll zum Essen vorbeikommen. Auf dem Weg ins Schwesternheim kommt Peg der Gedanke, daß es ihrer Freundin vielleicht nicht gutgeht, weil sie schwanger ist.

Als der Freitag kommt, erbricht Peggy noch immer so gut wie alles, was sie ißt, deshalb ruft sie bei der Freundin an und sagt das Abendessen ab.

Es ist eine Magen-Darm-Grippe, hat sie die ganze Zeit gedacht. Doch als der Hausarzt der Familie, Paul Moyer, andeutet, sie könne schwanger sein, kommt es ihr vor, als sei sie blind gewesen. Sie ärgert sich über sich selbst. Wie kann man so glücklich sein und sich gleichzeitig darüber ärgern, daß man so dumm gewesen ist? Wieso ist sie bloß nicht darauf gekommen?

Sie lehnt Dr. Moyers Angebot ab, am Freitag für sie einen Termin einzuschieben, um sie zu untersuchen und einen Schwangerschaftstest durchzuführen. Sie muß nur ein ganz bißchen lügen, und sie sagt ihm, sie wolle in der kommenden Woche wiederkommen, wenn ihr Magen sich erholt hätte.

Dann geht sie allein nach Hause und wartet auf Dick. Sie hat Zeit, sich die Konsequenzen vor Augen zu führen. Sie wird nie wieder allein sein, wenn sie erst ein Baby hat. Sie hat gesehen, wie ihre Mutter dem Neugeborenen alles untergeordnet hat. Jetzt wird *sie* das tun. Jetzt kann sie jeden Augenblick weggerufen werden. Sie wird sich nicht mehr vor der Welt verstecken können. Ein schreiendes Baby wird sie an die Öffentlichkeit ausliefern.

Peggy kehrt nie in Dr. Moyers Praxis zurück. Statt dessen geht sie zu einem Arzt am anderen Ende der Stadt. Seine Praxis liegt im Erdgeschoß eines großen stuckverzierten Hauses. Er heißt Dr. Edward Wright, ist in der kleinen medizinischen Gesellschaft der Stadt als brillanter Arzt geschätzt, ein wenig distanziert, vielleicht sogar eine Spur arrogant. Doch ungewöhnlich begabt. Im Krieg hat er an einem Armee-Stützpunkt in Indiana Kinder zur Welt gebracht. Seine Frau ist Krankenschwester und assistiert ihm, gemeinsam mit Miß Hinkle, die ihm das Büro führt.

Es ist Miß Hinkle, die wissen möchte, warum Peggy nicht bei Dr. Moyer bleiben will. Peggy gibt ihr eine naheliegende Antwort – sie wohne gleich hier in der Straße, da habe sie sich aus praktischen Gründen entschieden, zu Dr. Wright zu wechseln. Die Wahrheit ist komplizierter und geht Miß Hinkle nichts an. Die Wahrheit ist, daß Dr. Moyer sie seit ihrer Kindheit kennt. Er hat alle in Peggys Familie behandelt und gerade erst vor ein paar Monaten ihre Mutter betreut, als ihre Schwester Audrey zur Welt kam. Sie möchte ihren eigenen Arzt, sie möchte jemanden, der sie als erwachsene Frau sieht.

Die Untersuchung selbst ist eine Übertretung, vor der sie sich gefürchtet hat, seit Tante Muriel ihr zum ersten Mal erzählt hat, was es bedeutet, ein Baby zu bekommen. Sie fühlt sich, als sei ihr das Leben entglitten.

Gute Neuigkeiten, sagt der Arzt zu ihr. Herzlichen Glückwunsch, Sie bekommen ein Kind.

Für ein paar Augenblicke ist sie ganz aus dem Häuschen und denkt an all die Menschen, denen sie es schreiben und erzählen muß. Im Nebenzimmer untersucht die Frau des Arztes ihren Urin auf Eiweiß.

Als Peggy sich angezogen hat, empfiehlt ihr der Arzt ein

Buch: *Antworten auf Ihre Fragen zu Schwangerschaft und Geburt*. Er schreibt ihr den Titel auf die Rückseite einer seiner Visitenkarten. Lesen Sie dieses Buch, sagt er. Und widmen Sie sich besonders den Abschnitten, in denen ein Zustand namens Schwangerschaftsvergiftung erläutert wird. Er wolle sie nicht beunruhigen, aber es fänden sich Spuren von Eiweiß in ihrem Urin, und ihr Blutdruck sei für ein neunzehnjähriges Mädchen zu hoch. Das sind auch die Gründe, aus denen sie sich überlegen soll, ob sie ihr Kind nicht lieber im Sacred-Heart-Krankenhaus in Norristown zur Welt bringen will. Normalerweise gehe er davon aus, daß sie im Elm-Terrace-Krankenhaus entbinden könne, das nur ein paar Häuser weiter und gleich gegenüber von ihrer Wohnung liegt, aber wenn die Schwangerschaftsvergiftung auftrete, könne es Komplikationen geben, und das Sacred Heart sei ein besser ausgerüstetes Krankenhaus.

Kein Grund zur Sorge, sagt er zum Schluß. Er wolle nur vorsichtig sein. Jetzt gehen Sie, und feiern Sie mit Ihrem Mann, schließlich wird er Vater. Und lesen Sie das Buch.

Sie starrt auf seine Hände, als er sich erhebt, hinter dem Schreibtisch hervorkommt und sie zur Tür bringt.

Die Frau muß den Mann überraschen, das hat sie zumindest im Kino so gesehen, also kauft sie das Buch in der Stadt, bevor sie nach Hause geht. Wohin soll sie es ihm legen? Auf den Nachttisch? In das leere Zimmer, das das Kinderzimmer werden soll? Neben die Nähmaschine?

Sie entscheidet sich für den Tisch in der Küche, an dem sie gemeinsam essen, den weißen Blechtisch. Neben die hohe blaue Kerze in der Kristallvase, die ihrer Tante Lilly gehört hat. Dann fängt sie an, Dicks Lieblingsessen zu kochen. Bachforellen. Sie sind im Januar nicht leicht zu bekommen. Ihre Mutter kennt den Besitzer eines Lebensmittelgeschäftes in Telford.

Also dann, Forelle, Kartoffelbrei mit Klümpchen, ohne die es bei ihr nicht zu gehen scheint, und Karotten. Er soll erst einmal duschen. Als er aus dem Badezimmer kommt, hat sie sich zurechtgemacht – hochhackige Schuhe und ein blaßblaues Baumwollkleid mit dunkelblauer Schleife, dazu die schmale vierreihige Perlenkette, die er ihr zu Weihnachten geschenkt hat. Er nimmt sie in den Arm.

Sie legt den Kopf an seine Schulter.

Das bin ich also, denkt sie. Ich bin die Ehefrau eines Mannes. Die Mutter eines Kindes. Auf diesem Weg werde ich durchs Leben gehen.

Sie hat Hunger, als es Zeit zum Abendessen ist. Ist sie je so hungrig gewesen? Sie ißt den Teller leer und stürzt dann ins Badezimmer, wo sie alles wieder ausspuckt. O Peggy, hört sie Dick aus der Küche rufen.

Sie steht am Herd und tut sich ein zweites Mal auf. Als sie sich an den Tisch setzt, fragt er, ob er ihr irgendwie helfen kann. Ich werde mich zwingen, alles aufzuessen, sagt sie zu ihm.

Zum zweiten Mal übergibt sie sich.

Jetzt gibt sie auf. Sie bringt das Buch mit in die Küche und legt es vor ihn auf den Küchentisch.

Er ist überglücklich. So schnell? So schnell? Ob sie sich nicht irrt? Über den Tisch hinweg nimmt er ihre Hände. Ihre Handgelenke sind so dünn und zerbrechlich, er sagt, er habe Angst, sie sei nicht kräftig genug, um ein Kind zu bekommen. Sei nicht albern, erwidert sie. Du hast mir ja noch nie beim Feldhockeyspielen zugesehen.

Am nächsten Morgen will sie neuen Stoff kaufen. Die Kleider für die verheiratete Frau, die sie genäht hat, müssen weggepackt werden, um Platz zu schaffen für die Umstandskleider, die sie schneidert. Und dann die Babysachen. Tante Lilly rät ihr, neutrale Kleidung zu schneidern, die man Mädchen und Jungen anziehen kann. Aber Peggy will nichts davon hören und kauft Schnittmuster für Jungenhosen. Richtige Hosen heißen sie bei ihr. Ihre Mutter und ihre Tante lachen darüber. Im ersten Jahr brauchst du für das Baby eigentlich nur Strampelanzüge, sagen sie. Aber es ist ihr Baby, und sie will ihn ordentlich anziehen. *Ihn*. Schon im ersten Monat ist sie sich sicher, daß es ein Junge wird. Schon im ersten Monat ist das Baby für sie Wirklichkeit. Nur für sie.

Kapitel 33

An einem strahlenden Morgen treffe ich mich mit meinem Bruder im Holiday Inn in Kulpsville. Ich habe einen Stadtplan dabei, auf dem ich die Straße markiert habe, in der Dr. Wright wohnt. Er weiß nicht, daß wir kommen. In meiner Hemdtasche steckt die Karteikarte aus dem Elm-Terrace-Krankenhaus mit seinem Namen, seiner Unterschrift unter Peggys Namen und mit dem Wort Präeklampsie.

Mein Bruder fährt langsam die Main Street entlang. Er zeigt mir, wo der Hobbyladen war, und erinnert sich, daß man uns mit zehn Jahren endlich erlaubte, von unserem Haus, das etwa einen Kilometer entfernt war, alleine dorthin zu gehen. Ich kann ihm Sachen zeigen, von denen er bisher keine Ahnung hatte: die Wohnung von Peggy und Dick in dem Backsteinhaus in der North Broad Street. Lauchmans Druckerei, in der Dick arbeitete. Die Telefongesellschaft, in der Peggy arbeitete. Den Bahnhof, an dem die Straßenbahn aus Hatfield ankam. »Warum wußten wir nie das Geringste von diesen Sachen?« fragt er sich. »Ich habe in den letzten paar Monaten mehr über Mutter erfahren als in all den Jahrzehnten davor.«

Wir halten in der Clearspring Road an einem stuckverzierten Haus mit grünem Putz. An den Garagenfenstern fehlt eine Scheibe. Die Weide ragt jetzt weit über das Dach hinaus. Durch unser nach Norden gelegenes Schlafzimmerfenster kam Peggy in den Nächten, in denen sie mich besuchte. So habe ich es mir vorgestellt. »Du hast ihre Stimme nie gehört?« frage ich meinen Bruder.

»Nein.«

Warum hat sie nur zu mir gesprochen? Weil ich der schwächere ihrer beiden Söhne war. Ich war derjenige, der sich wie sie vor der Welt versteckte, und in der unendlichen Einsamkeit des Lebens fand ich dort schließlich ihre Stimme, die mich begleitete.

In dieses Haus zogen wir wenige Tage, nachdem Dick wieder geheiratet hatte. Eine zweite Hochzeit. Eine neue Braut. Natürlich war meine Mutter neugierig und wollte es sich ansehen.

Am Ende der Straße der silberne Wasserturm, an dem wir jeden Tag auf dem Schulweg vorbeikamen. Der hohe Maschendrahtzaun, der oben mit Stacheldraht abschloß. Wir versuchten, den Turm mit Steinen zu treffen, und in der dritten Klasse waren wir endlich soweit. Wenn der Stein aufprallte, pfiff es vom Turm her, es klang wie ein gellender Schrei.

An der Grundschule, die 1956 brandneu war, sieht man jetzt die Zeichen des Alters. Roststreifen um die Fensterrahmen. Risse in den Betonmauern. Wir saßen an unseren Pulten und malten Bilder, als der erste Astronaut ins All flog. Der Lehrer sammelte sie ein und legte sie in eine Metallkiste, dic unter dem Grundstein des Gebäudes vergraben wurde. Die Bauarbeiter, die das Gebäude abrissen, würden sie irgendwann in der fernen Zukunft entdecken, wenn die Menschen auf dem Mond lebten, wie wir damals glaubten.

Im Keller unter der Cafeteria mit ihren Stühlen aus Holz und grauem Stahl befand sich der Strahlenschutzraum, wo wir unsere Flucht vor der russischen Bombe übten. Wenn ich jetzt daran denke, erinnert er mich an den Bunker, dessen Bau Peggy gesehen hat. Reihenweise Dosensuppen.

Sie hat die verrückten Jahre und die schlimmen Jahre nicht mehr erlebt. Sie war tot, bevor die ganz besondere Ordnung, die ganz besondere Hoffnung dieser Nachbarschaft für immer ausstarben.

Wir behalten die Hausnummern auf der Leslie Road im Auge und halten schließlich an.

Vor dem Haus eine Veranda, eine Schaukel hängt von den Dachsparren. Der Garten ist gepflegt, der Rasen frisch gemäht. Wir klingeln und warten. Dave blickt in den blauen Himmel. »Wunderschöner Tag«, sagt er. Er sieht dem Ganzen gelassen ins Auge, und ich bin froh, ihn dabeizuhaben.

Drinnen ist kein Ton zu hören. Ich sehe durchs Fenster. Nirgends brennt Licht. Offenbar sind wir an einem Tag gekommen, an dem er nicht zu Hause ist.

Doch dann geht die Tür schwungvoll auf. Ich sehe die Vorsicht in seinen Augen. Also lächle ich ihn an und stelle uns als Peggy Snyders Zwillinge vor.

»Wir sind alt geworden. Es tut mir leid.«

Ich reiche ihm die Hand, und er schüttelt sie kräftig und bittet uns hinein.

Er geht vor uns her ins Wohnzimmer. Mein Bruder und ich setzen uns nebeneinander auf das Sofa, als seine Frau erscheint, stehen wir wieder auf. Sie trägt eine gestärkte weiße Bluse und einen langen Wollrock. Er ist in Jackett und Krawatte, als erwarte er Patienten.

»Wir versuchen herauszufinden, wer unsere Mutter war«, sage ich zu ihm.

»Ich kannte sie nicht«, sagt er. »Ich habe mehr als 1000 Babys zur Welt gebracht, und ich habe nicht eine Mutter verloren.«

»Er hat im Krieg in der Armee Babys zur Welt gebracht«, sagt seine Frau.

»Ich bin immer wieder durch meine Unterlagen gegangen, ich habe nie eine Patientin dieses Namens gehabt. Ich kann mir allerdings vorstellen, daß man mich zu Ihrer Geburt gerufen hat, das ist alles. Ich muß Bereitschaftsdienst gehabt haben, und dann hat man vielleicht mich statt des Arztes Ihrer Mutter gerufen.«

Ich frage ihn, in welches Krankenhaus er in den frühen fünfziger Jahren seine schweren Fälle geschickt hat, Frauen mit Schwangerschaftskomplikationen.

»Ins Sacred Heart nach Norristown«, sagt er. Dann entschuldigt er sich noch einmal dafür, daß er sich an nichts erinnert. »Ich habe meine Unterlagen geprüft, Ihre Mutter war keine meiner Patientinnen.«

Ich spüre, wie mein Herz zu rasen beginnt. Es klopft gegen meine Brusttasche, in der die Karteikarte vom Krankenhausbett meiner Mutter steckt. Dann frage ich ihn, ob er Kinder hat.

»Ich habe zwei Töchter«, sagt er traurig. »Wir erwarten heute einen Anruf aus Colorado. Eine von ihnen hat Krebs im Endstadium. Sie liegt im Sterben.«

Wir hören ihm und seiner Frau zu. Sie erzählen uns von ihrer wunderbaren Tochter. Der Arzt erinnert sich sogar an ihren Intelligenzquotienten, und ich beobachte seine Hände und denke daran, wie sie in Peggy eingedrungen sind. Sein Gesicht ist hart, es hat etwas sehr Strenges. Dieses Gesicht kann ihr keine Zuflucht gewährt haben. Er ist ein Mann, der sie als nicht besonders intelligent eingeschätzt hätte, aus einer ungebildeten Familie, der das triste, graue Leben einer Frau aus der Arbeiterschicht bevorstand. Keinesfalls so etwas Außergewöhnliches wie das Leben dieser Tochter, die ebenfalls Ärztin wurde.

Mein Bruder fragt noch einmal, ob er sich mit uns in Verbindung setzen würde, falls er sich an etwas erinnere. Ich möchte nur raus aus diesem Haus.

»Wo war Ihre Praxis?« fragt Dave.

»In der Derstein Street.«

Mein Vater wartet im Hotel auf uns. Ich lege den Arm um ihn und stelle ihm eine letzte Frage. »Wohin hast du Peggy zu ihren letzten Routineuntersuchungen in der Schwangerschaft begleitet? Weißt du noch, wo die Arztpraxis war?«

»Ja. In der Derstein Street.«

Er ist sich ganz sicher. Und in den darauffolgenden Tagen wächst meine Gewißheit, daß Dr. Wright mich angelogen hat. Er erinnert sich an den Intelligenzquotienten seiner Tochter, aber nicht an die ersten Zwillinge, die er zur Welt gebracht hat, nicht an die einzige Mutter, die in seiner Behandlung gestorben ist?

Aus den medizinischen Berufen erinnern sich alle, die zur Zeit von Peggys Tod in Hatfield waren, nur Dr. Wright nicht. Und er hat weder meinem Bruder noch mir auch nur eine einzige Frage über sie gestellt. Eben deswegen bin ich mir so sicher, daß er lügt. Weil er keine einzige Frage gestellt hat. Woran ist Ihre Mutter gestorben? Wer hat Sie beide großgezogen? Lebt Ihr Vater noch? Nichts.

Ich wünschte, ich hätte ihn dazu bringen können, sich an meine Mutter zu erinnern. Ich wünschte, ich hätte ihm erzählen können, wie es ihr am Ende ergangen ist. Als sie spürte, daß sie langsam wahnsinnig wurde, versuchte sie, sich den Text von jener Schallplatte Don Cornells in Erinnerung zu rufen, etwas aus besseren Zeiten, etwas, das sie wieder in die Welt zurückholen würde. Die entsetzlichen Kopfschmerzen. An jenen heißen Augustabenden, wenn sich der Schlaf nicht einstellen wollte, hämmerte der Lärm der Rennbahn in ihrem Schädel. Die Motoren der Rennwagen heulten durch ihr Bewußtsein, bis ihr Kopf zu zerspringen drohte. Und dann wurden ihre schlimmsten Befürchtungen wahr, als der Krieg, der niemals kommen sollte, wie ihr Mann versprochen hatte, am 25. Juni ausbrach. Drei Tage später hatte die nordkoreanische Armee Seoul eingenommen, und im Radio hieß es, alle

Veteranen aus dem zweiten Weltkrieg, die dem aktiven Reservekorps angehörten, müßten in den Krieg. An diesem Tag erklärte der Vorsitzende des Nationalen Sicherheitsrates dem Amerikanischen Roten Kreuz, eine fremde Macht sei zum ersten Mal in der Geschichte in der Lage, die Vereinigten Staaten – als Ganzes – anzugreifen. »Wir haben keine angemessene Verteidigung gegen solch einen Angriff«, warnte er.

Kapitel 34

In dem Schwangerschaftsbuch, das Peggy im Februar liest, um sich darauf vorzubereiten, daß sie ein Kind bekommt, wird zu täglichem Sport geraten, weil Frauen in guter körperlicher Verfassung bei der Geburt weniger Schmerzen und Beschwerden hätten. Sie beschließt, von nun an regelmäßig Spaziergänge um den Block zu machen. Sie macht sie abends kurz vorm Zubettgehen, in der Hoffnung, dann so müde zu werden, daß sie ohne langes Warten in den Schlaf findet.

Als sie an einem dieser Abende im Februar am Elm-Terrace-Krankenhaus vorübergeht, rasen zwei junge Männer wie fliehende Einbrecher die Straße entlang. Einer von ihnen versucht, sich im Laufen den langen Mantel zuzuknöpfen. Der Mantel streift ihr Bein, als sie an ihnen vorbeigeht. Sie dreht sich um, um zu sehen, wohin die beiden rennen.

Sie stürmen die Treppen zum Krankenhaus hinauf und stoßen das große Portal auf. Von innen fällt Licht auf die Veranda. Es trägt den grauenvollsten Schrei nach draußen, der ihr je zu Ohren gekommen ist. Selbst als die Tür ins Schloß fällt, wird er kaum leiser. Es zieht sie magisch zur Veranda hin, und schon steht sie auf der untersten Stufe. Eines Tages wird *sie* die schreiende Frau auf der anderen Seite der Tür sein, die in den Wehen liegt. Sie weiß das. Und die beiden Männer aus dem Freiwilligenkorps, die ein Telefonanruf heute abend herbeizitiert hat, werden die Gebärende auf einer Trage die Stufen zum Kreißsaal hinauftragen, in dem ein Arzt, vielleicht *ihr*

Arzt, am Emaillewaschbecken steht und sich die Hände wäscht.

Wenn sie es zuließe, würde ihr Herz nun aufhören zu schlagen. Die Angst vor dieser Nacht, die zu ihrer Nacht wird, kann sie nicht ignorieren. Entweder sie versinkt ganz in dieser Angst und ergibt sich dieser stärkeren Macht, oder aber sie tritt ihr erhobenen Hauptes entgegen, mit dem Trotz eines schönen, jungen Mädchens, deren Körper stark ist und noch stärker werden wird. Dieser Trotz ist eine Art Glauben, nicht wahr? Der Glaube zu sagen: Ich weiß, wie schrecklich der Sturm werden kann, aber ich besitze die Kraft, mich ihm entgegenzustellen. Und Gott wird mir dabei helfen, denn er hat mir ein starkes Herz geschenkt.

Dick bringt Kartons aus der Druckerei mit nach Hause. Peggy legt sie mit Seidenpapier aus. Sie packt die Kleider für die verheiratete Frau ein. Je drei in einen Karton. Sie kniet davor in einem schmalen blauen Rock und einer blaßblauen Seidenbluse. Sie faltet die Kleider sorgfältig zusammen. Ihr Mann steht in der anderen Zimmerecke und schaut ihr zu. Raucht eine Zigarette. Versucht zu lächeln. Halloween, sagt er plötzlich. An Halloween wirst du deine wunderschönen Kleider wieder auspacken.

Sie kniet auf dem Boden und inszeniert das Ganze wie ein Ritual. Warum erstirbt das Lächeln im Gesicht ihres Mannes? Kann er spüren, wie die Zeit von diesem Moment an schwindet? Warum geht er durch den Raum, warum kniet er neben ihr nieder und nimmt sie in den Arm, als habe sie eine Reise vor sich, die vielleicht den ganzen Rest ihres Lebens dauert?

Peggy sitzt an ihrem Toilettentisch mit der Glasplatte und bürstet ihr Haar, als Eileen Crockett anruft und fragt, ob sie mal vorbeikommen kann. Ihr Mann Bill arbeitet mit Dick in der Druckerei, und Eileen ist gerade von ihrer Schicht aus dem

Krankenhaus zurück. Ich bin noch nicht angezogen, sagt Peggy zu ihr. Gib mir eine Stunde, Eileen.

Als Eileen kommt, ist Peggy noch immer im Nachthemd, sitzt im Schlafzimmer an ihrem Toilettentisch mit der Glasplatte und bürstet ihr Haar. Als sie die Freundin an der Tür klopfen hört, erwacht Peggy aus einer Art Trance. So fühlt es sich an. So etwas ist ihr in den vergangenen Wochen nun zwei- oder dreimal passiert, und es ist ihr peinlich. An diesem Morgen ist Eileen sehr besorgt um sie und entschuldigt sich für die Störung. Sie ist ein großes, dunkles, schönes Mädchen, eine Krankenschwester wie so viele andere Bekannte von Peggy, und im ersten Moment, als sie sie dort an der Gartentür in der Küche stehen sieht, ist sie versucht, ihr zu erzählen, was gerade geschehen ist. Sie war so in einen Tagtraum versunken, daß ganze eineinhalb Stunden vorbeigegangen sind, ohne daß sie auch nur einen Finger gerührt hätte. Als hätte man sie hypnotisiert.

Eileen hat ein Geschenk für sie, in Silberfolie eingeschlagen und mit einem schmalen roten Bändchen umwickelt. Mach es auf, sagt sie.

Es ist noch ein Schwangerschaftsbuch, diesmal von einem Arzt namens Benjamin Spock. Eileen kann es kaum erwarten, ihr zu sagen, welch ein tolles Buch es ist. Sie habe alle schwangeren Mädchen, die sie kennt, gedrängt, es zu lesen, denn es erkläre die ganze Sache mit dem Kinderkriegen und der Babypflege so wunderbar einfach. Alle werdenden Mütter, die bei ihrem Arzt in Behandlung sind, hätten es gelesen. Jedenfalls, sagt sie, herzlichen Glückwunsch zum Geburtstag, Peg.

Geburtstag? Wie konnte sie vergessen, daß heute ihr neunzehnter Geburtstag ist?

Daran wird Eileen sich erinnern. Wie Peggy unbedingt verheimlichen wollte, daß sie ihn vergessen hatte, während es für Eileen so offensichtlich war. Sie macht sich Sorgen. Sie wird mit ihrem Mann darüber sprechen, und er wird es Dick erzählen. Und als Dick Peggy danach fragt, wird sie ihm antworten: Es war nichts, gar nichts. Daraufhin werden sie sich ein bißchen streiten, und sie wird die Geduld verlieren und das Zimmer verlassen und Dick, der ihr die Hände in einer fragenden Geste entgegenstreckt und sich um ein vernünftiges Gespräch mit ihr bemüht, dort stehenlassen.

Ihr neunzehnter Geburtstag. Die Nachrichten verheißen nichts Gutes. Albert Einstein spricht im Radio, er warnt das Land vor der Wasserstoffbombe. Wenn es den Menschen gelingt, die Wasserstoffbombe herzustellen, rückt die radioaktive Verseuchung der Atmosphäre und damit die Vernichtung des gesamten Lebens auf der Erde in den Bereich der technischen Machbarkeit. Und in einer sechsstündigen Rede erneuert Joseph R. McCarthy, der republikanische Senator aus Wisconsin, die Anklage, im Außenministerium hätten 57 Kommunisten gearbeitet.

In was für eine Welt bringt sie ihr Kind? Dieser Gedanke geht ihr an diesem Geburtstag im Kopf herum. Die Angst, daß sie dieses Kind in der Zukunft vielleicht nicht beschützen kann.

Sie ist allein im Schlafzimmer und sitzt wieder an ihrem Toilettentisch. Wenn sie die Geduld mit Dick verliert, findet sie manchmal zu seiner Zuneigung zurück, wenn sie an ihren Hochzeitstag denkt. Die weiße Spitze, die ihren Handrücken bedeckte. Als sie heute auf ihre Hände sieht, sind die Finger rings um den goldenen Ehering geschwollen. Wenn sie ihre Hände betrachtet, beginnt ihr Herz vor Sorge zu rasen; ihre langen eleganten Finger, die ihr immer so gefallen haben und die sie in den vergangenen Jahren zum Fasten ermutigt haben, sind verschwunden. Die schlanke Eleganz, hinter der sie sich, wie sie glaubte, wie eine Katze hinter einem Grashalm versteckt hat. Jetzt sieht ihre Hand wie ein Seestern aus. Die Finger sind fett und unförmig. Es ist eine Hand, die sie nie zuvor gesehen hat. Sie starrt sie voller Verachtung an, weil sie ... sie kann auch nicht genau sagen, warum. Vielleicht ist es nur, daß diese plumpen Finger gar nicht zu ihr passen. Sie ist so zart und blaß, daß die Schwester von Frances (erinnern Sie sich an Frances aus der Cherry Street, mit ihren Metallschienen, Frances mit der Kinderlähmung?) sie einmal als »Meißner Porzellanpuppe« bezeichnet hat.

Ich sage ihr immer, daß sie jetzt für zwei essen muß, sagt Dick. Er dreht sich zu Peggy um, die hinten im Chevy sitzt, und schaut sie an. Er sitzt mit Bill Crockett vorne, Peggy und Eileen auf dem Rücksitz. Sie machen einen Tagesausflug nach Atlantic City, denn so möchte Peggy ihren neunzehnten Geburtstag feiern. Es ist ein kalter Wintertag, viel zu kalt, um ans Meer zu fahren, und sie haben sie alle schon aufgezogen, weil sie diesen Ausflug machen will. Aber wenn Peg sich erst einmal etwas in den Kopf gesetzt hat ... hörte sie Dick am Telefon sagen, als er den Crocketts von ihren Plänen berichtete.

Wenn sie sich erst einmal etwas in den Kopf gesetzt hat, kann ihr das keiner ausreden.

Eileen, die Krankenschwester, erzählt ihr, daß die alte Meinung, man solle für zwei essen, nicht ganz richtig sei. Du solltest dich gesund ernähren und normale Portionen essen. Du wirst so um die sechzehn Kilo zunehmen. Bei deiner zarten Figur vielleicht sogar nur elf.

Eileen ist süß, aber dies ist eine Seite der Schwangerschaft, die Peggy nicht ausstehen kann. Ihr öffentlicher Charakter. Da ist sie in ihrem *Zustand*. Und alle fühlen sich bemüßigt, über ihren *Zustand* Bemerkungen zu machen.

Warum sind meine Finger geschwollen, obwohl ich fast nichts esse? Sie spricht es nicht aus, aber die Frage geht ihr nicht aus dem Kopf, als sie auf ihre Hände starrt.

Vielleicht ißt du ja für drei, sagt Dick. Sie sieht, wie ein Lächeln sein Gesicht erhellt. Ich war ein Zwilling. In meiner Familie hat es zweimal Zwillinge gegeben, und eine von Pegs Tanten hat sogar dreimal Zwillinge bekommen.

Na, ich hoffe, sie mögen Cracker, sagt sie. Sie hält eine Schachtel Salzcracker auf dem Schoß und ißt einen nach dem anderen, ganz langsam. Sie kaut jeden einzelnen fünfzig Mal, bevor sie ihn hinunterschluckt, so wie Tante Anna es ihr gesagt hat. Sie hat gehört, daß die morgendliche Übelkeit verschwindet, wenn man immer etwas im Magen hat. Heute scheinen die Cracker tatsächlich zu helfen.

Hinter dem Wagenfenster fliegt die Welt vorbei. Langgezogene, ebene Felder und hügeliges Ackerland weichen Krüppelkiefern und dem salzigen Geruch des Meeres. Dick und Bill sprechen über die Kommunisten in Korea und diskutieren, wie die Chancen stehen, daß es dort Krieg gibt. Irgendwo müssen wir es schließlich mit den Kommis aufnehmen, sagt Bill. Also kann's genausogut Korea sein. Besser als hier zu Hause.

Am rechten Straßenrand taucht eine riesige Reklametafel auf, auf der ein Hundebaby einem kleinen Kind den Badeanzug herunterzieht, Werbung für Sonnenöl.

Es gibt so viele Kommunisten in China, und es heißt, wenn wir sie alle umlegen wollten, gingen uns mittendrin die Kugeln aus. So schnell könnten wir die nicht nachmachen, daß wir die gelben Horden vernichten könnten.

Peggy bittet sie inständig, damit aufzuhören. Eileen blättert in dem Schwangerschaftsbuch, das sie ihr zur Ansicht mitgebracht hat. Hört mal alle zu, sagt sie. Sie liest die Stelle vor, an der die Teilung der ersten Zellen beschrieben wird. Die Zellen im Salzwasser. Du trägst einen Ozean in deinem Bauch.

Und jetzt hört zu, Jungs. Wie verhält sich der ideale Ehemann während der Schwangerschaft seiner Frau? Erstens, zweitens und drittens sollte er stets im Gedächtnis behalten, daß sein Teil der Verantwortung nicht allein darin besteht, zu Beginn das Kind zu zeugen und am Ende dafür zu zahlen. Er sollte heiter und geduldig sein …

Das bin ich, ruft Dick.

… seiner Frau die Sorgen abnehmen, Streit aus dem Wege gehen …

Wir streiten uns nie, stimmt's, Schatz?

… ihr die Wünsche von den Augen ablesen (auch wenn sie sich nur verwöhnen lassen will), ihre Erscheinung übersehen …

Für mich bist du schön!

… und für den baldigen Familienzuwachs Interesse zeigen. Jeder werdende Vater, der all das erfüllt, sollte eine Verdienstmedaille bekommen.

Du kannst sie mir hier anstecken, okay, Peg?

Sie legt von hinten die Arme um ihn und läßt ihren Kopf an seiner Schulter ruhen. Sie küßt ihn auf die Wange und flüstert: Perlen, Perlen.

Was die Umstandskleidung betrifft, liest Eileen weiter, so sollte sie bequem sein, aber auch hübsch für Ihren Mann aussehen!

Mehr Gelächter. Es beruhigt sie. Sie sieht den blassen Himmel hinter ihrem Fenster vorbeifliegen. Sie spürt, wie sie lächelt. Wann sind wir endlich da, Daddy?

Das Lachen wird lauter, es klingt so schön, so wunderschön. Sie kurbelt das Fenster herunter, um die salzige Luft hereinzulassen. Der Geruch ist so herrlich wie das Lachen.

Doch dann schiebt sich wieder ihre Hand dazwischen, ihre dicken Finger. Ist es nicht zum Weglaufen, immer wieder passiert ihr das: auf der einen Seite dieses Verlangen, mit der Welt in Frieden zu sein, zu lachen und offen zu sein für die Wunder in ihrer Mitte, ihre lieben Freunde hier bei ihr und ihr zärtlicher junger Ehemann und das Kind, das in ihr wächst. Und auf der anderen Seite das: Jedesmal, wenn sie sich gerade öffnet, um dies alles in sich aufzunehmen, ist da etwas anderes, vor dem sie Angst hat oder davonläuft.

Sie möchte nicht, daß Dick sich umdreht und ihre Hände sieht, also versteckt sie sie unter den Oberschenkeln und bleibt den Rest der Fahrt auf ihnen sitzen.

Als sie am Strand sind, ärgern sie Peggy. Wer ist nur auf die verrückte Idee gekommen, an den Strand zu fahren? Sie müssen gegen den Wind anschreien, der scharf vom Meer aufs Land kommt. Es ist so ein Wetter, bei dem Peggy sich fühlt, als könne sie in einer Sekunde von der Erdoberfläche gefegt werden, ohne daß jemand bemerken würde, daß sie weg wäre.

Aber es fühlt sich so gut an, am Meer zu sein. Hier hat sie sich in Dick verliebt. Er geht mit Bill voran. Sie sehen immer noch wie Jungen aus, nicht wie junge Männer, obwohl sie schon im Krieg waren. Wirklich noch Jungs. Sie kabbeln sich. Peggy sammelt eine Handvoll kleiner Steine, und zu Dicks Überraschung kommt sie hinter ihm hergelaufen und schüttet sie ihm in die Tasche. Ich will nicht, daß du weggeweht wirst! Ich mache dich schwerer, damit du nicht wegwehst!

Da taucht die Stahlpier vor ihnen auf. Von hier aus springen Pferd und Reiter aus 20 Meter Höhe in ein Wasserbecken. In den Flitterwochen hat Peggy in New York eine Frau getroffen, die sich das Schauspiel in *ihren* Flitterwochen angesehen hat. Sie hat zu Peggy gesagt, sie solle es sich bloß nicht ansehen, denn für das Pferd sei das furchtbar beängstigend. Peggy hat dieses grausige Bild, wie ein Pferd kopfüber ins Wasser stürzt, nie vergessen können.

Sie faßt Eileen am Arm und lehnt sich an sie, um ihr etwas ins Ohr zu flüstern. Der Anblick von Dick und Bill, die vor ihnen hergehen, hat sie wieder einmal sicher gemacht, daß ihr Kind ein Junge wird. Ich will sechs Jungen, erzählt sie Eileen, aber wenn ich nicht so viele bekommen kann, will ich mindestens zwei, denn sie sollen den Platz von Dicks Brüdern einnehmen, die er als Kind verloren hat.

Eileen ist die einzige, der sie dies anvertrauen wird.

Auf der Heimfahrt auf dem Rücksitz beantwortet Eileen einige ihrer medizinischen Fragen. Dein Arzt hat gesagt, daß du kein Salz essen darfst, weil du so hohen Blutdruck hast, denn das kann die Schwangerschaftsvergiftung verschlimmern. Schwangerschaftsvergiftung kann gefährlich werden. In extremen Fällen heißt sie Präeklampsie und kann zum Tode führen. Vertrau deinem Arzt und tu alles, was er dir empfiehlt, sagt Eileen.

An diesem Abend, nachdem Dick eingeschlafen ist, zieht Peggy den langen Wintermantel über ihr Nachthemd und geht hinaus auf die Veranda. Sie will sehen, ob es im Kreißsaal des Elm Terrace etwas zu hören gibt. Der erste Stock liegt im Dunkeln, aber sie bleibt sehr lange draußen. Sie wartet darauf, daß im Kreißsaal ein Licht angeht und die Männer vom Freiwilligenkorps die Broad Street hinauflaufen, sie wartet darauf, daß an ihrem Geburtstag ein Baby geboren wird.

Doch nichts durchbricht die Dunkelheit der Nacht.

Kapitel 35

Ich sollte die Wahrheit für mich behalten. Ich sollte einige von den Sachen, die meine Mutter getan hat, einfach übergehen, dann wäre dies eine ermutigendere Geschichte. Eine Geschichte, die die Menschen gerne hören würden. Ich sollte sagen, daß Peggy heiter ihren Weg ging, gottesgläubig und furchtlos. Dann wäre es eine Geschichte über den Glauben, die die Menschen immer wieder lesen würden, wenn sie traurig sind oder wenn sie plötzlich einen Blick auf die Wahrheit ihres eigenen Lebens werfen müssen – daß es so wie Peggys Leben an einem seidenen Faden hängt und ein einziger Telefonanruf unser geordnetes Dasein in eine unsägliche Unordnung stürzen kann. Ich sollte nicht sagen, daß uns alle Kummer erwartet.

Ich kann nur sagen, daß Dick jeden Morgen pfeifend zur Arbeit ging, und das ist die Wahrheit – die Nachbarn können sich noch daran erinnern. Ein magerer junger Mann in Khakihosen, der pfeifend den Zementweg zu seinem grünen Chevrolet herunterlief. Glücklich, weil er ein so wunderbares Mädchen zur Frau hatte, ein Mädchen, von dem er sich nie hätte träumen lassen, daß sie sich für ihn interessieren würde. Ein Junge, der noch Pickel im Gesicht hatte und dem die Armee der Vereinigten Staaten gleich an seinem zweiten Tag im Ausbildungslager falsche Zähne anfertigen ließ.

Ich sollte verheimlichen, daß der Arzt im April, zu Beginn ihres 5. Schwangerschaftsmonats, so besorgt war, daß er sich gegen eine Reise nach Washington, D. C., aussprach, die Peggy und Dick gemeinsam mit Roy und Naomi Meyers unternehmen wollten. Am Nachmittag des Arztbesuches rief die Krankenschwester aus Dr. Wrights Praxis Dick in Lauchmans Druckerei an. Sie lassen Ihre Frau doch kein Salz essen, oder?

Mein Vater erinnert sich daran, daß ihr der Arzt verboten hatte, Salz zu essen. Dies gehört zu den Dingen, die ihm trotz der Amnesie im Gedächtnis geblieben sind.

Und jetzt darf ich es auch schreiben, denn auch das ist wahr: Es ist das einzige, was er gewußt hat, das einzige, was man ihm von ihrer Krankheit erzählt hat. Peggy hat alles andere vor ihm verheimlicht.

Tante Anna lächelte mich wissend an, als ich ihr meine Theorie auseinandersetzte. Es war in ihrer Wohnung in der Columbia Street, wo sie die Tage damit verbringt, für ihren Mann zu sorgen. Ich erzählte ihr meinen Alptraum über die fünf Männer, die sich aus religiösen Beweggründen verschworen hatten, meine Mutter dazu zu zwingen, das Baby auszutragen.

»Wenn du deine Mutter gekannt hättest, wüßtest du, daß sie niemand dazu hätte bringen können. Peggy war fest entschlossen, euch beiden Jungen zu behalten. Für sie existiertet ihr. Vergiß das nicht. Für alle anderen existiertet ihr noch nicht. Und sie hat eurem Vater nichts davon erzählt. Sie hat ihre Wahl getroffen und alles für sich behalten.«

Mein Vater ging jeden Morgen pfeifend zur Arbeit, weil niemand ihm erzählte, wie krank Peggy war. Sie hat ihm nie anvertraut, daß ihr der Arzt bei der Untersuchung am Tag vor der geplanten Reise nach Washington erklärte, wenn ihr Zustand sich weiterhin verschlechtere, müsse sie das Kind am Ende des Monats aufgeben, weil es sie vergifte. Er wollte jede notwendige Maßnahme zu ihrem Schutz einleiten. Er war ein erfahrener Arzt und hatte noch nie eine Mutter verloren.

Es gibt einen Arzt in Lansdale, der mit ihr zur Schule gegangen ist. Er war eine Klasse über ihr. Im April hat er mich angerufen, um mir zu sagen, er müsse mit mir sprechen. Er erzählte mir, er sei vielleicht von weitem ein bißchen in meine Mutter verliebt gewesen, aber sie hätte ihn keines Blickes gewürdigt. Sie war das schönste Mädchen, das er je gesehen hatte, und als er während seines Medizinstudiums erfuhr, daß sie gestorben war, nahm er sich vor, irgendwann herauszufinden, was geschehen war.

Fünf Jahre nach ihrem Tod kehrte er nach Lansdale zurück und begann dort zu arbeiten. An einem regnerischen Nachmittag sah er ihre Akten im Grandview-Krankenhaus ein. Er stellte diskrete Nachforschungen an und fand heraus, daß unter den Ärzten im Krankenhaus offenbar jeder wußte, daß Peggy Snyder unnötig gestorben war. Ihr Arzt, Dr. Edward Wright, hatte alles in seiner Macht Stehende getan, um sie zu überzeugen, das Kind aufzugeben. Aber sie hatte sich entschlossen, sie hörte nicht auf ihn.

Der Arzt lud mich zum Frühstück zu sich ein. Während er am Herd stand und Omelettes für uns briet, erzählte er mir alles, woran er sich erinnern konnte. Sie war jung, das war ihr Vorteil, und vielleicht hielt Dr. Wright eine winzige Hoffnung aufrecht. Doch als er Peggy in den frühen Morgenstunden des 11. August entband und entdecken mußte, daß es noch ein zweites Baby gab, wußte er, daß es keine Hoffnung mehr gab.

Er sagte, ein Mann wie Dr. Wright hätte mit meiner Mutter nichts mehr zu tun haben wollen, nachdem sie seine Warnungen in den Wind geschlagen hatte. Und wenn Dr. Wright jetzt behauptete, daß meine Mutter nie seine Patientin gewesen sei, glaubte er daran, die Wahrheit zu sagen. Peggy verstieß ihn aus ihrem Leben, als sie ihn am meisten brauchte. Er war ihre letzte Überlebenschance.

»Wenn ich sage, sie starb *unnötig*«, sagte er, »meine ich damit, daß sie überlebt hätte, wenn sie willens gewesen wäre, Ihren Bruder und Sie aufzugeben.«

Sie behielt es für sich. Sie war fest entschlossen, denn für sie allein existierten wir schon.

Aber sie war auch zornig. Ihre geschwollenen Hände machten sie zornig. Und die geschwollenen Füße und ihr Gesicht, das ihr von Tag zu Tag fremder wurde.

Sie war zornig wegen der Kopfschmerzen, die sie nachts aus dem Schlaf rissen, und sie war zornig auf ihren Mann, der ihr immer und immer wieder dasselbe sagte, wenn er ihr kalte Waschlappen auf die Stirn legte, um den Schmerz zu lindern. Bald geht's dir wieder besser, Peggy, streu nur kein Salz auf deinen Sellerie.

Es war das einzige, was er zu sagen wußte.

Sie wollte die Kirschblüte in Washington sehen. Vor zwei Jahren, im letzten Schuljahr, hatten sie ihre Klassenreise nach Washington gemacht, und jetzt wollte sie dorthin zurück, um zu sehen, ob die Stadt wirklich so schön war, wie sie sie in Erinnerung hatte. Waren die Denkmale in der abendlichen Beleuchtung wirklich so weiß wie in ihrer Erinnerung? So weiß, als wären sie mit Schnee bedeckt.

Sie waren wunderschön, und sie war glücklich und würde nie den Moment vergessen, als sie im Mondlicht vor dem Lincoln-Denkmal stand. Und der Arlington-Friedhof mit seinen endlosen Reihen weißer Kreuze. Ewig gleiche weiße Kreuze, die auf den fernen Hängen wie Zuckerwürfel anmuteten. Als sie dort mit Dick stand, konnte sie endlich den Preis des Krieges im Radio ermessen.

Aber sie war auch zornig und beunruhigt während der Reise, weil der Arzt ihr eröffnet hatte, daß sie in einem Monat, spätestens in sechs Wochen – falls sie dann noch immer entschlossen sei, das Kind auszutragen – für den Rest der Schwangerschaft jemanden brauchen würde, der sich um sie kümmerte. Sie würde wieder in ihr Elternhaus auf der Market Street einziehen und die kommenden drei Monate im Bett liegen müssen. In ihrem Elternhaus würde die Entwicklung wieder aus ihrem Leben verschwinden, die wunderbare Entwicklung der letzten zwölf Monate, in denen aus einem alleinstehenden Mädchen eine Verlobte geworden war, dann eine verheiratete Frau und schließlich eine schwangere Ehefrau. Sie kann sich nicht vorstellen, was sie dort in ihrem Elternhaus jeden Tag tun soll. Wie sie dort Platz finden soll, allein zu sein.

Nach der Rückkehr aus Washington sitzt sie zwei Tage lang in der Küche und trennt die Nähte an ihren Umstandskleidern auf, denn sie sind ihr zu eng geworden. Sie besitzt ein kleines Skalpell, scharf wie eine Rasierklinge, mit einem Griff aus Schildpatt und einer leicht gebogenen Klinge. Stich für Stich trennt sie die Nähte auf, und vor Zorn schließt sich ihre Hand um das Skalpell zur Faust. An diesen beiden Tagen spricht sie nicht mit Dick, denn jetzt fühlt sich die wunderbare Entwicklung, in der aus einem Schulmädchen eine schwangere Ehefrau geworden ist, so an, als habe man ihr etwas gestohlen. Sie hat keine Zeit gehabt zu lernen, was es heißt, eine Ehefrau zu sein, und jetzt wird sie lernen müssen, was es heißt, Mutter zu sein. Und dazu eine dicke Frau. Eine dicke Frau, die in der winzigen Doppelhaushälfte ihrer Eltern auf der Market Street wohnt.

Aber in Washington denkt sie an ihre Klassenreise. Wie sie damals von Lawrence Jackman einen Kuß hätte bekommen können, als sie im Schatten der Bundesdruckerei standen, wo sie zugesehen hatten, wie man Geld druckt. Auf dem Arlington-Friedhof liegt sie schließlich in den Armen ihres Mannes im Gras. Umgeben von so vielen toten Männern. Ehemänner und Väter, die im Krieg gestorben sind. All das war zu einer

Zeit geschehen, in der sie damit beschäftigt war zu lernen, wie man sich in hochhackigen Schuhen bewegt und die Haare wie Ginger Rogers frisiert. Dumm ist sie gewesen, das versteht sie nun. So dumm. Wie hat sie je glauben können, der Krieg bestünde aus heldenhaften Rettungsaktionen, aus Aufmärschen und verbotenen Liebesaffären? Der Krieg war ganz und gar nicht so, wie er sich im Radio angehört hatte. Krieg bedeutete Tod. Unzählige Gräber. Sie liegt im Arm ihres Mannes, eine blasse Wange an seinen Hemdkragen gepreßt, die weißen Kreuze auf der Erde in den grünen Feldern verteilt. Jedes einzelne erinnerte an eine Verlobte, eine Ehefrau, eine Mutter, deren Welt aufgehört hatte zu existieren.

Dick sagt ihr, daß er sich hier auch begraben lassen kann, denn er ist ja Veteran. Das will sie nicht hören. Sie küßt ihn auf die Lippen, damit er aufhört zu reden. Als er noch näher an sie heranrückt, sagt sie sich, daß sie das nie mehr als selbstverständlich hinnehmen wird. Jemanden berühren zu dürfen, den man liebt, und von ihm berührt zu werden, bevor die Zeit kommt, in der er vom Antlitz der Erde verschwindet und für immer unter dem Gras begraben liegt.

Auf dem ganzen Heimweg regnet es in Strömen. Dick sitzt am Steuer. Zarte Rauchringe steigen von seiner Zigarette auf und zergehen lautlos an der Decke. Roy erzählt von einem Artikel, den er im Reader's Digest gelesen hat. In Großbritannien hat die Regierung die begabtesten Künstler und Bildhauer dazu aufgerufen, für Veteranen zu arbeiten, deren Gesichter im Krieg entstellt worden sind. Die Regierung hat irgendwo in England ein Schloß requiriert, dort wohnen Künstler und Soldaten. Viele Soldaten haben gräßliche Verletzungen. Die Nasen wurden abgeschossen, sie haben keine Augenlider mehr. Jeder Soldat bringt ein Foto mit, wie er vor dem Krieg ausgesehen hat, und nach dieser Vorlage erstellen die Künstler eine Maske, die seine Verletzung verbirgt.

Dick erkundigt sich, wie die Masken halten, wie man sie festmacht. Peggy schmiegt ihre Wange an die kühle Fensterscheibe und schaut auf ihre aufgedunsenen Hände. Etwas wie Verzweiflung breitet sich in ihrem Körper aus. O Gott, ob sie je wieder eine Stunde erleben wird, in der sie nicht an diese Jungen denken muß, denen man die Nase abgeschossen hat? Wie kann sie diesen Bildern je wieder entfliehen? Diesem unfaßbaren Grauen, von dem sie fest überzeugt ist, daß es sich in einem neuen Krieg wiederholen wird.

Warum ist sie nur mit einem Mann verheiratet, der das nicht sehen kann? Wie kann er weiterlächeln, wieso verliert er nie seinen Optimismus? Wenn sie ihm ihre Handrücken zeigen würde, aufgedunsen und geschwollen wie sie sind, ob er dann Angst um sie bekäme?

Als Roy erklärt hat, daß sie durch eine Brille gehalten werden, fängt Dick an, sich über die Vorzüge der amerikanischen Regierung auszulassen. Sie hätten den Kriegsveteranen so viele Dinge ermöglicht. Eine Collegeausbildung, von der auch er eines Tages profitieren will. Und Kredite, damit man ein Haus kaufen kann. Bei ihm klingt alles so wunderbar. Jedesmal wenn seine Stimme vor Begeisterung lauter wird, könnte Peggy schreien. Warum kann er nicht sehen, daß alles eines Tages zusammenbrechen wird? Warum kann er nicht bei ihr sein, wenn sie verzweifelt ist?

Sie kennt die Antwort, sie hat sie sich doch selbst ausgedacht; wäre er bei ihr, wenn sie verzweifelt ist, würde sie ihn mit herabziehen. Dann könnte er nicht mit seinem Lächeln auf sie warten, das ihr den Rückweg erhellt, so daß sie wiederkehren kann. Ja, deshalb muß sie Gott danken für seine Fröhlichkeit und seinen Glauben. Sie muß dankbar sein, darf niemals absichtlich etwas tun, das ihm die Freude am Leben oder seine Hoffnung nimmt. Sie darf ihm niemals etwas erzählen, das sein Licht löschen könnte. Das Licht, das sie zurückführt zu der Liebe, die er ihr entgegenbringt. Wenn es einen neuen Krieg gibt, wird sie ihm in die Arme fallen müssen wie eine dieser Ehefrauen auf den Fotos in der Zeitschrift *Life*. Und ihn dann tapfer dem Schiff oder dem Zug überlassen, der ihn fortbringen wird. So soll er lächeln, wenn sie sich elend fühlt und verängstigt. Er ist in das Leben verliebt. Das Schlimmste, was sie tun könnte, wäre, ihm einen Grund zu liefern, das Gute im Leben anzuzweifeln. Sie muß ihre Ängste verborgen halten. Sie tiefer und tiefer in sich verbergen, bis sie die Schwere ihres Kummers körperlich spüren kann, bis die Einsamkeit in allem ist, was sie kennt.

In jenen zwei Nächten im April hat sie all ihre Umstandssachen aus dem Wandschrank auf dem Blechtisch in der Küche gestapelt. Dick schläft, und sie ist die ganze Nacht wach und trennt die Nähte auf. Sie bemüht sich, ihre Gedanken zu sammeln, sie will Klarheit, doch hinter ihren Schläfen braut sich etwas zusammen, jeder Gedanke bleibt irgendwo in ihrem Kopf hängen und spult sich wieder und wieder ab. GENERAL ELECTRIC. Die Worte auf dem Kühlschrank. Sie hat sich schon wieder dem Kleid in ihren Händen zugewandt, aber die Worte sieht sie immer noch vor sich. Sie reißt das Kleid auseinander, doch in ihrem Kopf rasen diese Worte! Sie treiben sie zum Wahnsinn: GENERAL ELECTRIC! GENERAL ELECTRIC! Als hätten sie eine tiefere Bedeutung, als enthielten sie die Wahrheit über die kostbare und vielgestaltige Liebe, die Peggy mit ihrem Mann in ihrer kurzen gemeinsamen Zeit geteilt hat. Sie kann sich nicht von den Worten abwenden, sie lassen sie nicht los. Sie prägt sich die Rundungen der Buchstaben auf dem Kühlschrank genau ein, während das Blut hinter ihren Augen zusammenfließt und die Kopfschmerzen mit einem kalten Gefühl im Nacken wieder einsetzen. Vielleicht hätte sie nicht so früh heiraten sollen. Ihr Mund fühlt sich trocken und kratzig an. Und da, dieses Geräusch in der Küche hinter der Tür zur Kellertreppe. Ein kratzendes Geräusch wie von einem kleinen Tier, das sich durch die Tür nagt. Das Geräusch wird lauter. Wieder schließt sich die Öffnung über ihr. Wieder wird der Betondeckel des Bunkers ganz fest über ihrem Kopf zugeschraubt.

Kapitel 36

In einer Nacht in Maine vernahm ich die Stimme meiner Mutter so deutlich, daß ich ihr einen langen Brief schrieb.

Ich kann Dich sehen, es ist an einem jener warmen Maientage. Du bist in der Wohnung aus Backstein, nimmst die Sturmfenster heraus und putzt sie, bevor du die Fliegengitter einsetzt. Du putzt jedes Fenster mit Wasser und Seife ab. Kochend heißes Wasser, von dem deine Hände ganz rot werden, Deine einst so schmalen Hände mit ihren kräftigen, gefurchten Nägeln und den vollkommenen weißen Halbmonden. Inzwischen sehen Deine Finger wie Würstchen aus. Dick erzählt dir immer wieder, wieviel seine Schwester Jean bei ihrem ersten Baby zugenommen hat, und Du hörst ihm zu und möchtest so gern glauben, daß er recht hat und Du dir keine Sorgen zu machen brauchst. Du haßt Dich dafür, daß Du ein solches Theater wegen deiner geschwollenen Hände machst, denn in einer Welt, in der Menschen Hunger leiden müssen und manche Familien noch immer um ihre Liebsten trauern, die sie im Krieg verloren haben, sind Deine Sorgen klein und unbedeutend. Und doch kannst Du Deine Hände nicht ansehen, ohne zu denken, wie entstellt Du bist und daß es immer schlimmer wird, weswegen Du eine Möglichkeit finden mußt, Dich vor der Welt zu verstecken, so wie die britischen Soldaten, die ihre Gesichter für den Rest ihres Lebens hinter Masken verbergen. Du schrubbst die Fenster, bis Deine Hände wund sind, bis die

Haut an den Fingern reißt und fast blutet. Es ist wie eine Strafe, und Du hörst, wie Deine Mutter Deinem Mann in die Ohren flüstert: »Sie wird es überstehen, sie ist meine Tochter, ich weiß, wie stark sie ist.«

Deine Mutter hat Dich jeden Morgen angerufen und angeboten, Dir beim Packen zu helfen, damit ihr beide in ihr Haus auf der Market Street einziehen könnt, wo sie Dich von vorn bis hinten bemuttern kann, so wie es dein Arzt empfohlen hat. Wie solltest Du aber in Dein Elternhaus zurückziehen? In die Haushälfte, die für Euch alle viel zu eng ist.

Wenn Du weiter fleißig bist, kannst Du sie vielleicht von ihrem Plan abbringen. Wenn Du ihnen zeigen kannst, daß Du die Fenster immer noch selber putzen und überall die Fliegengitter einsetzen kannst, vielleicht geben sie dann die Idee auf, daß Du nach Hause kommen sollst, um Dich wie eine Invalidin umsorgen zu lassen.

Vielleicht kannst Du sie überreden, Dich in Ruhe zu lassen.

Wie? Indem Du lächelst?

Ja, indem Du zur perfekten Hausfrau wirst. Fix und fertig angezogen und geschminkt, das Frühstück steht schon auf dem Tisch, bevor Dein Mann am Morgen die Augen aufschlägt. Und abends begrüßt Du ihn in einem anderen Kleid lächelnd an der Tür. Hallo, Schatz, es gibt Hackbraten zum Abendessen.

Und Makkaroni mit Käse. Du übst zwei Tage lang, wie man Makkaroni mit Käse zubereitet. Abends nach dem Essen, wenn Du draußen mit Dick hinter dem Haus auf der Veranda sitzt, lächelst Du, auch wenn der Himmel voller Bomber vom Luftwaffenstützpunkt in Willowgrove ist und im Radio immer mehr von den Schwierigkeiten in Korea berichtet wird.

Lächel einfach weiter. Und was hältst Du davon, am Freitag abend mit Dicks Kumpel Tom Pugles und seiner neuen Flamme Shirley Graham auszugehen. Sie zeigen jetzt *Cinde-*

rella in der Music Hall, und Ihr wollt in die frühere Vorstellung gehen und danach zusammen essen.

Doch als der Abend kommt, läßt Du Dick bei Tom anrufen und ihm ausrichten, lieber die Spätvorstellung und kein Abendessen. Und Du bestehst darauf, daß Ihr Euch erst am Kino trefft. *Im* Kino. Im Dunkeln, denn als Du heute die Jahrbücher der Lansdale High School angeschaut hast, ist Dir aufgefallen, wie hübsch und dünn Shirley ist. Schon der Anblick Deiner Hand auf der Seite neben ihrem lächelnden Gesicht hat gereicht, daß Dir die Kehle trocken wurde.

Aber Du bemühst dich weiter. Witzelst mit Tom herum, sobald das Kind auf der Welt sei, wolltest Du Dich mit ihm treffen und eine Spritztour in seinem Polizeiwagen mit ihm machen. Er muß Dir versprechen, daß er das Blaulicht anstellt und so schnell fährt, wie er kann!

Die Makkaroni mit Käse in der gläsernen Auflaufform sind für Dicks Schwester Jean und ihren Mann Page bestimmt, die Du für morgen zum Essen eingeladen hast. Du bemühst Dich wieder einmal, Deinem Mann zu beweisen, daß Du alles im Griff hast. Du hast den ganzen Tag gearbeitet, um alles schön zu machen, hast zwischendurch immer wieder alle schmutzigen Schüsseln und Pfannen abgewaschen, damit weder in der Spüle noch auf der Ablage etwas steht, was von Deinem Kampf zeugen könnte. Als Du Dich bückst, um einen Kochlöffel aufzuheben, bist Du ein wenig außer Atem. Es ist eigentlich nichts, nur dieses merkwürdige Gefühl. Es lenkt Deine Aufmerksamkeit von der Welt des Kochens und der Gästebewirtung wieder zu der Welt, die zu Dir gehört. Der Welt in Dir. Du spürst, wie sich die Dunkelheit über Dich legt, als Du Dich an die Küchenzeile lehnst. Die Metalleiste um die Arbeitsplatte aus Holz drückt sich in Deinen Bauch. Lehnst Du Dich stärker dagegen, verschwindet sie in den weichen

Hautfalten, die es vorher dort nie gegeben hat. Schließ die Augen, und hör damit auf, bevor es Dich vereinnahmt. Konzentrier Dich auf etwas anderes. Konzentrier Dich auf die zugewandte Schwester, die Du gerade kennengelernt hast, auf die Frau, die Dein Baby auf die Welt holen wird. Anna Hartman. Weißt Du noch, wie sie gelächelt hat, als Du ihr vor kurzem vorgestellt wurdest? Erinnerst Du Dich an ihren kräftigen Händedruck und ihre schönen hellen Augen? Kannst Du sehen, wie sie Dir Dein Baby reicht – hier ist Dein Sohn, Peggy. Herzlichen Glückwunsch. Und Du wirst als erstes nachzählen, ob Finger und Zehen vollständig sind, so wie es jede Mutter tut. Und Dich völlig in seinem Gesicht verlieren, bis Du Dir sicher bist, daß Du es nie vergessen wirst.

Heute weiß niemand mehr, was damals geschehen ist, Peggy. Direkt bevor Dick von der Arbeit kam, trafen Jean und Page ein. Sie brachten ihr kleines Baby mit, einen Sohn namens Douglas, der neun Monate alt war und gerade lernte, wie man über die Welt lacht. Sie setzten ihn zwischen sich auf das weinrote Sofa. Er trug kurze Hosen und ein weißes T-Shirt, so eins, wie Dein Vater es in der Druckerei trug. Bauarbeiter-T-Shirts nanntest Du sie. Alles war in Ordnung, bis er aus irgendeinem Grund laut zu weinen begann. Du hast zugesehen, wie Jean ihn in die Luft hielt und Babysprache mit ihm redete, bis er sich beruhigte. Danach hast Du Dich entschuldigt und bist ins Schlafzimmer gegangen. Du hast die Tür hinter Dir zugezogen, Dich auf den Boden gesetzt und an die Tür gelehnt.

Und dort bist Du die ganze Nacht geblieben. Als Dick nach Dir rief und Dich anflehte, die Tür aufzumachen, hast Du Dich stärker gegen sie gelehnt und gesagt, Dir sei so elend, daß Du nicht herauskommen könntest. Du wolltest ihn nicht hereinlassen.

Während dies abläuft, weißt Du schon genau, wie furchtbar

dieser Abend in der Erinnerung aller sein wird. Aber Du kannst das, was geschieht, nicht ändern. Während des Essens kommt Dick zweimal hoffnungsvoll wie ein Kind an die Tür und klopft vorsichtig an. Ich kann einfach nicht, sagst Du zu ihm. Du hörst Teller und Besteck klappern. Bevor Jean und Page eintrafen, hast Du den Blechtisch mit Deinem feinen Hochzeitsgeschirr gedeckt. Die wunderschönen handgemalten Teller mit dem Wüstenrosenmuster. Dazu die passenden Tassen und Untertassen. Sie sprechen kein einziges Wort beim Abendessen. Es ist so furchtbar still, daß Du sie kauen hören kannst. Du riechst die Zigaretten, die sie nach dem Essen rauchen.

Als das Baby schließlich unruhig wird, verabschieden sich die beiden. Die Fliegengittertür fällt mit einem zarten Seufzer hinter ihnen zu. Und dann fängt es wieder an. Das hoffnungsvolle Klopfen deines Mannes an der Schlafzimmertür. Morgen früh geht es Dir besser, Peg. Das sagt er jetzt immer zu Dir, und Du überlegst, wann er eigentlich damit angefangen hat.

An die Schlafzimmertür gelehnt, schläfst Du ein. Du erwachst mitten in der Nacht. Die Broad Street ist menschenleer. Draußen ist kein Auto zu hören. Du erwachst mit einem Ruck, erschrocken, wie still es um Dich ist. Auf dem Fußboden ein schmaler Lichtstreifen von der Lampe am Ofen, die Dick für Dich angelassen hat.

Du findest ihn auf dem Sofa. Er schläft. Seine Füße hängen über das Fußende. Als Du niederkniest und den Kopf an seine Brust legst, schaudert er und flüstert Dir zu, daß er Dich immer, immer glücklich machen will, aber jetzt Angst hat. Angst, Dich aufzugeben. Angst, seinen Glauben an Dich zu verlieren.

Er fängt an zu weinen. Es ist das erste Mal, daß Du Deinen Mann zum Weinen gebracht hast. Als Du hörst, wie er beim Sprechen gegen die Tränen ankämpft, stockt Dir der Atem. Er versucht Dir zu erzählen, daß er Angst hat, und Du bemühst dich mit allen Kräften zu bleiben, wo Du bist, hier bei ihm, mit dem Gesicht an seiner Brust, aber Dein Kopf brennt so schrecklich, und Du treibst langsam davon. Aber Du willst ihn auf keinen Fall zurücklassen. Alles, was Du willst, ist hier zu bleiben, wo Du bist, hier bei seinem Kummer. Damit Du nicht wegfliegst, sammelst Du Dich und versuchst Dir noch einmal vorzustellen, wie es in der Stadt Deiner Kindheit ausgesehen hat. Gehst in Gedanken durch die Straßen, wanderst in Hatfield langsam von Geschäft zu Geschäft. Von der Drogerie mit den Glasfläschchen im Fenster zum Andersmarkt. Von Beans Lebensmittelladen zum alten Knipe-Hotel.

Am Muttertag habe ich meine Familie zum ersten Mal zu Deinem Grab mitgenommen, Peggy. Ich stand neben Colleen und schaute unseren Kindern zu. Erin zupfte Unkraut, das rings um den Marmorstein aus dem Boden geschossen war. Cara fragte mich, ob man mich auch hier begraben würde, wenn ich tot sei. Nell schlug ein Rad im Gras, sie tat so, als sei dies kein trauriger Ort. Jack vergrub eine Münze in der Erde und sagte: »Irgendwann komme ich zurück und gucke nach, ob sie noch da ist.«

Ich fragte mich, was von Dir übrig war. Verfilzte Haare, Deine Schuhe. Seiten aus der Bibel, die Deine Mutter Dir ins Grab gelegt hat.

Ich versuchte, mich an die Zeiten in meinem Leben zu erinnern, als ich mich Dir nah gefühlt habe. Als ich einmal mit einem kleinen Segelboot drei Kilometer vor dem Hafen in einen Sturm geriet. Ich war allein, kniete auf den Planken, schöpfte Wasser und versuchte, das Boot auf Kurs zu halten. Ich hielt meine Christopherusmedaille zwischen den Zähnen und sprach mit Dir so wie jetzt.

Und dann 1987, als Colleen und ich den Winter in Irland verbringen wollten. Nell und Erin waren noch Babys, und ich war schon vorausgefahren, um mich nach einer Unterkunft umzusehen. In der Londoner U-Bahn-Station King's Cross war ein Feuer ausgebrochen. In ihrer panischen Suche nach einem Ausgang rannten die Leute sich um. Ich stürzte auf die Bahn zu und quetschte mich in den letzten Wagen der letzten U-Bahn, die die Station verließ, genau in dem Moment, in dem die Türen zufielen. Der Zug fuhr an, und die Leute liefen neben ihm her. Sie schrien; sie wollten mitfahren. Und als ich die große schwarze Rauchwand hinter uns sah, begann ich, mit Dir zu sprechen.

Und der Rückflug von Los Angeles 1982, als das Flugzeug plötzlich absackte und die Tabletts mit dem Abendessen an die Decke flogen. Alle anderen schrien, aber ich sprach mit Dir so wie jetzt.

Du liegst zehn Kilometer von meinem Geburtsort begraben, weniger als einen Kilometer von dort entfernt, wo Du uns zuletzt hast schreien hören. Wie bin ich weit von dem Ort gewandert, an dem Du liegst.

Kapitel 37

Als der Arzt von Nancy Mau ihr den Bauch aufschnitt, um ihre Babys mit einem Kaiserschnitt zu holen, schoß eine warme Flüssigkeit wie eine Fontäne an die Decke. Sie erzählte mir, die Schwestern hätten gesagt, so etwas hätten sie noch nie gesehen. Sie begann zu weinen, als sie mir erzählte, ihre beiden Mädchen hätten nur ein paar Stunden gelebt. Dies war im siebten Monat ihrer Präeklampsie. Sie sagte: »Wenn Ihre Mutter Sie nicht ausgetragen hätte und ich meine Babys nicht früher hätte holen lassen, dann wären Sie und ich nicht hier. Ihre Peggy und meine Zwillinge sind für uns gestorben.«

»Ja«, sagte ich.

»Ich bin mir sicher, Ihre Mutter war eine wunderschöne, reizende Frau und hat Sie und Ihren Bruder sehr geliebt. Lassen Sie sich das bitte von jemandem sagen, der dieselbe Krankheit wie Ihre Mutter hatte. Wenn Sie wollen, kann ich Ihnen erzählen, was Ihre Mutter durchgemacht hat, Monat für Monat, bis zum Ende Ihres Lebens.«

»Ja«, sagte ich wieder.

Eine Tür öffnet sich, eine andere schließt sich. Ich fand Dr. Wrights frühere Sprechstundenhilfe, die heute in Kalifornien lebt. Als ich mit meinem Bruder bei ihm war, erwähnte seine Frau nebenbei, daß die Schwester noch lebte und einmal im Monat anrief, um sich zu erkundigen, wie es ihnen ging.

Es lief darauf hinaus, daß ich fünf Tage mit einem Zettel in der Hosentasche herumlief, auf dem ihr Name und ihre Telefonnummer standen, weil ich Angst hatte, sie anzurufen. Warum? Was sollte ich tun, wenn sie mir sagte, daß Peggys Tod unnötig war? Was wäre, wenn sie mir erzählte, daß alle, die meine Mutter geliebt hatten, sie am Ende im Stich ließen; Peggy starb mitten unter ihnen, und sie hatten es unterlassen, sie zu retten.

Ich ließ zuerst meinen Bruder bei ihr anrufen. Sie war verärgert und sehr kurz angebunden. Als ich anrief, sagte sie mir, sie hätte meinen Anruf erwartet. »Wir hatten nie eine Patientin, die so hieß wie Ihre Mutter«, sagte sie.

»Vielleicht wurde sie unter ihrem Mädchennamen geführt«, sagte ich.

»Wir hatten niemanden namens Peggy Snyder und niemanden namens Peggy Schwartz.«

»Schwartz?« fragte ich. »Woher kennen Sie ihren Mädchennamen?«

»Ich muß auflegen«, sagte sie. »Ich bin alt, und jetzt muß ich auflegen.«

Kapitel 38

Ich weiß, daß Peggy am Muttertag 1950 nicht zur Kirche ging, weil sie entsetzt war, wie furchtbar aufgedunsen ihr Gesicht war. Pastetengesicht nannte sie es. Die Fratze eines mißgestalteten Zirkusfaktotums. Konnte man von ihr erwarten zu glauben, so etwas sei in der Schwangerschaft normal? Ihre Cousine Jean war auch schwanger, sie war einen Monat weiter als Peggy und sah wunderschön aus. Sie strahlte übers ganze Gesicht und war nie hübscher gewesen.

Am Nachmittag des Muttertags ließ sich Peggy von ihrer Mutter überreden, einen Spaziergang zu machen. Peggy wollte Audrey tragen und war jetzt so dick, daß sie Audrey auf ihrem Bauch abstützen konnte. Sie liefen die drei Straßen bis zur East School Street, wo ihr Vater und Dick am neuen Haus arbeiteten. Es war ein heißer Tag, und ihre Mutter hatte Limonade in zwei Gurkengläsern mitgebracht. Unter die Schraubverschlüsse hatte sie Wachspapier gelegt, damit sie nicht ausliefen.

Ihre Mutter zeigte ihr stolz, daß die Wände des Eßzimmers schon standen. Ein Eßzimmer war immer ihr größter Wunsch gewesen, in dem Haus auf der Market Street hatten sie keins. Ihr Vater und Dick waren so froh, Peggy zu sehen, daß sie aus ein paar Brettern eine Bank machten, die sie in den Schatten einer Weide stellten, so daß Peggy mit der Mutter und der kleinen Schwester den Männern bei der Arbeit zusehen konnten.

Und hier, auf dieser improvisierten Bank, während Audrey auf dem Boden saß und Grasbüschel ausriß, teilte ihr die Mutter mit, daß sie eine Bettcouch für das Wohnzimmer gekauft habe. Sie will sie hinten an die Wand stellen. Tagsüber soll sie als Sofa dienen, nachts soll es ihr Bett sein. Sie stünde nicht im Weg. Sie störe überhaupt nicht. Sie müsse tun, wozu ihr der Arzt geraten habe.

Sie nimmt Peggys Hand in ihre. Sie will nicht mit ihr streiten oder sie aufregen, sagte sie, aber schließlich sei sie ihre Mutter. Irgendwann wirst auch du verstehen, daß man als Mutter instinktiv das Bedürfnis hat, sich um die Kinder zu kümmern, die Gott einem geschenkt hat.

Vielleicht sind es nicht ihre Worte, die Peggy überzeugen. Vielleicht ist es der Anblick, wie ihr Vater und ihr Mann voller Freude gemeinsam an dem neuen Haus arbeiten; als sie ihnen zusieht, glaubt sie nun doch, daß es gutgehen kann, wenn sie in einem Haus zusammenleben. Die Männer kommen jeden Nachmittag direkt von der Arbeit hierher und arbeiten, bis es dunkel wird. Und sie kann hier sitzen und ihnen zusehen. Zusehen, wie das Haus ihrer Mutter hochgezogen wird.

Als Dick eine Pause macht, um seine Limonade zu trinken und eine Zigarette zu rauchen, setzt sich Peggy neben ihn ins Gras. Der Schweiß hat auf seinen dreckverkrusteten Wangen Spuren hinterlassen. Sie streicht ihm das Haar zurück und drückt ihm das kühle Limonadenglas an die Stirn. Die feinen Härchen auf seinem Arm sind in der Sonne schon blond geworden. Er erzählt ihr, daß er *ihr* eines Tages ein Haus bauen will und ihr Vater ihm alles beibringt, was er wissen muß. Das Grundstück auf der anderen Straßenseite sei zu verkaufen. Er hat mit Mr. Lauchman gesprochen, dem Besitzer der Druckerei. Er will sich darum kümmern, daß Dick einen Kredit bekommt, damit er das Grundstück kaufen kann. Würde dir das gefallen? Würde es dich glücklich machen?

Ich bin jetzt schon glücklich, sagt sie zu ihm.

Er spricht weiter. Wenn sie wieder zu ihren Eltern ziehen, wie der Arzt ihr geraten hat, könnten sie anfangen, Geld zu sparen, um Material für das Haus zu kaufen, das er bauen will.

Jetzt haben sie sie eingekreist. Da sie Peggys Eigensinn und ihre Unfähigkeit, einen einmal gefaßten Entschluß wieder rückgängig zu machen, achten, versuchen sie, ihr auf sanfte Art das Einverständnis abzuringen, nach Hause zu kommen.

Sie sagt zu Dick, er soll ihr einen Brief schreiben.

Einen Brief?

Ja. So einen von der Art, die du mir nach unseren Verabredungen immer geschrieben hast. Schreib mir einen Brief, Dick. Beschreib mir das Haus, das du mir bauen willst.

Kapitel 39

Niemand kann mir sagen, was aus ihren Sachen geworden ist, die sie in der Wohnung in Lansdale zurückgelassen hat, weil sie ja davon ausging, hierher zurückzukehren, wenn das Baby da war. Peggy ärgerte sich maßlos, daß sie ihr eigenes Heim aufgeben sollte – die fünf kleinen Zimmer, in denen Dick und sie sich erst vor fünf Monaten einen Haushalt eingerichtet hatten. Der Sperrholzschrank in der Küche unter der Spüle, wo die Töpfe und Pfannen standen. Sie waren alle noch fast neu, gerade ein halbes Jahr alt, aber schon schwarz von ihren Kochversuchen. Der Schrank im Flur, wo sie ihre besonderen Schuhe und die wunderschönen Kleider für die verheiratete Frau aufbewahrte, die sie selbst genäht und dann weggepackt hatte, als sie Umstandskleidung brauchte.

Was ist aus den Sachen geworden? Sie hat alles, was ihr etwas bedeutete, dagelassen, und ich werde nie herausfinden, was daraus geworden ist. Es ist meine eigene Schuld, denn in den fast dreißig Jahren meines Lebens als erwachsener Mann habe ich nicht ein einziges Mal daran gedacht. Wie soll ich das erklären? Ich hätte in all den Jahren ihr Grab selbst finden können. Schon vor langer Zeit hätte ich mich auf die Suche nach den Menschen machen können, die sie kannten. Mir stand nichts im Wege. Ich habe alles schlicht vergessen, habe mich abgewandt und weitergelebt.

Lebe dein Leben – das hätte sie vielleicht, als ich klein war, zu mir gesagt. Lebe dein Leben. Aber vergiß mich nicht.

Dick steht noch in der Wohnungstür, als Peggy schon draußen ist. Er ruft ihr etwas nach, aber sie geht einfach weiter aufs Auto zu. Er ruft ihr nach, daß sie bald wieder dasein werden, gleich nachdem das Baby auf der Welt ist. In der Zwischenzeit wird er ihr alles aus der Wohnung holen, was sie haben möchte. Alles.

Du brauchst mir nur zu sagen, was du mitnehmen willst.

Sie sieht nicht zurück. Sie sitzt im Auto und schaut nicht auf, als er ihre Nähmaschine die Stufen hinunterträgt und sie im Kofferraum auf die Seite legt.

Es wird nicht lange dauern, wir sind bald wieder da, sagt er, als er losfährt.

In ihrem Elternhaus stellen sie die Nähmaschine vor ein Fenster im Wohnzimmer, wie eine Pflanze, die ohne Sonne nicht gedeiht. Spätabends, wenn alle schon schlafen, ist Peggy noch wach und näht Babysachen.

Zum ersten Mal im Leben schläft Peggy morgens aus. Zuerst muß sie sich regelrecht zwingen, weiterzuschlafen, bis ihr Mann und ihr Vater zur Arbeit gegangen sind. Gesicht und Hände sind morgens am schlimmsten geschwollen, und sie hat etwas gespürt in der Art, wie sie sie angesehen haben. Ihre Angst vielleicht?

Was sehen die Menschen nur, wenn sie sie anschauen? Auch ihre engsten Freundinnen haben gemerkt, daß mit ihrer Schwangerschaft etwas nicht stimmt, und das spürt sie. Und deshalb versteckt sie sich.

Sie versteckt sich so gut, daß nach all diesen Jahren für mich nur ein Rätsel übriggeblieben ist. Und Bruchstücke ihres Geheimnisses.

Aber ich kann es verstehen. Im Juni hatte sich die Form ihres Gesichts drastisch verändert. Ihr Gesicht war jetzt konturlos und breit. Deswegen verschickte sie die Einladungen zu ihrer Geschenkfeier eine Woche zu spät. Es sollte niemand kommen. Niemand sollte sie mit ihrem Zirkusgesicht sehen.

Mitte Juni trifft sie das Ausmaß ihrer Krankheit wie ein Schlag, als ihr plötzlich auch die Hausschuhe nicht mehr passen. Die Schwangerschaftsvergiftung, über die sie in dem Schwangerschaftsbuch gelesen hat, ist Präeklampsie geworden, der Zustand, vor dem Dr. Wright sie gewarnt hat.

Nun versteckt sie sich vor allen. Dick und ihr Vater arbeiten jeden Tag bis zum Einbruch der Dunkelheit an dem Haus, und wenn sie heimkommen, liegt sie schon im Bett. Wenn die anderen eingeschlafen sind, setzt sie sich ins Auto, kurbelt die Fenster herunter und fährt ein Weilchen, um sich abzukühlen. Ich weiß, daß sie einmal zur North Broad Street in Lansdale zurückkehrte. Sie parkte vor der Entbindungsstation des Elm-Terrace-Krankenhauses und horchte, ob wieder eine Frau in den Wehen lag. Peggy erzählte ihrer Cousine davon; sie war dort, direkt vor ihrer Wohnung, aber sie sah nicht hin, sie wollte sie nicht sehen.

Als der Juni zu Ende geht, wird sie zu einem Nachtmenschen, es sind seltsame Nächte. Im dunklen Himmel dröhnen die Flugzeuge, die am Luftwaffenstützpunkt in Willowgrove starten. Es finden so viele Übungsflüge statt wie damals im Krieg. Bis Mitternacht hört man die Rennwagen um die Hatfielder Aschenbahn rasen. Dieser schneidend hohe Lärm bereitet ihr Seelenqualen. Die chinesischen Teetassen ihrer Mutter vibrieren. So beugt sie den Kopf bei der Arbeit zum Motor der Nähmaschine, damit sie den nervenzerrüttenden Krach nicht hört.

Im Juli wurde es ganz schlimm. An manchen Tagen fühlte sie sich so schwach, daß sie sich nicht anziehen konnte. Ihr stets hoffnungsvoller Ehemann versuchte immer wieder, sie zu überzeugen, daß es ihr bald besser ginge, wenn sie nur endlich etwas essen würde. Ihr leerer Stuhl am Tisch war zu einem Symbol der wachsenden Ängste ihrer Mutter geworden. Sie wußte, daß etwas Furchtbares mit ihrer Tochter vor sich ging. Doch jedesmal wenn sie Peggy fragte, ob sie Dr. Moyer holen dürfe, den Arzt, der sie schon als Kind behandelt hatte, weigerte sich die Tochter. Sie vergrub das Gesicht im Kissen und sagte zu ihrer Mutter, es würde ihr wieder gutgehen, wenn sie nur endlich nicht mehr alle davon sprechen würden, wie schrecklich sie aussähe.

Mittlerweile war sie grauenhaft anzusehen, das machte ihr den größten Kummer. Die körperliche Schönheit, die immer zwischen ihr und der Welt gestanden hatte, war ausgelöscht worden und hatte sie verwundbar zurückgelassen. So verwundbar, daß die Babys, die in ihrem Bauch Purzelbäume schlugen, für sie weder Trost noch Wunder waren. Sie gaben ihr nur das Gefühl, daß sie keinen Platz mehr hatte, wo sie sich verstecken konnte.

An den Tagen, an denen es draußen still war, legte sie sich in der Dämmerung auf die Bettcouch und lehnte den Kopf auf die Fensterbank. So konnte sie das Hämmern und Sägen von fünf Straßen weiter hören, wo ihr Vater und Dick gemeinsam an dem neuen Haus arbeiteten. Das tröstete sie. Sie versuchte, einen Rhythmus in den Geräuschen zu erkennen, und stellte sich vor, wie die beiden Seite an Seite arbeiteten. Wenn sie die Augen schloß, sah sie die Männer in ihren Khakihosen und weißen T-Shirts vor sich. Ihre Mutter brachte ihnen immer das in Alufolie gewickelte Essen vorbei. An heißen Abenden auch ein Bier für jeden. Sie schob Audrey im Kinderwagen vor sich her, und in das Metallkörbchen zwischen den Rädern stellte sie ein Tablett mit dem kalten Abendbrot. An einem Abend wurde sie von einem Gewitter überrascht. In rasender Folge zerschnitten die Blitze den düsteren Himmel. Als sie zurückkam, setzte sie sich zu Peggy auf die Couch und erzählte ihr, wie ein Blitz auf dem Dach eingeschlagen war. Er war übers Dach gerast und funkensprühend von einem Nagel zum nächsten gesprungen.

Wenn Peggy überhaupt etwas sagte, dann nur über den Krieg in Korea. Dieser Krieg, der so weit weg war, schien ihr wirklicher als die Möglichkeit, daß die Geburt unmittelbar bevorstand und ihr Kind bald zur Welt käme.

Und dann weckte Dick sie eines Nachts. Er lächelte. Er legte seine Hand auf ihren Bauch und erzählte ihr, was er von einem Kollegen bei der Arbeit gehört hatte. Man würde alle Veteranen im aktiven Reservekorps, die Kinder hatten, zurückstellen. Sie müßten als letzte nach Korea.

Das war die schönste Nachricht! Sie stützte sich auf die Ellbogen und ließ sich von ihm küssen. Endlich hatte die große Last ihrer Schwangerschaft noch einen Sinn, den sie nie erwartet hätte.

Die Nachricht gab ihr einen Energieschub. Als ihre Cousine Jean am 23. Juli mit ihrem Baby aus dem Krankenhaus kam, lief Peggy über die Straße, um sie zu besuchen. Jean erinnert sich: Ihre Mutter stand am Fenster und sah zu, wie Peggy den Bürgersteig entlangging. Ihre Bewegungen waren so langsam und mühevoll, als klettere sie eine steile Leiter hinauf. Jeans Mutter rief ihre Tochter ans Fenster. Seit einer Woche, sagte sie zu ihr, habe sie kein Licht mehr in dem Fenster gesehen. Peggy nähe keine Babysachen mehr, und das bedeute, daß ihre Zeit gekommen sei.

Sie ging barfuß, weil ihre geschwollenen Füße inzwischen auch nicht mehr in die Hausschuhe ihres Vaters paßten.

»Als ich Peggy an diesem Tag sah«, sagte ihre Cousine zu mir, »hätte ich vor Schreck beinah mein Baby fallen gelassen.«

Sie erinnert sich an Peggys kläglichen Versuch zu lächeln. Den leeren Blick in ihren Augen. Die Cousine legte Peggy ihr

Baby in den Arm und dachte bei sich – um Himmels willen, warum hilft der Arzt ihr nicht? Warum hilft ihr denn keiner?

Ihr wunderschönes Haar, auf das sie immer so stolz gewesen war, war strähnig und klebte ihr an der Stirn, als sei sie tagelang im Wald umhergeirrt. Als habe sie knapp ein schreckliches Unglück überlebt. Es war ein heißer Tag. Ihre Bluse war naß vor Schweiß.

»Was kann ich tun, um dir zu helfen, Peggy?« fragte Jean sie.

»Es wird alles gutgehen, Jean.«

Das glaubte Jean nicht. Und ihre stumme Frage – warum hilft ihr denn keiner? – sollte erst von mir beantwortet werden. Aufgedunsen, unförmig und kaum in der Lage zu laufen – wie konnten mein Vater und ihre Mutter übersehen, daß sie sterbenskrank war? Wie konnten sie übersehen, daß sie dabei waren, sie zu verlieren?

In Peggys kurzer Zeit auf dieser Welt versteckte sie sich hinter ihrer Schönheit. Doch jetzt hatte ihre Schönheit sie im Stich gelassen, gerade jetzt, wo Peggy sie am nötigsten gebraucht hätte. Ihr blieb nur noch der Versuch, ihr Geheimnis hinter dem Alptraum zu verbergen, der den Platz dieser Schönheit eingenommen hatte.

Das Geheimnis war: Sie wußte, daß sie starb. Sie hatte Dr. Wrights Warnung zu Beginn ihrer Schwangerschaft nicht vergessen. Damals waren seine Worte nichts als eine undeutliche Abstraktion gewesen, aber jetzt, in der Hitze des Sommers, begriff sie, daß ihr Entschluß, diese Schwangerschaft bis zum Ende zu ertragen, sie umbringen würde.

Ihre Schönheit hatte sie im Stich gelassen und den Fragen und Ängsten der Menschen ausgesetzt, die ihr am nächsten standen. Natürlich *sahen sie es*. Mein Vater, ihr Vater und ihre Mutter sahen es. Ich weiß, daß ihre Mutter, meine Großmutter, mehr als einmal versucht hat, sie dazu zu bewegen, sich von ihrem Hausarzt Dr. Moyer untersuchen zu lassen oder ihn zumindest in ihr Haus auf der Market Street zu rufen, damit er sie einmal ansähe. Um sich was anzusehen? Daß die Götter ihr irgendeinen grotesken Streich gespielt hatten? Einmal holte mein Vater den Arzt, und Peggy ließ ihn einfach nicht ins Zimmer.

Soll ich meinen Vater dafür anklagen, daß er die Tür nicht eingetreten hat?

Eine ganze Woche lang drehten sich meine Tage und Nächte nur um diese eine Frage: *Warum hat mein Vater nichts getan, um ihr zu helfen?* Es gab darauf keine Antwort. Ein eigenartiger Ärger erfaßte mich, ein solch abgrundtiefer Ärger, daß die Geräusche der Welt manchmal, wenn ich beim Einkaufen in der Schlange stand oder den Kindern beim Fußballspielen zusah, verstummten und ich in der Stille zurückblieb, in der ich mit mir selbst redete.

Mit diesem Ärger kehrte ich schließlich noch einmal nach Pennsylvania zurück. Den ganzen Weg von Maine trat ich das Gaspedal durch, wobei ich mir immer wieder vorstellte, wie mein Vater in den Wochen und Monaten nach ihrem Tod am Grab meiner Mutter gestanden hat. Wie *er* damals allein dorthin ging, um dem leeren Raum dieselbe Frage zu stellen: *Warum habe ich nichts getan, um dir zu helfen, Peggy?*

Damals war es seine Frage gewesen, und meine war es, als ich zum letzten Mal an Peggys Grab stand. Die Dämmerung war vorübergegangen, und ich war allein dort. Blätter wehten über die Erde. Der Wind trug eine dunkle Rauchwolke aus der Fleischkonservenfabrik herbei. Ich senkte den Kopf und bat um eine Antwort. Zuerst schweigend, dann sprach ich laut. Ich sagte meiner Mutter, ich würde nicht eher gehen, bis ich wüßte, warum ihr niemand zur Rettung gekommen sei. Autos fuhren vorbei. Ich war mir sicher, hören zu können, wie sie langsamer fuhren, als sie mich sahen. Ich versuchte, alles noch einmal zu überdenken, was ich endlich über meine

Mutter erfahren hatte. Ich stand sehr lange dort. Ich las ihren Namen, im Granitstein eingraviert, und den Namen meines Vaters, und ich stellte mir vor, wie er sie anflehte und wie sie ihm trotzte. Wie sie allen trotzte. Ich dachte an ihren Trotz und dann an ihren Glauben. Da erkannte ich, daß es für Peggy dasselbe war. Was ist Glauben, wenn nicht der Trotz zu sagen: *Und doch glaube ich*. Trotz der Zeichen, trotz der Beweise, trotz allem, was ihr mir erzählt – *ich glaube dennoch*. Trotz der Angst, die ich in den Augen meines Ehemanns sehe und im Blick meiner Mutter, trotz eurer Warnungen – ich werde daran glauben, daß ich überlebe. Selbst wenn es nicht stimmt, ich lasse nicht zu, daß mir irgendwer meinen Glauben nimmt.

Und wer hätte gewagt, ihr dies zu nehmen, wenn sie doch wußten, daß es das letzte war, woran sie sich festklammerte, wenn sie doch wußten – und sie mußten es wissen –, daß es zu spät war für etwas anderes als den blinden Glauben an Gottes Liebe.

Und das ist der wesentliche Punkt: Als Peggy sich zu Beginn des Sommers dafür entschied, die Schwangerschaft nicht abzubrechen, konnte niemand mehr etwas für sie tun, es sei denn, ihr die Würde ihres traurigen Schicksals zu lassen.

Sie behielt das Geheimnis für sich. Bis zum letzten Tag ihres Lebens, als sie zu schwach war, sich zu wehren, und Dr. Moyer endlich gerufen wurde. Er kam in ihr Zimmer, sah sie und wurde blaß. »Das ist nicht das Mädchen, das ich kenne«, sagte er ernst. Dann rief er den Krankenwagen.

Als ich das letzte Mal am Grab meiner Mutter stand, dachte ich daran, was geschehen würde, wenn meine Kinder heranwuchsen und wissen wollten, warum die Menschen, die Peggy am meisten geliebt hatten, zugelassen hatten, daß sie in ihrer Mitte starb. Ich entschied mich dafür, ihnen zu erzählen, daß wir die Antwort auf diese Frage vielleicht nicht wissen könnten, bis wir selbst an der Reihe wären, einen geliebten Menschen zu verlieren. Und vielleicht wäre es dann an uns zu lernen, im Namen der Liebe loszulassen und einen Schritt zur Seite zu treten, damit dieser Mensch sich darauf vorbereiten kann, in die Arme der Engel zurückzufallen.

Eines Tages im Juli kommt Tante Lilly, um Peggy zu besuchen. Sie hat ein Kleid mitgebracht, an dem sie den ganzen Sommer gearbeitet hat. Den Schnitt hat Peggy sich selbst ausgesucht. Sie hatte nicht die Energie, selber zu nähen, deshalb ist Lilly eingesprungen. Es ist ein hübsches graues Maßkleid, und Peggy möchte sich gebührend bedanken. Doch als sie das Kleid in die Höhe hält, fällt ihr auf, daß sie nie wieder die Frau sein wird, die sie war, bevor dies begonnen hat. Die Frau, die dieses Kleid hätte tragen können, gab es nicht mehr.

Hier ist ihre Tante Lilly, die ihr geholfen hat, die Kleider für die Brautjungfern zu schneidern. Vor Peggys Hochzeit haben sie viele Stunden gemeinsam verbracht, und als sie jetzt vor ihr steht, versucht Peggy verzweifelt, sich daran zu erinnern, worüber sie sich an all den Abenden unterhalten haben, an denen sie bis spät in die Nacht gemeinsam genäht haben. Wenn sie sich nur an eine Kleinigkeit aus der verlorenen Zeit erinnern könnte, nur an eine kleine Einzelheit, vielleicht könnte sie dann zu sich selbst zurückfinden.

Nicht lange nach Lillys Besuch wollte Peggy nicht mehr im Wohnzimmer schlafen, weil sie jetzt so viele Stunden im Bett verbrachte, und hier unten gab es für sie keine Privatsphäre. Außerdem machte ihre kleine Schwester soviel Lärm, und wenn sie Kopfschmerzen hatte, ertrug sie es einfach nicht mehr. Das Badezimmer war oben. Manchmal war es ihr sogar zuviel, wenn sie unten jemanden reden hörte, dann drehte sie den Wasserhahn an der Badewanne auf und ließ das einlaufende Wasser die Geräusche der Welt verschlucken.

In Dicks Augen war sie noch immer wunderschön. In seiner Erinnerung ist sie jeden Tag ihres Lebens schön gewesen. Er saß bei ihr, oben am Bett ihrer Mutter, und legte ihr kalte Waschlappen auf die Stirn.

Er versuchte sie aufzuheitern. Sagte ihr, nicht mehr lange, dann könnten sie mit dem Baby wieder nach Hause ziehen. Du hast es fast geschafft, Peggy. Siehst du nicht, daß du es fast geschafft hast? Du bist die ganze Zeit so tapfer gewesen. Bald wird alles wieder normal werden. Und wer ist da, wenn du zurückkommst, Peggy? Wer steht da und wartet auf dich?

Du.

Ganz genau.

Sag es mir bitte, Dick.

Ich bin da, wenn du zurückkommst.

Du bist da?

Ja, ich bin da. Natürlich bin ich da.

Es war der letzte Monat, dessen Ende sie erleben würde. Doch in den letzten Julitagen waren sie einander so nah, daß Dick sich das Ende ihrer Schwangerschaft nicht mehr herbeiwünschte. Statt dessen versuchte er, jede Stunde als ein Geschenk Gottes zu betrachten, die er auskosten mußte, um sich später daran zu erinnern. Weil sie glaubte, war auch sein Glaube stark wie nie zuvor, und er war sich sicher, Gott würde sich dieses Mädchens annehmen, das er liebte.

Unschuldig. Er war unschuldig. Sie hat ihm nie etwas erzählt. Als sie gegen Ende des Monats auf die Toilette ging, kam nichts heraus. Sie konnte sechs Tage lang keinen einzigen Tropfen Urin lassen. Ihre Organe ertranken allmählich in den giftigen Flüssigkeiten, die durch ihren Körper strömten. Dick erfüllte ihr nur ein paar Tage, bevor sie ins Krankenhaus kam, den Wunsch, noch einmal nach Lansdale zur Wohnung in der North Broad Street zu fahren. Sie sagte ihm, wenn sie die Wehenschmerzen ertrüge, würde sie davon träumen, hier mit ihm auf dem Sofa vorm Fenster zu sitzen. Das Baby läge zwischen ihnen. Die Sonne schiene auf ihr Kind. Und sie würden Schallplatten hören. Sie würde davon träumen, sich mit Dick all ihre Lieblingsschallplatten anzuhören.

Also fuhr Dick noch einmal mit ihr dorthin. Von der Straße aus wirkte es, als habe die Wohnung sie beide schon vergessen. Als habe sie bereits vergessen, wie ihre Liebe die Räume erfüllt hatte.

Plötzlich muß sie weinen. Willst du nicht reingehen, Peg? fragt Dick. Komm, ich bringe dich rein.

Aber sie läßt ihn nicht. Sie hört einfach nicht auf zu weinen, und das ist für ihn am schwersten zu verstehen: Sie hat ihren Glauben und trotzdem scheint es zuweilen, als hätte sie alles aufgegeben. Er wird ihr noch einmal sagen, daß es ihr bald bessergehen wird, wenn sie nur endlich etwas ißt. Aber seine Stimme ist tonlos, und sie spürt, daß er nicht mehr daran glaubt. Er spricht nur mit ihr, um sie dem Fluß wieder zu entreißen, der sie fortträgt. Ob er insgeheim weiß, daß er nie mit ihr hierher zurückkommen wird? Ob er sich fragt, was er diesem traurigen, schönen Mädchen angetan hat? Was er *nicht* getan hat von allen Dingen, die er hätte tun können, um diese Nacht zu verhindern?

Sie sagte ihm nichts. Sie sagte ihm nicht, daß sie Millionen Kilometer von ihm wandern müsse. Auf einem anderen Teil ihrer Reise. Daß sie hier nie mehr wohnen würde. Nie wieder die Haustür öffnen, nie wieder Wäsche auf die Leine im Garten hängen würde.

Kapitel 40

Mein Vater hat mir erzählt, daß Peggy fest an Gott glaubte und keine Angst gehabt hat. Daran hält er fest. Auch nachdem ich ihm die Wahrheit gesagt habe, die er nie gekannt hat, versichert er mir, daß sie keine Angst gehabt hat.

Also werde ich das glauben, sowohl für meinen Vater als auch für mich. Ich werde glauben, daß sie die Beine aus dem Bett schwang, als die erste Wehe kam, und langsam und regelmäßig zu atmen begann. Es war der 9. August, ein Mittwoch. Kurz vor zwölf an einem wolkenlosen Tag, an dem es so heiß war, daß sie sich die bloßen Fußsohlen auf dem Bürgersteig verbrannte, kletterte sie in den Ford ihres Vaters hinters Steuer und fuhr ganz allein ins Elm-Terrace-Krankenhaus. Obwohl sie den Sitz so weit wie möglich nach hinten geschoben hatte, drückte sich das Lenkrad in ihren Bauch. Es fühlte sich kühl an wie Marmor. Dick und ihr Vater waren bei der Arbeit in der Druckerei. Ihre Mutter kaufte mit Audrey ein, sie schob die Kleine in ihrem Kinderwagen mit dem fransenbehangenen Sonnenverdeck vor sich her.

Peggy hatte vor einer halben Stunde im Krankenhaus angerufen, als die erste Wehe ihr den Atem nahm. Die Hebamme Anna Hartman sagte, sie solle sich auf den Weg machen. Es sei Vollmond und alle Betten bis auf zwei belegt. Die Autorität und Kompetenz ihrer Stimme beruhigten Peggy. Anna wollte in Dr. Wrights Praxis anrufen, während Peggy sich anzog. Das einzige, was ihr jetzt noch paßte, war ein geblümtes Unterkleid, das formlos von den Schultern hing. Dick hatte den braunen Koffer vor einer Woche gepackt. Er stand neben dem Heißwasserboiler in der Küche und enthielt Kamm und Bürste (den dazugehörigen Spiegel durfte er allerdings nicht einpacken), Zahnpasta und Zahnbürste, Körperpuder, das blaßgelbe gesteppte Kleid, das Lilly ihr genäht hatte, drei Briefbögen mit Umschlag, die Taschenbibel, die Dick während des Krieges mit sich getragen hatte, eine Packung Papiertaschentücher, einen Wecker, einen Füllfederhalter und ein Glasfläschchen mit Tinte.

Füller und Tinte waren wichtig, denn sie wollte meinem Vater Briefe schreiben. Und er wollte ihr zurückschreiben. Briefe, wie er sie ihr früher nach jeder Verabredung geschrieben hatte, als sie sich kennenlernten. Darauf freute sie sich. Sie muß geglaubt haben, wenn das Baby erst da wäre, hätte sie wieder Kraft. Keine Kopfschmerzen mehr. Keine Sehstörungen. Sie würde wieder auf die Toilette gehen können und im Krankenhaus von Tag zu Tag kräftiger werden. Sie würde sich wieder konzentrieren können und endlich an etwas anderes denken können als daran, wie sie sich körperlich fühlte.

Sie parkte am Straßenrand. Nahm den Koffer vom Vordersitz. Wer hätte sie dort sehen sollen, als sie wie ein erschöpfter Reisender einen Moment auf dem Bürgersteig zögerte? Eine einsame Gestalt mit einem Koffer. Dieselbe Pose, in der sie sich ihren Mann vor unglaublichen drei Jahren auf einem Bürgersteig in Seattle vorgestellt hat. Als er auf den Zug wartete, der ihn aus dem Krieg nach Hause brachte, lebendig und gesund, so daß sein Leben mit dem ihrem zusammentraf. Ob sie an ihn gedacht hat? Er stand nur fünf Straßen weiter an seiner Linotype-Presse. Die Hitze der Maschinen trocknete seine Kehle aus und trieb ihm den Schweiß auf die Stirn. Bald würde er draußen auf den Bohlen der Laderampe in der Zufahrt essen, sich danach eine Zigarette anzünden, tief inhalieren und den Rauch in den Himmel blasen. Wann hatte sie aufgehört, ihm sein Mittagessen einzupacken? Wie viele Wochen waren vergangen, seit sie zum letzten Mal die Kraft hatte, ihm sein Essen zu machen?

Geht so ein Leben zu Ende? Wichtiges und Unwichtiges, Kleinigkeiten fallen aus der Umlaufbahn deines Lebens, weil du dich zu langsam drehst.

Und so erinnert sich Mrs. Sprenkle, die zwei Häuser weiter wohnte: Bei Peggy brennt Licht, weil sie noch spätabends an der Nähmaschine sitzt. Zuerst nähte sie die Kleider für die Hochzeit, dann die Kleider für die verheiratete Frau, dann ihre Umstandskleidung und schließlich die Babysachen. Und dann ging das Licht aus.

Das Licht ging aus.

Die Entbindungsstation des Elm-Terrace-Krankenhauses ist ein hübsches viktorianisches Haus wie eine Pension am Meer. Markisen an den Fenstern zur Straße hin. Gestutzte Hecken. Hohe Ulmen. Fünf Stufen führen vom Bürgersteig zur Veranda hinauf.

Ob sie innehielt und über die Straße zurücksah zum Backsteinhaus mit ihrer Wohnung? Ob sie sich ausmalte, wieder auf dieser Veranda zu stehen oder sich in die Prozession der jungen Mütter einzureihen, die ihre Kinderwagen über die North Broad Street schoben, hinein in die Zukunft Amerikas?

Die Zukunft. Ob ihr Glaube an Gott so stark war, daß sie tatsächlich gedacht hat, sie würde eines Tages ihren Platz unter den Kinderwagenmüttern einnehmen und mit ihnen die Zukunft erobern?

Hinter den doppelten Eichentüren mit den schönen ovalen Glasfenstern die dunkel getäfelte Eingangshalle. Breite Stufen führen zu einem Absatz, wo sich weiße Spitzengardinen wie Segel im Sommerwind blähen. Von dort, wo sie steht, sehen die Treppen so steil aus, und bei diesem Anblick fragt sie sich, was nur aus dem kleinen Mädchen geworden ist, das die Treppen in der Schule rauf- und runtergerannt ist.

Eine Schwester namens Scottie führt sie zu ihrem Bett. Es steht in einem Fünfbettzimmer mit einer hellgeblümten Tapete und einer stuckverzierten Decke. Auch hier wehen weiße Spitzengardinen im Wind. Ihre Zimmergenossinnen begrüßen sie lächelnd. Keine von ihnen sieht aus wie Peggy. Keine hat so ein entsetzlich aufgedunsenes Gesicht.

Es ist ihr Gesicht, weswegen Scottie sie aufnimmt, denn die Wehen an diesem Morgen sind Vorwehen. Scottie schreibt das Wort Präeklampsie auf die Karteikarte über Dr. Wrights Namen und befestigt sie am Fußende von Peggys Bett.

Auf der anderen Seite des Flurs ist das Kinderzimmer. Fünfzehn Kinderbettchen stehen nebeneinander an der Wand. Nebenan ein zweites Zimmer für Mütter, diesmal mit sechs Betten. Würde sie sich an die Mütter erinnern, die in den anderen Betten lagen? Und an die eine, die ihr erzählte, bei Vollmond seien immer alle Betten belegt, und dann hätte man im dritten Stock Feldbetten für die Jungs vom Freiwilligenkorps aufgestellt, die die werdenden Mütter in den Kreißsaal hinauftrugen und später wieder ein Stockwerk tiefer brachten. Immer wenn es eine Pause zwischen den Geburten gab, machten sie dort ein Nickerchen.

Würde sie sich an die Nachtschwester Sarah Cobley, die Peggy bat, sie Sally zu nennen, erinnern? Und daran, wie Sally ihr den Rücken massierte, bis sie eingeschlafen war? Die Kaffeemaschine, die dazu benutzt wurde, Wasser im Kreißsaal zu erhitzen. Der Küchenherd, auf dem die Glasflaschen erwärmt wurden.

Zwei Tage lang wartete sie darauf, daß die Wehen regelmäßig kamen. Sie aß nichts. Scottie und Anna betreuten sie gewissenhaft. Sie wußten, es bestand die Gefahr, daß sie

Krämpfe bekam, und dann könnten sie Mutter und Kind verlieren. Anna erkundigte sich jeden Morgen, wenn sie kam, bei Sally – hat sie etwas gegessen?

Schlafen kann Peggy auch nicht. Haus der Schreie, so nennt sie das Krankenhaus. Im Kinderzimmer schreit immer ein Baby, und von oben hört man die Schreie der Frauen in den Wehen. Diese Schreie sind schlimmer als der wütende Lärm der Rennwagen, die sich um die Aschenbahn in Hatfield jagen. Es ist heiß, das ist die Hitze all der unförmigen Leiber, die langsam die Zimmer des Hauses der Schreie durchdringt. Sie sitzt in der Falle, sie ist der Hitze und dem Lärm ausgeliefert, und dann sind da noch die beiden Frauen in ihrem Zimmer, die schon »alte Hasen« sind, wie sie sagen. Sie haben die Entbindung schon hinter sich, und weil sie zu Hause noch kleine Kinder haben, betrachten sie die zehn Tage Krankenhaus als eine Art Sonderurlaub. Sie spielen Karten und lassen sich zweimal Nachschlag vom Kartoffelbrei geben. Sie essen Eis, als käme es bald außer Mode, dieses kleine eckige Schokolade-Vanille-Erdbeer-Eis in der Waffel, das aussieht wie eine kleine Flagge.

Anna Hartman sitzt an Peggys Fußende und spricht mit ihr übers Stillen und die Beschneidung, falls das Kind ein Junge wird. Sie nimmt einen der Briefbogen, die Peggy mitgebracht hat, und bastelt ihr einen Fächer. Peggy sieht ihr beim Falten des Papiers zu, und da kommen ihr plötzlich die Fächer in den Sinn, die sie in der Grundschule im Kunstunterricht aus Millimeterpapier gebastelt hat, zusammen mit Ginny und Adelle und Peg Kirsch. Und es ist erstaunlich, plötzlich sieht sie das Klassenzimmer ganz deutlich vor sich, die Stühle aus Holz und grauem Stahl, den Wasserspender in der rechten Ecke hinter dem Lehrerpult. Es ist alles viel zu deutlich, um eine Erinnerung zu sein; es gehört schon zu der Landschaft, die Peggy jetzt durchwandert.

Ihr Mann hat einen Brief für sie dagelassen, erzählt Sally ihr am nächsten Morgen. Er ist auf dem Weg zur Arbeit vorbeigekommen, aber sie schlief gerade, deswegen hat er Sally den Brief gegeben.

Es ist nur eine kurze Notiz. Er schreibt, er ist gestern in der Wohnung gewesen. Es ist alles sehr sauber, genauso wie sie es hinterlassen haben, und er hat keine Ameisen entdeckt, um die sie sich solche Sorgen gemacht hat. Alles ist bereit, daß sie mit ihrem Baby zurückkommen. Sie soll sich überhaupt keine Sorgen machen, denn er weiß genau, daß alles vorbestimmt war, so wie sie sich getroffen haben und gleich wußten, daß sie zusammenbleiben wollten. Und jetzt dieses Baby, ein Geschenk Gottes.

Ich hoffe, sie glaubte ihm. Ich hoffe, sie lag nachts nicht wach in ihrem Bett und hörte die Schreie der Mütter und die Schreie der Babys und fühlte sich, als ob Gott sie vergessen habe oder sie für irgendeine schreckliche Sünde bestrafe. Sie hatte noch nicht so lange gelebt, noch nicht so viele Sünden begangen, um dies verdient zu haben. In ihrem Kopf jagten sich die düsteren Gedanken, und sie hatte so gräßliche Kopfschmerzen, daß sie an sich halten mußte, um nicht zu schreien.

Kurz vor 9 Uhr am Abend des 10. August gab Dick ihr einen Kuß und sagte, er käme morgens zurück. Ihre Zeit stand jetzt kurz bevor. Scottie erzählte ihm, daß das Kind noch vor dem Morgen kommen würde. Einerseits wollte Peggy, daß er ginge, damit sie ihre Schmerzen endlich nicht mehr verbergen mußte, und andererseits wünschte sie sich sehnlich, er bliebe bei ihr. Hätte sie die Energie gehabt, hätte sie ihn gebeten zu bleiben. Wie wunderbar wäre es, wenn jemand sie über die Straße in ihre Wohnung trüge und der Arzt sie dort von ihrem Kind entbinden würde, in ihrem Bett, mit ihrem Mann an ihrer Seite.

Das letzte, was er zu ihr sagte, bevor er ging, war, daß er aufbleiben wolle, um ihr einen neuen Brief zu schreiben. Er würde ihn am nächsten Morgen mitbringen.

Als er sich umdrehte und ging, schloß sie die Augen. Scottie massierte ihr den Rücken und versicherte ihr, alles würde gutgehen. Sie sagte ihr, was sie allen Müttern gesagt hatte: »Gott hat die Frauen dazu erschaffen, Kinder zu bekommen, und auch du wirst es überstehen.«

Diese Worte und das Versprechen meines Vaters, daß er aufbleiben würde, um ihr einen Brief zu schreiben, halfen ihr durch die lange Nacht.

Er hatte das Versprechen noch auf den Lippen, als er das Krankenhaus verließ und in die Nacht hinausging. Er stand dort auf dem Bürgersteig, zwischen den verlassenen Räumen der Backsteinhauswohnung, wo er sie geliebt hatte, und den hellerleuchteten Krankenhauszimmern, wohin ihre Liebe ihn geführt hatte. Liebe logisch wie Geometrie.

Er wandte sich um und betrachtete das Krankenhaus, das im Mondlicht noch mehr wie ein Haus für Touristen aussah, ein Haus für Touristen am Meer, dem man nicht ansah, was es wirklich war und welche Gefahren es in sich barg. Die Touristen schrien in der Nacht. Warum? Weil das Leben, das sie hinter sich ließen, wenn sie hier ankamen und sich anmeldeten, nicht mehr dasselbe sein würde?

Er konnte nicht wegfahren, als ihre Schreie in jener Nacht zu den anderen kamen. Er schloß die Wohnungstür auf. Er hörte sich ein Spiel der Phillies im Radio an. Halb versuchte er einzuschlafen, und halb wollte er im Lehnstuhl am Fenster wach bleiben. Immer wieder stellte er das Radio leise, in der Hoffnung, daß die gellenden Angstschreie aufgehört hatten. *Was habe ich ihr angetan*, fragte er sich.

Irgendwann in der Nacht fand er doch in den Schlaf. Keine Stunde nachdem Dick sie mit dem Versprechen verlassen hatte, ihr in dieser Nacht einen Brief zu schreiben, wurden die

Jungs vom Freiwilligenkorps, die gerade im dritten Stock ein Nickerchen machten, von Sally geweckt. Sie gingen mit Peggy so behutsam um wie nur möglich, doch als sie am Treppenabsatz ankamen, mußten sie die Trage leicht neigen, und da schoß ihr das Blut in den Kopf. Sie hörte das Scharren der Füße auf dem Holzboden und wie die Männer unter ihrem Gewicht ächzten, und sie entschuldigte sich.

Anna schloß gerade die Kaffeemaschine an, als man sie in den Kreißsaal trug. Es war kurz nach zehn. Die weißen Spitzengardinen hingen schlaff vor den Fenstern, gefangen in der schrecklich schwülen Hitze. »Es ist alles in Ordnung«, flüsterte Scottie ihr ins Ohr, »Gott hat die Frauen dazu erschaffen, Kinder zu bekommen. Alles wird gut jetzt.« Ob Peggy versucht hat, sich diesen Satz ins Gedächtnis zu rufen, gegen den furchtbaren Geruch der schwarzen Gummimaske und des Lachgases, das Anna Hartman ihr verabreichte, als der Kopf meines Bruders ihr Becken zu weiten begann?

Meine Mutter strafte die Worte dieser klugen Hebamme Lügen; nichts wurde je wieder gut. Um halb sechs am nächsten Morgen rief das Krankenhaus meinen Vater an. Man teilte ihm mit, er hätte Zwillingsjungen bekommen und daß er so schnell wie möglich jemanden auftreiben sollte, der die Blutgruppe A-positiv hatte. Da man bei allen GIs die Blutgruppe auf die Erkennungsmarke gestempelt hatte, waren die Männer mit ihrem Blut vertraut, und ein Kollege meines Vaters aus der Druckerei, Bill Crockett, hatte die passende Gruppe.

Peggy bekam einen Liter von seinem Blut. Er lag neben ihr auf einem Feldbett. Ein dünner Schlauch verband ihre Körper miteinander. Er versuchte, sie zum Lachen zu bringen. Peggys rauhes Lachen war eins der Dinge, die Bill an ihr so mochte.

Niemand würde dieses Lachen je wieder zu hören bekommen. Das letzte, was Sally tat, bevor ihre Schicht zu Ende ging, war, den *Lansdale Reporter* anzurufen und durchzugeben, daß Zwillinge zur Welt gekommen waren.

Dr. Wright berechnete meinem Vater nur ein Baby. 25 Dollar. »Sie müssen jetzt soviel Geld sparen wie nur möglich«, sagte er zu meinem Vater. »Zwillinge sind teuer.«

Lächelnd stand mein Vater in der Tür. Meine Mutter war sicher glücklich, daß sie ihm endlich etwas geschenkt hatte, etwas, was man ihm nicht mehr nehmen konnte. Vielleicht hat sie uns drei schon als Freunde gesehen. Er wäre noch keine vierzig, wenn diese beiden Babys zu jungen Männern herangewachsen waren. An jeder Seite stünde einer von uns.

Als er sich ganz dicht neben sie aufs Bett setzte, sagte sie zu ihm: »Endlich habe ich dir etwas geschenkt, Dick.«

Tränen liefen ihr über die Wangen, als sie ihm erzählte, diese beiden Jungen sind für dich, für die beiden Brüder, die du als Kind verloren hast. Es ist wirklich ein Wunder.

Die letzte Nacht war hart, Dick, aber ich will immer noch sechs Jungen.

Er erinnert sich daran, daß meine Mutter dies gesagt hat. Für ihn war es der Beweis, daß sie sich erholen würde. Und er trug es mit sich an all den Tagen, an denen sie nichts essen konnte und schwächer und schwächer wurde.

Sie wurde neun Tage später aus dem Krankenhaus entlassen, als die Schwestern sie nicht zum Essen überreden konnten. Da hatte sie sich aufgegeben, denn als es ihr in der Schwangerschaft so schlecht ging, hatte mein Vater ihr immer wieder versichert, die Beschwerden und Schmerzen würden verschwinden, sobald das Kind da wäre. Sie hatte sich an seine Worte geklammert, um diese Tage überstehen zu können. Nachdem die Kinder jedoch auf der Welt waren und es ihr nach wie vor von Tag zu Tag schlechter ging, als sie sich nicht im entferntesten vorstellen konnte, wieder so zu rennen, wie sie damals an kühlen Herbstnachmittagen mit ihrem Feldhockeyteam in der Schule gerannt war – bevor sie eine Arbeit angenommen und sich verliebt und ihre eigene Wohnung eingerichtet hatte und Mutter geworden war –, da hörte sie auf zu essen. Sie gab den Versuch auf, gesund zu werden.

Ich sehe immer wieder die Hebamme Anna Hartman vor mir, wie sie auf der Veranda des Krankenhauses steht und zusieht, als die junge Mutter in den grünen Chevrolet ihres Mannes steigt, um mit ihren beiden neugeborenen Babys nach Hause zu fahren. Ich habe Anna nur um zwei Tage verpaßt – sie starb, bevor ich mit ihr sprechen konnte. Doch man hat sie mir als liebevolle, mitfühlende Frau beschrieben. Um ihrer selbst willen hätte Anna sich abwenden und hineingehen sollen, aber sie war eine Frau, die lieber auf der Veranda stehenblieb, um sich dieses Ritual noch einmal anzusehen. War das nicht der Grund, aus dem sie Hebamme geworden war? Um dem Wunder so nah sein zu können? Eine neue Familie, die zum ersten Mal gemeinsam nach Hause fährt, hat für Anna immer etwas Ermutigendes, und sie sieht es sich sehr gerne an. Sie glaubt sogar, die Pflicht zu haben, zuzusehen und Zeugin zu sein, wenn dieser Teil des Wunders geschieht. Den Eltern möchte sie immer dasselbe sagen, nämlich, daß im Leben mit seinen unendlich vielen Möglichkeiten kleine Momente wie diese oft untergehen und sie nie vergessen dürfen, wieviel Glück sie gehabt haben, ein gesundes Baby mit nach Hause nehmen zu können. Nie sollten sie vergessen, wie groß die Verheißung des Glücks auf ihrer ersten gemeinsamen Fahrt nach Hause war.

Aber welch ein Wunder soll das sein, an diesem Morgen, als der heiße Himmel weiß ist vor Licht? Anna stützt sich mit der Hand ab. Drinnen gibt es viel zu tun, sie muß sich um die anderen Mütter kümmern. Diesmal muß sie sich zwingen, auf der Veranda stehenzubleiben und zuzusehen.

Anna Hartman war eine kluge Frau, und im Laufe der Zeit,

die sie mit Peggy verbrachte, hat sie sich gewiß davon überzeugt, daß sie ein eher einfaches Mädchen vor sich hatte. Peggy war keine Frau, die die Welt auf den Kopf stellen würde. Peggy würde ein ganz normales Leben führen, sie würde ihren Kindern die Kleidung schneidern, bis sie sich weigerten, Selbstgenähtes anzuziehen, und mit leiser Wehmut an die Zeit zurückdenken, als ihre kleinen Kinder sie Mommy nannten, wenn die Jungs eines Tages »Bis später, Mom« brüllten und aus dem Haus stürmten.

Jedesmal wenn Anna zusah, wie die neuen Familien gemeinsam nach Hause fuhren, hatte sie das Bedürfnis, sie aufzuhalten und daran zu erinnern, daß sie diese Tage niemals vergessen dürften. Tage, an denen sie sich anbeteten, Tage, die wertvoller waren als alle Schätze, die wir uns auf dieser Welt erträumen.

Aber welch ein Wunder sollte das sein? An diesem Morgen schien Anna das Versprechen des Lebens flüchtiger als je. Sie war die letzte, die diesen jungen Ehemann aufhalten konnte, um ihm zu sagen, daß seine Frau nur noch wenige Tage zu leben hätte. Daß er sich einprägen solle, wie es war, ihre Hand zu halten, damit er es nie vergaß.

Wenn eine Familie sich mit einem neugeborenen Baby auf die Heimfahrt macht, begleitet sie die Geschichte ihrer Liebe. Aber Anna Hartman wußte, daß die Liebesgeschichte meines Vaters zu Ende ging. Sie versuchte, es sich nicht zu sehr zu Herzen zu nehmen, aber es gelang ihr nicht. So deutlich, wie wir die Angst eines anderen Menschen spüren können, so deutlich spürte sie die Angst dieser jungen Mutter. Die entsetzliche Angst, die ein Mann nie so spüren kann wie eine Frau, wenn sie in ihrem Schmerz die bange Frage stellt: *Wer wird sich um meine Kinder kümmern, wenn ich nicht mehr da bin?*

Kapitel 41

Eigentlich sollten Peggy und Dick in das Zimmer ihrer Eltern im ersten Stock einziehen, aber sie wurde nicht mehr so kräftig, daß sie die Treppen hochsteigen konnte, und deswegen nahm sie ihren Platz auf dem Bettsofa im Erdgeschoß wieder ein. An den ersten zwei Tagen ließ sie meinen Vater nicht aus den Augen. Sie sorgte dafür, daß er stets in ihrer Nähe blieb. Sie versuchte noch einmal zu glauben, was er ihr erzählte, daß nun alles wieder zur Normalität überginge und sie bald in ihre Wohnung in dem Backsteinhaus einziehen würden, wo sie für immer von ihren dunklen Ängsten befreit und in seine Arme zurückkehren würde. Zurück zu der dankbaren Berührung seiner Hände.

Doch selbst seine Gegenwart konnte ihre Einsamkeit nicht beenden. Ihre Einsamkeit wurde jetzt von allem, was sie umgab, auf sie zurückgeworfen.

Die Tage nach der Rückkehr in ihr Elternhaus gestalteten sich so schwierig, sie wurden zu einer solch seltsamen Zeit – dicht, schwerelos, wirbelnd wie ein Fiebertraum –, weil alle gezwungen wurden, Dinge zu glauben, die sie sich niemals hätten vorstellen können. Was sollte ihre Mutter denn an jedem dieser Morgen glauben, wenn sie herunterkam und die Laken auf dem Bettsofa blutdurchtränkt fand? Jeden Morgen wusch sie das Blut von den Schenkeln ihrer Tochter – wie sollte sie sich nicht daran erinnern, als sie zur Farm hinausgefahren waren und ihre Tochter begeistert war von dem Gedanken ans Einkochen und Einmachen so vieler roter Bete, daß sie die Hände rot färbten? Ihre Mutter, meine Großmutter, ist nie wieder dieselbe gewesen, nachdem sie Peggy verloren hatte. Sie zog Peggys Bruder und Schwester groß, und dann ergab sie sich ihrem gebrochenen Herzen und verbrachte ihre Tage damit, die Vögel zu füttern, die auf ihren Hof in der School Street geflogen kamen. Sie fütterte sie durch die langen Winter ihres Lebens, und manchmal glaubte sie, ein bestimmter Kardinalvogel, der jedes Jahr am Weihnachtsmorgen wiederkehrte, sei die Seele ihrer Tochter, die ihr Gesellschaft leisten wollte.

An jenen späten Tagen im August begann sie das Unvorstellbare zu begreifen – daß sie ihre Tochter überleben würde.

Und Peggys Mann, der ihr Schallplatten vorspielen wollte und den Apparat dazu ins Zimmer brachte, der gegen alle Wahrscheinlichkeit hoffte, daß sie noch einmal die Kraft hätte, mit ihm einen langsamen Tanz zum langsamen Schlag ihrer Herzen zu tanzen. Eine Stoffpuppe in seinen Armen. Er gab nichts um den Tanz, er wollte sie nur wieder im Arm halten, mehr wollte er nicht. Was konnte er schon mit Sicherheit sagen? Außer daß er genau spürte, daß ihm etwas fortgenommen wurde und er nichts dagegen tun konnte.

Seine Großmutter kam jeden Tag, um zu helfen. Sie hatte Hunderte Babys auf die Welt gebracht und machte Peggy ganz verrückt, weil sie immer wieder dasselbe zu ihr sagte – wenn du deine Babys in den Arm nehmen würdest, ginge es dir bald besser.

Peggy hörte sie allen diesen Satz zuflüstern – wenn sie erst einmal ihre Babys in den Arm nimmt, geht's ihr bald besser.

Jetzt war Peggy dankbar für die Rennwagen, deren ohrenbetäubender Lärm jeden Abend die Stadt erfüllte, denn in diesem Lärm ging das Geflüster unter. Alle flüsterten über sie, und wenn sie den Kopf auf die Fensterbank legte, war der

Lärm von der Rennbahn sogar laut genug, das Geschrei ihrer Babys zu übertönen.

Dann kam die letzte Nacht.

Es war schon deutlich nach Mitternacht, auf der Couch wälzte sich mein Vater unruhig in seinem erschöpften Schlaf hin und her. Seine Beine hingen über das Fußende hinaus. Als er ihr den Hof machte, hatte er sie immer vor dieser Haustür abgesetzt, und wenn er dann nach Hause gefahren war, hatte sie im Bett gelegen und sich mit allen Fasern danach gesehnt, neben ihm zu liegen. Seit sie sich in ihn verliebt hatte, seit sie wußte, auf diesen einen gewartet zu haben, war es ihr wie eine traurige Zeitverschwendung erschienen, nicht mit ihm in einem Bett zu schlafen. Jede Nacht war eine Nacht, die sie nicht zurückbekommen würden. Jetzt wünschte sie sich all diese Nächte zurück.

In dieser Nacht bewegten sich die Äste einer jungen Birke vor dem Wohnzimmerfenster im warmen Augustwind. Seit sie aus dem Krankenhaus zurück war, war ihr sehr bewußt, wie klein ihr Elternhaus war. Wie alle anderen Häuser in diesem Straßenabschnitt hatte man es in viele kleine Zimmer aufgeteilt, um die Illusion von Platz und Privatsphäre zu vermitteln, doch wenn man in der Mitte eines Raumes stand und die Arme ausstreckte, konnte man fast die Wände berühren. Heute abend schien das Haus zu klein, um ihr, ihrem Mann und den beiden Babys Platz zu gewähren. Es war, als hätte das Haus nicht genug Sauerstoff für alle. Das Problem daran, wieder in ihrem Elternhaus zu wohnen, war, daß die Entwicklung in ihrem Leben – die wunderbare Entwicklung von einem alleinstehenden Mädchen im Teenageralter zu einem Mädchen, das verlobt war, einem Mädchen, das verheiratet war, und dann zu einer Mutter – plötzlich unterbrochen war. Sie war wieder zu Hause und schlief allein, als wenn nichts geschehen wäre.

Sie sah durch den Raum zu ihrem Mann und wünschte sich aus ganzem Herzen, sie hätte die Kraft, vom Sofa aufzustehen und die fünf Schritte zu gehen, die sie von ihm trennten. Sie wünschte, sie hätte die Kraft aufzustehen und ihm sein Essen zurechtzumachen. Und er würde sein Sandwich am nächsten Morgen mit zur Arbeit in die Druckerei nehmen.

Sie mußte an Atlantic City denken, wohin er mit ihr an einem Sonntag im siebten Monat ihrer Schwangerschaft gefahren war. An jenem Tag sah sie aufs Meer hinaus und fragte sich, ob die blaugrünen Wellen auch so ein großes Gewicht wie das ihre tragen würden. Gleich hinter der Strandpromenade, auf dem Rückweg zum Parkplatz, stand eine Dusche – es war nicht mehr als ein grüner Gartenschlauch, der an einem rostigen Nagel in einer Holzkabine hing –, und dort blieb er stehen und spülte den Sand von ihren Füßen, damit sie ihn nicht in den Wagen trug. Auf dem Weg nach Hause hielt er am Straßenrand, um Aufnahmen von ihr und diesem Wagen zu machen. Es war ein 1948er Chevy mit ausladend geschwungenen Kotflügeln und Radkappen aus hellen Lichtovalen. Er wollte, daß sie sich im Profil neben das Auto stellte, damit man ihren enormen Bauch sehen konnte. Aber sie wollte nicht. »Ein Auto, das neben einem Panzer parkt«, sagte sie. Auf dem Rückweg schlief sie ein. Einmal wachte sie auf und hatte ein paar Sekunden lang vergessen, daß sie nicht mit ihm verabredet war, daß sie verheiratet war.

Wie dieser junge Mann sie verändert hatte. Etwas an seiner Liebe zu ihr, die Art, wie er sie trotz ihrer düsteren Stimmungen und ihres Eigensinns akzeptierte, gab ihr die Freiheit, zu träumen und sich zu verändern. Niemand hatte sie je sagen hören, sie wolle jung heiraten und eine Familie gründen; sie wollte die Stadt verlassen und woanders ein ganz anderes Leben beginnen. Dann traf sie Dick, und plötzlich war sie eine verheiratete Frau, die sechs Söhne haben wollte. Jungen –

denn sie liebte ihre unerschöpfliche Energie. Sie eroberten die Welt und ließen ihre Kanus ins kalte, klare Wasser gleiten. Sie waren immer in Bewegung, bei ihnen schien selbst einfaches Gehen ein Tänzeln. Peggy liebte Jungen so besonders, weil sie das Gefühl hatte, sie zu verstehen. Sie fuhren ihre Autos immer schnell, als wären sie vor etwas auf der Flucht. Sie drängten Mädchen wie ihre Autos: schneller, weiter. Sie bewunderte die Art, wie sie Konventionen verschmähten, sich über die Zeit hinwegsetzten und selbst die Schwerkraft in Frage stellten. Jungen, nicht Mädchen – eine Tochter hätte schließlich all ihre Ängste erben, ihr zu sehr gleichen können.

Sie sah die Angst in Kinderaugen: »Man hat mich nicht gefragt, ob ich hierher wollte.« Kinder waren nicht ganz von dieser Welt, genau wie sie. Peggy hatte den Verdacht, daß kleine Kinder die Geheimnisse des Universums verstanden und die Wahrheit in den Dingen sahen; sie weinten, wenn geliebte Menschen aus dem Zimmer gingen, als glaubten sie, sie kämen vielleicht nicht wieder, genau wie es im Leben zuweilen geschah.

Ihre Mutter hatte sie davor gewarnt, wie traurig es sei, Kinder großzuziehen. Wenn sie klein sind und dir nahe sein wollen, sind sie zu jung, dich zu verstehen. Und sind sie dann alt genug, dich zu verstehen, lösen sie sich von dir. Ihr werdet euch nie richtig verstehen, hatte ihre Mutter gesagt. Eure Lebenszeiten passen nie zueinander.

Im Krankenhaus, in einer Pause zwischen den furchtbaren Wehen, hatte eine Schwester zu ihr gesagt: »Jungs sind leichter, sie sind nicht so schlau und tun mehr oder weniger, was man ihnen sagt.« Das war wahrscheinlich Sally gewesen, die versucht hatte, sie zum Lachen zu bringen, und sie ablenken wollte. Aber da war etwas in ihrem Gesicht, eine Sorge in ihren Augen.

Als es vorüber war, hielt ebendiese Schwester die Babys in

die Höhe, damit Peggy sie sich ansehen konnte. Ihre Körper waren so erschreckend anders als ihr eigener. Ihre Schönheit war unglaublich, und sie hob ihnen die Arme entgegen, als sie meinen Bruder und mich zum ersten Mal sah, wollte uns aus den Armen der Schwester in Empfang nehmen. In diesem Moment kehrte der Schmerz in ihren Kopf zurück, schlimmer nun als je zuvor. Ihre Schädeldecke schien zu zerspringen.

Die Schmerzen hatten ihr angst gemacht, weil sie sich im Elend der letzten Schwangerschaftswochen erlaubt hatte, den Beteuerungen meines Vaters Glauben zu schenken, wenn das Baby erst da wäre, ginge es ihr bald besser. Sie würde allmählich wieder zu sich selbst zurückfinden, genau wie die anderen Mütter im Krankenhaus. Heute abend, als mein Vater in der anderen Zimmerecke schlief, versuchte sie zu zählen, seit wie vielen Tagen sie wieder zu Hause war, wie viele Tage vergangen waren, seitdem der Schmerz schlimmer geworden war. Sie erschrak, denn plötzlich wurde ihr bewußt, daß sie ganze Tage verschlafen hatte. Weder war sie aufgewacht, als mein Vater am Morgen aufgestanden war, noch als er am späten Nachmittag heimkam, auch nicht, als er sich auf dem Sofa wieder sein Bett gemacht oder die Familie sich im Zimmer nebenan zum Abendessen, zum Frühstück und wieder zum Abendessen eingefunden hatte. Sie hatte das Schreien ihrer Babys verschlafen. In dieser Nacht wurde ihr das bewußt, und sie war vor Angst wie gelähmt. Es war dieselbe Angst wie damals im April, als sie spätabends in der Küche gesessen und die Nähte an den Umstandskleidern aufgetrennt hatte und sie plötzlich das Gefühl überkam, ein Tier, das heimlich im Keller lebte, sei die Treppe heraufgekommen und nage sich gerade durch die Küchentür.

Das einzige, was sie in ihren letzten Tagen zu sich nehmen konnte, war das Eis, mit dem mein Vater sie aus einer blauen

Glasschüssel fütterte, einem Blau wie von den Briefkästen an der Straße. Er gab ihr das Eis stückchenweise auf einem Löffel. Wenn sie ihm in die Augen sah, während er den kühlen Löffel an ihre Lippen führte, spürte sie, wie die Welt unter ihren Füßen auseinanderbrach.

In jener Nacht rief sie schließlich nach ihm. Leise rief sie seinen Namen und versuchte, sich in seine Richtung zu bewegen. Auch diese Nacht war heiß und schwül, und er schlief ohne Hemd. Seine Nickelbrille hatte er auf den Kaminsims gelegt. Ihre Beine waren schwer wie Eisen, immer noch auf das Doppelte angeschwollen, als habe man sie mit einer Luftpumpe aufgepumpt. Dort lag er, so dünn, jeden Tag ein bißchen dünner, er schien unter ihren Augen schmaler zu werden, immer wenn sie die Frage beantwortete, die er ihr stellte – blutest du noch, Peggy?

Es war seine Angst, die ihn kleiner zu machen schien.

Dieselbe Angst erkannte sie in den Augen ihrer Mutter, wenn sie die Laken wechselte. Ein Blick wie ein verzweifelter Schrei – um Himmels willen, Peggy, wie kannst du noch Blut übrig haben!

Jetzt wollte sie ihren Mann wecken, damit er zu ihr auf die Bettcouch kam, weil sie diese furchtbaren Gedanken erzählen wollte. Doch ein Geräusch aus der Küche lenkte sie ab, das Klirren von Glasflaschen in einem Topf mit kochendem Wasser. Ärgerlich fragte sie sich, wie sie bei diesem Geräusch hatte schlafen können. Dann hörte sie das Schlappen der Hausschuhe ihrer Mutter auf dem Linoleumboden. Sie wünschte, ihr Vater wäre für das Zubereiten der Fläschchen aufgestanden. Peggy hatte etwas mit ihm zu besprechen. Seit man ihr die Schwangerschaft ansah, war es ihr so vorgekommen, als habe er sich zurückgezogen und wahre seine Distanz. Sie dachte an die Nächte zurück, als sie draußen bei ihm war, wenn er den

Himmel beobachtete. Es war Krieg, und er hielt nach feindlichen Flugzeugen Ausschau. Er stand im Gras, und wenn er die Schultern zurückzog und in den Himmel sah, wölbten sich seine Hosenträger immer ein bißchen.

Doch als sie dann schwanger wurde, fing er an, sich zurückzuziehen. Vielleicht trat er nur zur Seite, weil er wußte, daß sie zu beschäftigt war, um noch viel Zeit für ihn zu haben. Sie würde ihn verlassen.

Heute abend fühlte sie sich schuldig, weil sie die winzige Doppelhaushälfte ihres Vaters beschlagnahmt hatte. Im Wohnzimmer die Schlafcouch, auf jedem Stuhl ein Stapel Babysachen. Selbst der vertraute Geruch nach seinem Rasierwasser und den selbstgebackenen Kuchen ihrer Mutter war verschwunden. Jetzt roch es hier nach Erfrischungswässern, Puder, Desinfektionsmitteln und Windeln. Sie hatte sein ordentliches Haus beschlagnahmt und es in Unordnung gebracht.

Sein Radio war in die Ecke hinter einen Sessel verbannt worden. Sie erinnerte sich an den Tag, als ihr Vater das große Radio nach Hause gebracht und es so vorsichtig im Wohnzimmer aufgestellt hatte, als errichte er ein Denkmal. Der Klang im Haus, die erleuchtete blaue Skala, Türen wie das Portal der Lutherischen Kirche in der Stadt. Und als ihr Vater den Keller herrichtete und die erste Waschmaschine heimbrachte. Einmal war sie mit ihren Rollschuhen vom Treppenabsatz gerutscht und die Kellertreppe hinuntergefallen, aber sie war auf den Rädern gelandet und einfach weitergefahren, als sei nichts geschehen. Bis heute hatte sie sich in ihrem Elternhaus immer geborgen gefühlt.

Mehr als alles andere wollte sie sich wieder geborgen fühlen. Sie wollte aufstehen und diese Menschen, die sie so liebhatte, in den Arm nehmen und das Beste aus dieser Zeit machen. Sie wußte, auch wenn die Tage noch so hart waren, würden sie doch eines Tages darauf zurückblicken und sich wünschen, sie noch einmal erleben zu können.

Kurz darauf stand die Mutter an ihrem Bett und entschuldigte sich. Aber Peggy fing an, sie anzuschreien. Es sind meine Babys, ich will sie füttern. Es sind nicht deine, es sind meine!

Ihre Mutter hob besänftigend die Hände. Du mußt dich ausruhen, du mußt deine Kräfte schonen.

Und plötzlich war er wieder da – wie ein kalter Funke explodierte der Schmerz in ihrem Kopf. Ihre Stimme weckte meinen Vater. Die Uhr zeigte halb zwei.

Als die Babys vor Hunger zu schreien begannen, floß Milch aus ihren Brüsten.

Mein Vater hatte den Plattenspieler aus der Wohnung geholt, denn Peggy hatte ihm erzählt, sobald sie aus dem Krankenhaus zurück sei, wolle sie anfangen, sich wieder in Form zu tanzen. Sie war fest entschlossen, ihre alte Figur wiederzubekommen und ein Mädchen zu bleiben, immer ein Mädchen. Sie würde weiterhin barfuß laufen, Babys hin oder her, und sie würde die Haare weiterhin lang tragen, mit den Locken im Gesicht. Sie würde sich weigern, erwachsen zu werden, so lange es ging, und dann nur Zentimeter für Zentimeter nachgeben.

Sie konnte die Stimme ihrer Mutter zwar hören, aber sie schien von sehr weit weg zu kommen. Peggy träumte wieder von ihrer kleinen Wohnung, stellte in Gedanken die Möbel um, um zu sehen, ob Platz wäre für zwei Bettchen. Zwei Babys! Es war ein Wunder. Am Ende des Flurs rührten sie sich. Sie lagen zu zweit in einem Bett und schliefen quer, einer am Kopfende, einer am Fußende. So stellte sie sie sich vor: kleine Päckchen aus Wärme und Licht, Haare wie Maisfasern.

Ich bin erst neunzehn, sagte sie zu ihrer Mutter. Ich brauche nur ein bißchen Zeit, mich an sie zu gewöhnen.

Ihre Mutter hielt zwei kleine Matrosenensembles hoch, die

Jäckchen aus Stoff, dazu passende kurze Hosen und winzige Kniestrümpfe, die einer Puppe gepaßt hätten.

Bitte, sagte Peggy zu ihr, bitte laß sie nicht schreien. Das Geschrei trieb ihr das Blut in den Kopf und ließ die Milch aus ihren Brüsten fließen.

Peggy sah an ihrer Mutter vorbei wieder meinen Vater an, der auf dem Sofa schlief. Sie spürte seine Einsamkeit. Er kannte sie noch nicht einmal richtig, wußte nicht einmal, wer sie war. Sie hatten nicht genug Zeit miteinander verbracht, zu selten zusammen gegessen, nur sie beide an dem schmalen Blechtisch, einander gegenüber, in ihrer eigenen Wohnung. Seine Gesten waren ihr noch nicht vertraut. Sie sah ihn an, wie er dort auf dem Sofa schlief, betrachtete ihn ganz genau, versuchte, ihn sich genau einzuprägen.

Es war seltsam, doch als sie den Kopf wandte und wieder zu ihrer Mutter hinschaute, dachte sie plötzlich für einen Moment, sie wären alle auf der Farm in Hatfield, der Farm, auf der ihre Mutter als Kind gelebt hatte.

Draußen auf der Wäscheleine hingen die Windeln. Kleine weiße Quadrate im Mondlicht, wie Verbände.

Es sind brave Jungen, oder? fragte sie ihre Mutter. In Gedanken sah sie uns schon nebeneinander herrennen. Eines Tages würde sie uns von Jim Thorpe erzählen, dem Indianerjungen, der so schnell war wie der Wind. Sie erzählte ihrer Mutter, sie wollte in ihrer Wohnung alle Möbel umstellen, denn sie brauchte Platz, um uns *drinnen* im Kinderwagen umherzufahren.

Drinnen? fragte ihre Mutter.

Ich möchte kein Risiko eingehen, wegen der Kinderlähmung, erklärte sie. Besucher würden ihre Kinder von draußen durch die Fensterscheiben anschauen müssen. Sie wollte uns in einen schützenden Kokon aus Liebe einspinnen. Als sie im Krieg mit ihrem Vater draußen gestanden hatte, um den Himmel zu beobachten, war ihr das eigene Leben so fern erschienen, es lag noch hinter den Sternen. Doch irgendwie hatte sie ihren Weg gefunden, und alles war genau so gekommen, wie sie es sich erhofft hatte. Jetzt war die Liebe zu meinem Vater – ihrem Mann – und ihren Babys selbstgenügsam und bedingungslos. Sie war zu schwach, um uns im Arm zu halten, aber sie wollte uns trotzdem. Wir waren alle in ihre Liebe eingeschlossen, eine Liebe, die uns vor der Trauer der Welt, vor Verlust und Sehnsucht bewahren würde.

Als der kalte Funke aus Schmerz wieder in ihrem Kopf explodierte, bat sie ihre Mutter, ihren Vater zu wecken. Er setzte sich noch beim Herunterkommen die Brille auf. Dann bat sie ihn, sie in ihr gemeinsames Bett hinaufzutragen.

Mein Vater erwachte in dem Moment, als man sie wegtrug. Wenn sie doch nur die Kraft gehabt hätte, ihm zu erklären, warum sie die letzte Nacht ihres Lebens nicht bei ihm bleiben wollte. Sie waren jung, ihre Ehe noch so ungewohnt und ihre Liebe zueinander so stark, sie wußte, daß sein Herz vielleicht versuchen würde, ihr in die nächste Welt zu folgen. Sie mußte etwas unternehmen, damit er sie losließ. Sie mußte ihn fortstoßen, damit er ihr nicht folgte. Damit er dablieb und sich um die Babys kümmerte. Wie sehr sein Herz auch danach trachtete, ihr zu folgen.

Fünf Jahre nach ihrem Tod fuhr mein Vater mit uns und einem hübschen Mädchen für einen Tag an den Strand nach Atlantic City. Es gab eine starke Strömung, das weiß ich noch. Wir tranken Orangenlimonade aus dicken Glasflaschen. Zum ersten Mal kam mir Wasser in Nase und Ohren. Mein Vater zeigte mir, wie man den Kopf zur Seite legt und auf einem Bein auf und ab hüpft. Mittlerweile gab es jemand Neues in seinem Leben. Eine Weile glaubte ich, sie sei meine Schwester. »Sag Ruthie zu ihr«, hatte er zu mir gesagt. »Daddys Ruthie.«

Sie hatte in einem Büro der American Tile Company in Lansdale gearbeitet und tränenüberströmt auf ihrer Schreibmaschine getippt, als sie eines Nachmittags vom Tod einer neunzehnjährigen Mutter hörte, die kurz zuvor Zwillinge zur Welt gebracht hatte. Die arme Familie, dachte sie. Der arme Mann. Sie schloß die Augen und sprach ein kleines Gebet für ihn, ohne zu wissen, daß sie ihn eines Tages an die Hand nehmen würde, weil sie ihn bedingungslos liebte. Sie würde ihm helfen, der Welt wieder gegenüberzutreten, seiner Welt, die sich für immer verändert hatte und in der es doch noch immer Sternenlicht und die Wärme des Frühlings gab.

An diesem Tag hatte sie ein Picknick zum Strand mitgebracht. Als es Zeit war zu gehen, muß sie vorgegangen sein; mein Vater blieb an der Dusche stehen und spülte mir den Sand von den Füßen. Ich erinnere mich an einen Gartenschlauch, der von einem Nagel in einer Holzkabine hing. Als ich fertig war und mein Vater sein Hemd auszog, um sich unter den Schlauch zu stellen, rutschte ihm das Portemonnaie aus der Tasche, und ein Foto fiel zu Boden. Die Schwarzweißaufnahme seiner jungen schwangeren Frau, die am offenen Fenster des neuen Chevy sitzt. Geschwungene Kotflügel, Radkappen wie helle Lichtovale.

Ich sah meinem Vater in die Augen und fragte, wer sie sei. Das Foto machte mir angst, denn ich kannte sie schon, sie war durchs Fenster hereingeschwebt, das Gesicht auf einer Säule aus weißem Licht, und hatte mich mit meinen beiden Namen angerufen. Deswegen sagte ich ihm, daß ich sie kannte, und er sah mich an, sagte nichts und spülte mir mit dem Schlauch den Sand von den Füßen.

Mein Großvater hat mir davon erzählt, wie Peggy ihn gebeten hat, sie die Treppen hinaufzutragen, damit sie in dieser letzten Nacht neben ihrer Mutter schlafen konnte. Sie hatte Angst und zitterte die ganze Nacht. Im ersten Morgenlicht hat sie ihre Mutter gebeten, ihr die Babys zu bringen. Sie sagte zu ihrer Mutter, sie wolle uns riechen. Wir schliefen, als sie uns an ihr Gesicht hob und uns auf die Augenlider küßte.

Im Krankenhaus rief mein Vater vom Telefon auf dem Flur aus all seine Freunde aus der Schule an. Er bat sie, ins Krankenhaus zu kommen und Blut zu spenden. Einmal kam er in ihr Zimmer zurück und sagte, sie brauche sich keine Sorgen zu machen, denn er würde Jack Graham anrufen, den großen, starken Halbstürmer aus dem alten Schul-Footballteam, und wenn sie erst einmal Jacks Blut hätte, wäre alles wieder in Ordnung.

Mein Vater lächelte ihr zu, als er aus dem Zimmer ging. Einen Moment später schrie sie: »Mein Kopf, mein Kopf.« Sie hob die Hände, und dann war es vorbei. Durch seine Tränen erzählte ihr Vater der Schwester, er habe geholfen, sie auf die Welt zu holen, und nun habe er geholfen, sie gehen zu lassen. Die Schwester zog meiner Mutter den Ehering vom Finger und legte ihn in seine Hand.

Kapitel 42

Erst nach zwei Wochen war mein Vater in der Lage, wieder zur Arbeit gehen. Als erstes suchte er den Mann auf, dem die Druckerei gehörte. Er wollte seinen Gehaltsscheck wieder zurückgeben. Das habe ich nicht verdient, sagte er zu Mr. Lauchman.

Mr. Lauchman sagte, er solle ihn behalten. Solange ich hier der Chef bin, entscheide ich, wer bezahlt wird. In Ordnung? Gut, und jetzt passen Sie auf sich auf, Dick. Sie werden so einiges für Ihre beiden Jungen benötigen, und ich möchte, daß Sie zu mir kommen, ich möchte, daß Sie sich angewöhnen, zu mir zu kommen, wenn Sie Hilfe brauchen. Bei diesen Worten standen Tränen in seinen Augen.

Bevor der August des Jahres 1950 zu Ende ging, teilte man meinem Vater mit, daß sich sein Status im aktiven Reservekorps geändert hatte. Er müsse sich darauf vorbereiten, nach Korea zu gehen. Aber mein Großvater setzte sich bei der Musterungskommission in Philadelphia für ihn ein, und mein Vater wurde wegen unzumutbarer Härte freigestellt. Peggys Tod ersparte ihm diesen Krieg, von dem sie befürchtet hatte, daß er Dick von ihr nähme.

Große Trauer erfaßte Hatfield, Pennsylvania, als meine Mutter starb. Ich kann mir ihre letzte große Hürde vorstellen, als ihre Seele bereit war heimzukehren, aber alles andere in ihr hierbleiben und weiterleben wollte. Ihre Seele war Jahre gereist, um an diesen Punkt zu gelangen, doch ich glaube, sie hatte die falsche Richtung eingeschlagen. Ihre Melancholie, die ein ebenso heiliger und unabdinglicher Teil von ihr war wie Herz oder Lunge, hatte verhindert, daß sie auf dieser Welt Fuß faßte. Ihre Seele hatte sich schon immer zur Heimkehr geneigt.

Und doch muß es am Ende hart für sie gewesen sein. Der Körper erinnert sich an wunderbare Momente und möchte bleiben. Ihre Beine erinnerten sich daran, wie sie voller Kraft in die Pedale ihres ersten Fahrrads getreten hatten. Ihre Arme erinnerten sich an die Umarmung ihres Mannes.

Am Ende konnte er ihr den letzten Wunsch nicht erfüllen. Sie bat ihn, nicht zuzulassen, daß man sie ins Krankenhaus brachte. Sie wollte zu Hause bleiben. Als er ihr sagte, sie hätte keine Wahl, fragte sie ihn, ob er sie nicht im Auto fahren konnte – keinen Krankenwagen. Selbst das konnte er ihr nicht erfüllen. Doch er versprach, sie heimzuholen, bevor der Tag vorüber sei. Du bist zu Hause, bevor es dunkel wird, versprach er ihr.

Fast fünfzig Jahre später träumte ich, daß ich bei meiner Mutter sei. Mein Bruder und ich waren wieder Babys, und Peggy hielt uns im Arm. Sie war glücklich und stark und drückte uns fest an sich. Als sie weiterging, blieben die Leute stehen, um ihr guten Tag zu sagen, und plötzlich war da ein Blitz aus weißem Licht, und wir waren alle verschwunden. Es war ein so lebhafter und wirklicher Traum, daß ich von dem Blitz aus weißem Licht aufwachte und nicht wieder einschlafen konnte. Und plötzlich wußte ich, warum mein Vater mit mir und meinem Bruder nie über Peggy gesprochen hatte. Um seine Söhne lieben zu können, mußte er sich zwingen, *nicht* an die Geschichte ihrer Liebe zu denken. Wenn er der Vater werden wollte, der er schließlich wurde, ein Vater, der immer für seine Söhne da war, mußte er vergessen, daß diese Jungen sein geliebtes Mädchen getötet hatten. Nur so war es möglich, sonst hätte er uns jedesmal, wenn er uns ansah, nur noch mehr gehaßt.

Es war ein Segen, daß er uns nicht erzählen mußte, daß unsere Mutter gestorben war. Das war keine Nebensache, die er dankbar hinnahm – für ihn war es etwas sehr Wichtiges, und er dankte Gott aus ganzem Herzen dafür. Es schien wie eine Gnade, und dafür war er dankbar, auf ewig dankbar. Wie entsetzlich, wenn wir älter gewesen wären, vier, fünf oder sechs, dann hätte er uns in die Arme nehmen und uns erklären müssen, daß die Mutter, die wir liebten und auf die wir angewiesen waren, nie mehr nach Hause käme. Niemals hätte er das ertragen.

Aber ich glaube auch, wären wir älter gewesen und hätten lange genug in der Gegenwart unserer Mutter verweilen dürfen, um sie in uns aufzunehmen, so hätte das meinen Vater ein Leben lang getröstet – jedesmal, wenn er sie schmerzlich vermißte, hätte er einen von uns in den Arm nehmen oder ihm den Arm um die Schulter legen können, ja, er hätte uns sogar von ihr erzählen können, vielleicht hätte er sie einen Augenblick so lebhaft beschrieben, daß er für Sekunden vergessen hätte, daß sie nie wiederkommen würde. Zwei Söhne, um ihn zu trösten. So wie es war, verlor er alles, als er Peggy verlor, und ein Schmerz so groß wie die Welt zwang ihn in die Knie.

Als ich meinen Vater zum letzten Mal sehe, ist ihm kalt, und er trägt einen Pullover, obwohl es fast 30 Grad sind. Er betet dafür, daß wir eines Tages alle wieder beisammen sind, und ich denke daran, wie müde Peggy in der Augusthitze jenes lang vergangenen Sommers gewesen sein muß. Wie sagst du der Welt, daß du einfach keinen Schritt mehr gehen kannst?

Mein Vater nimmt mich am Arm und führt mich zum Couchtisch. »Setz dich«, sagt er. »Ich will mir etwas mit dir ansehen.«

Es ist das Hochzeitsalbum.

Wir sitzen lange beisammen, und bevor ich gehe, teile ich mit ihm die Worte, die ich meiner Mutter geschrieben hatte, als ich aus meinem Traum erwachte und keinen Schlaf mehr fand:

Von uns selbst entfernt, Peggy – so bewegen wir uns durchs Leben. Wie weit bewegen wir uns von uns fort, bevor wir zurückkehren. So einen langen Weg hat die Seele auf ihrem Rückweg zu wandern, tiefe Stille aus Licht und Schatten zu durchqueren. Muß die Entfernung rückgängig machen. Jeden Schritt zurückgehen. Als alle Besucher im Krankenhaus gegangen waren und Du ganz allein warst mit Deinen Babys, die schon versuchten, Dich zu vereinnahmen – hast Du in ihnen den Anfang Deines eigenen Lebens wiedergefunden? Ihre Finger und Zehen gezählt wie damals Deine Mutter bei Dir? Als Du gesehen hast, wie klein diese Babys waren, wie unglaublich klein, hat sich Dir da Dein Weg offenbart? Der Weg zurück durch die Sterne und die Erinnerung, auf den sich auch Dein Mann eines Tages machen wird, um Dich wiederzusehen. Ein hellerleuchteter Weg über die Ozeane der Zeit, auf dem Deine Söhne, mein Bruder und ich, eines Tages heimkehren werden, um bei Dir zu sein.

JUST
MARRIED
LEHIGH
5AJ87

Danksagung

Jedes Buch hat viele verschiedene Ursprünge und Menschen, die an diesen Orten stehen und Mut und Kritik weitergeben. Sie machen ein Buch erst lebendig. Ich möchte Lynn Nesbit danken, Victoria Wilson, David Snyder, Jack Schwartz, Colin Harrison, Eric Beesemyer, Liz Luisi, Kathleen Kennedy, Michael Pietsch, Katie Long, Linda Biagi, Edgar A. Beem, Tony Anaman, Bryce Roberts, Bill und Linda LeBlond, Jack und Roberta Schwartz, Muriel Schwartz, David Schwartz, Ruth Wack, Tom Pugles, Jack Graham, Jean Husted, Ruth Bickhart, Adelle Bedrossian, Peg Kirsch, Anna Harvey, William Wack, Julia Kulp, Doris Supplee, Alice Sell, Amber Hartman, Pat Meck, Jenny Collins, Lorraine London, Doris Fretz, Esther Higgins, Nancy Nau, Kitty Daub, Evelyn Kinsey, Grace Bower Good, Shirley Laird, Althea Quintrell, Naomi Myers, Trudy Spanier, Richard Kreible, Audrey Corby, Mary Rowe, Richard Rubinstein und Shelly Sigman sowie der Lansdale Historical Society und der Zeitung *The Reporter*.

Ich werde Ruth Cramer für immer dankbar sein. Sie schenkte meinem Vater Hoffnung und füllte die Leere, die meine Mutter hinterlassen hat, mit Liebe und Mitgefühl; James Sullivan, der selbst an einem Roman schrieb und sich die Zeit genommen hat, um mir zu zeigen, daß ich dieses Buch schreiben kann; John und Cecelia McQuinn; Colleen und unseren Kindern Erin, Nell, Jack und Cara, für ihre Geduld und beständige Liebe; Johnny Guarino, der sich mit mir am Abend des 20. September 1997 unterhalten hat, als der Engel meiner Mutter mich in South Hadley, Massachusetts, besuchte.

Suzanne Matson

Die andere Seite des Mondes

Roman

Aus dem Amerikanischen von Simone Wilhelms-Kind

Band 15004

Renata verlässt mit ihrem Baby Charlie Kalifornien und trifft in einem Bostoner Mietshaus auf Eleanor und June. Wie die drei jungen Frauen ihren Alltag organisieren, knapp an der Katastrophe vorbeischliddern und sich schließlich doch fast alles zum Guten wendet, davon erzählt Suzanne Matson in diesem ungewöhnlichen Roman einer Freundschaft voller Wärme, Melancholie und Witz.

Fischer Taschenbuch Verlag

fi 16 / 1

Marianne Fredriksson

Inge und Mira

Roman

Aus dem Schwedischen von Senta Kapoun

237 Seiten. Geb.

Als Inge und Mira sich kennenlernen, haben beide Frauen schon viel erlebt. Sie waren beide verheiratet, sie sind Mütter und sie haben auch beide von den Schattenseiten des Lebens erfahren. Sie lernen sich zufällig in einer Gärtnerei, in der Nähe von Stockholm, kennen. Und dieser Zufall will es, daß sich zwischen diesen beiden so unterschiedlichen Frauen eine enge Freundschaft entwickelt. Inge ist Schwedin, hat lange Jahre als Lehrerin gearbeitet und schreibt jetzt Bücher, Mira ist mit ihrer Familie nach Pinochets blutigem Militärputsch aus Chile geflüchtet und hat in Schweden ein neues Leben begonnen. Je enger die Freundschaft und je größer das Vertrauen der beiden Frauen zueinander wird, um so mehr forschen sie gemeinsam in ihrer Vergangenheit und stoßen auf verdrängte Erinnerungen an schreckliche Ereignisse. Und so hilft ihnen die Freundschaft, ihre Vergangenheit zu erkunden, mit ihr umzugehen und ihr Leben zu leben.

Wolfgang Krüger Verlag

fi 468 / 5

Nancy Thayer

Aber die Liebe bleibt

Roman

Aus dem Amerikanischen von Veronika Cordes

Band 14784

Linda und Owen McFarland sind seit sieben Jahren glücklich verheiratet. In der Zwischenzeit ist aus Bruce, Owens Sohn aus erster Ehe, ein junger Mann geworden, der fleißig für seinen High-School-Abschluß arbeitet. Und auch Lindas Tochter Emily, wie Bruce ebenfalls aus einer früheren Verbindung, fühlt sich geborgen in der neuentstandenen Familie. Beide Kinder gehen in ein Internat, das sie sich selbst ausgesucht haben. Owen und Linda, beide von Beruf Schriftsteller, leben und schreiben auf einer alten Farm in Massachusetts. Aber da passiert das Undenkbare: kurz vor den Herbstferien versucht Lindas Tochter Emily, sich das Leben zu nehmen, und weigert sich hinterher, über ihre Motive zu sprechen. In einer Nervenklinik versucht man, ihr zu helfen. Als sie endlich ihr Schweigen bricht, beschuldigt sie den Stiefbruder Bruce, sie vergewaltigt zu haben. Bruce schwört, daß er es nicht getan hat. Einer von beiden lügt – aber wer?

Fischer Taschenbuch Verlag

fi 3041 / 2

Carter Coleman

Im tiefen Herzen Afrikas

Roman

Band 14776

Ein moderner Abenteuerroman inmitten der atemberaubenden Schönheit Afrikas, ein großer Erlebnisroman vom Zusammenprall der Kulturen und eine klassische Geschichte von Liebe und Verrat. Die junge Tansanierin Zanifa soll gemäß afrikanischer Tradition durch ein barbarisches Ritual verstümmelt werden. Rutledge Jordan, ein amerikanischer Entwicklungshelfer, versucht, das Mädchen davor zu bewahren. Daraus entsteht ein Kampf auf Leben und Tod.

Fischer Taschenbuch Verlag

fi 14776 / 1